Villa Vigoni esprime la propria gratitudine al Ministero Federale dell'Istruzione e della Ricerca (BMBF) per il sostegno economico alle attività in occasione della ricorrenza dei "250 anni Enrico Mylius" e per la stampa di questo volume.

Die Villa Vigoni dankt dem Bundesministerium für Bildung und Forschung für die finanzielle Unterstützung der Aktivitäten im Rahmen des Jubiläumsjahres „250 Jahre Heinrich Mylius" sowie der Drucklegung dieser Publikation.

Bundesministerium
für Bildung
und Forschung

Un sincero ringraziamento al Circolo degli amici di Villa Vigoni sostenitore del progetto di una biografia di Mylius e finanziatore generoso della presente edizione.

Ein herzlicher Dank geht auch an den Förderkreis der Freunde der Villa Vigoni e.V., der die Idee einer Mylius-Biographie unterstützt und sich ebenfalls großzügig an der Finanzierung des vorliegenden Bandes beteiligt hat.

Un ulteriore grazie ai professori Michele Cometa e Francesco Traniello, a Hanna Knötzele, Enrica Panzeri e Ann-Catrin Rebohl.

Besonders gedankt sei zudem Prof. Michele Cometa, Prof. Francesco Traniello, Hanna Knötzele, Enrica Panzeri und Ann-Catrin Rebohl.

Bibliografische Information der Deutschen Nationalbibliothek:
Die Deutsche Nationalbibliothek verzeichnet diese Publikation in der Deutschen Nationalbibliografie; detaillierte bibliografische Daten sind im Internet über http://dnb.d-nb.de abrufbar.

www.villavigoni.eu
Impaginazione – Satz: Studio Logos, Fino Mornasco
Stampa – Druck: Grafiche Boffi, Giussano (MB)
Printed in Italy.
ISBN: 978 88 908179 9 1

Enrico Mylius. Una biografia
1769-1854
Heinrich Mylius. Eine Biographie

I

Giovanni Meda Riquier

Enrico Mylius: una vita tra commercio, arte e beneficenza

Deutsche Fassung: Christiane Liermann Traniello unter Mitwirkung von Marlene Labitzke

Heinrich Mylius: ein Leben zwischen Kommerz, Kunst und Caritas

II

Viola Usselmann

Il lascito dei Mylius – l'ultima volontà di Enrico Mylius e Federica Schnauss

Das Mylius-Vermächtnis – der letzte Wille von Heinrich Mylius und Friederika Schnauß

Villa Vigoni
Editore Verlag

Indice - Inhalt

Introduzione

Poiché era nostro! Possa la parola superba
ricoprire possente il dolore che grida!
Presso di noi, in porto sicuro dopo la tempesta,
egli poté abituarsi a ciò che è duraturo.
Intanto il suo spirito possente progrediva
nell'eternità del Vero, del Buono e del Bello,
e dietro ad esso, in un riflesso vano,
restava ciò che frena noi altri, l'ordinario.
J. W. Goethe,
Epilogo alla campana di Schiller, 1815

Questo volume esce in occasione del duecentocinquantesimo anniversario della nascita di Enrico Mylius (1769-1854).[1] Il motivo, oltre alla celebrazione di una personalità ancora troppo poco nota nel panorama italo-tedesco, è di descrivere il quadro dei rapporti da lui avviati tra Milano e più in generale la Lombardia, e la Germania di Francoforte e Weimar durante la prima metà del XIX secolo, epoca di sostanziali cambiamenti politici, economici, culturali e sociali.

Di professione prima commerciante, poi anche imprenditore e banchiere, Mylius era anche un uomo di grande sensibilità e di profondi interessi; a lui spetta il merito di aver messo in contatto figure di primo piano della politica, dell'economia, della cultura, e tramite loro di aver costruito uno scambio italo-tedesco in ambiti e su temi anche molto differenti. Non è infatti altrimenti comprensibile il suo ruolo se non attraverso il racconto delle relazioni, delle persone da lui conosciute e frequentate oltre alla constatazione della sua sorprendente capacità di far interloquire soggetti distanti e, a volte, molto diversi. Colpiscono ancora oggi la sua attitudine a ragionare al di fuori degli schemi di solito considerati 'norma' nel dialogo tra istituzioni amministrative, economiche, culturali e singoli individui di aree geografiche anche lontane e la sua tendenza a proporre il confronto tra pratiche e saperi che 'convenzionalmente' si considerano differenti. La sua formazione, compiutasi nel *secolo della ragione*,

1 I nomi propri dei componenti della famiglia Mylius – Heinrich, Friederika e Julius – sono stati riportati nella forma italiana di Enrico, Federica e Giulio per rispettare l'uso in vigore all'epoca nonché la loro scelta di italianizzare il nome di battesimo come attestato da numerose lettere e documenti. Per la stessa ragione in italiano si è rispettata la grafia Schnauss al posto dell'originario Schnauß. Anche per i nomi dei regnanti austriaci e francesi si è applicato lo stesso criterio. Diversamente, le istituzioni hanno mantenuto il loro nome nella lingua originale, tra parentesi si è aggiunta una traduzione. Le citazioni tradotte nel testo sono a cura degli autori; in nota vengono segnalate le referenze bibliografiche dell'originale.

il sentirsi parimenti cittadino di Francoforte e di Milano, la sua operatività su scala internazionale, faceva sì che ogni barriera, sia fisica, come dazi, dogane e confini, sia culturale o linguistica, rappresentasse un vincolo che era necessario superare per contribuire, attraverso la comprensione, le interrelazioni e il dialogo, all'obbiettivo dello sviluppo di una società migliore: il vero progresso.

Mylius era un borghese, apparteneva infatti a quella recente classe nata dalle trasformazioni socio-economiche di fine Settecento, che stava imponendo una svolta decisa al mondo occidentale. Lontano dell'ortodossia ideologica di coloro che pretendevano imporre il razionalismo delle scienze pure alle dinamiche dell'economia e della società, egli preferiva guardare alle cose dal lato pragmatico e soprattutto umano. Si sentiva parte di una nuova comunità di cittadini e ne voleva affermare le regole: non più sudditi, bensì titolari di diritti, non solo di quelli strettamente giuridici, ma anche il diritto di conoscere, partecipare, crescere. Forte delle proprie convinzioni, si adoperava per metterle in pratica. Aveva provato disagio di fronte alle idee decisamente nazionalistiche che i processi risorgimentali stavano diffondendo in Italia e in Germania. Lui, nato in Germania ma cittadino a tutti gli effetti di Milano, rischiava di diventare un tedesco in Italia, "uno straniero" per usare le sue parole. I nazionalismi identitari e centralistici che escludevano le differenze per aggregare, mettevano, nei fatti, in discussione quanto convinzioni ed esperienza gli avevano insegnato durante molti anni.

La sua capacità di vivere e interpretare l'oggi, immaginando il domani, il suo modo di concepire il proprio ruolo nella società e di agire conseguentemente sulla scena continentale, sono le caratteristiche che hanno reso e rendono ancora Enrico Mylius un esempio quanto mai attuale di cittadino europeo *ante litteram*. Da qui l'importanza di farne conoscere la figura riannodando al presente i fili di una tradizione da considerare di nuovo come un riferimento. Lo comprese bene il suo ultimo discendente, Ignazio Vigoni jr. (1905-1983) che nel proprio testamento decideva di "rendere omaggio" e "dare nuova vita" alla "tradizione risalente a Enrico Mylius e a Goethe", legando le proprietà di famiglia sul Lago di Como alla Repubblica federale di Germania con l'impegno di creare un "centro di alta cultura italo-germanica". Per assolvere a questo mandato, tre anni dopo la Germania insieme all'Italia, fondavano il Centro Villa Vigoni, istituzione che con impegno costante da oltre trent'anni, persegue l'obiettivo di avvicinare il mondo tedesco e quello italiano, di farli dialogare e di declinare questo modello in una dimensione europea.

Le pagine che seguono costituiscono un'introduzione alla figura di Mylius e un'integrazione alla mostra allestita nella sua città natale, Francoforte sul Meno, in occasione del duecentocinquantesimo anniversario. Si è cercato quindi di privilegiare l'esposizione dei contenuti per grandi temi in modo da favorire l'omogeneità del racconto lasciando alle note gli opportuni approfondimenti bibliografici. La prima parte del volume si propone come un compendio biografico, sintesi di un percorso iniziato molto tempo fa con la riscoperta di Mylius da parte di

Josefine Rumpf-Fleck sulle pagine del Goethe-Kalender del 1942, proseguito nel 1992 per merito della raccolta di documenti e lettere *Weimar und Mailand* (ed. H. Blank) e della miscellanea *Die Mylius-Vigoni* (ed. F. Baasner), continuato nel 1999 grazie alla mostra di Milano e al relativo catalogo *"...rispettabilissimo Goethe... caro Hayez... adorato Thorvaldsen...". Gusto e cultura europea nelle raccolte d'arte di Enrico Mylius* (ed. R. Pavoni), a cui nel 2012 si è aggiunto il volume di Monika Poettinger, *Deutsche Unternehmer im Mailand des neunzehnten Jahrhunderts: Netzwerke, soziales Kapital und Industrialisierung*.

La seconda parte del volume è interamente dedicata all'edizione degli inediti testamenti di Mylius e della moglie Federica Schnauss, documenti preziosi che aggiungono nuove informazioni sul 'cosmo' di Enrico Mylius.

Giovanni Meda Riquier, Viola Usselmann

Einleitung

Denn er war unser! Mag das stolze Wort
Den lauten Schmerz gewaltig übertönen!
Er mochte sich bei uns, im sichern Port,
Nach wildem Sturm zum Dauernden gewöhnen.
Indessen schritt sein Geist gewaltig fort
In's Ewige des Wahren, Guten, Schönen,
Und hinter ihm, in wesenlosem Scheine,
Lag, was uns alle bändigt, das Gemeine.
J. W. Goethe,
Epilog zu Schillers Glocke, 1815

Die vorliegende Biographie erscheint anlässlich des 250. Geburtsjahres von Heinrich Mylius (1769-1854).[1] Mylius war in der ersten Hälfte des 19. Jahrhunderts eine bedeutende Mittler-Figur zwischen der Lombardei und Deutschland, insbesondere zwischen den Städten Mailand, Frankfurt am Main und Weimar. Trotzdem ist er in der Geschichte der deutsch-italienischen Beziehungen weitgehend unbekannt geblieben.

Mit dem nun publizierten Buch möchte das Deutsch-Italienische Zentrum für Europäische Exzellenz Villa Vigoni, das seine Existenz auf verschlungenen Wegen nicht zuletzt diesem Heinrich Mylius verdankt, Schlüsselmomente aus dessen Leben und Wirken vorstellen und den historischen Kontext beleuchten, der von großen politischen, wirtschaftlichen, kulturellen und sozialen Veränderungen geprägt war.

Heinrich Mylius war Kaufmann, Unternehmer und Bankier, und er war ein aufmerksamer, vielseitig interessierter, auch politisch denkender Zeitgenosse, ein „Citoyen". Er brachte wichtige Persönlichkeiten aus Politik, Wirtschaft und Kultur miteinander ins Gespräch und förderte den deutsch-italienischen Austausch auf ganz unterschiedlichen Feldern. Seine Bedeutung wird recht eigentlich erst mit Blick auf sein Wirken „hinter den Kulissen" greifbar, das heißt durch die Beziehungen und Vernetzungen, die er diskret organisierte und pflegte. Mylius besaß die erstaunliche Fähigkeit, den Kontakt sogar zwischen Personen herzustel-

1 Die Eigennamen der Familienmitglieder Mylius werden im Folgenden in ihrer deutschen Version verwendet – Heinrich Mylius (Enrico), Friederika Schnauß (Federica Schnauss) und Julius Mylius (Giulio). Es handelt sich dabei um ihre Taufnamen. Für Institutionen wird die Bezeichnung in der Originalsprache verwendet, in nachgestellten Klammern wird eine Übersetzung angegeben. Die Zitate, die nicht auf Deutsch vorlagen, wurden neu übersetzt; in den Fußnoten stehen die bibliografischen Angaben des Originaltexts.

len, die räumlich oder weltanschaulich voneinander entfernt waren. Sein unkonventionelles Denken zeigte sich in ökonomischen wie in kulturellen Belangen, aber auch im Umgang mit dem Staat und seinen Behörden. Ihm war eine außergewöhnliche Begabung zur Freundschaft eigen. Für ihn bildeten Praxis und Theorie eine Einheit, die es weiter zu entwickeln galt. Mylius' eigener Bildungsweg hatte im Zeichen der Aufklärung gestanden. Er fühlte sich in Frankfurt ebenso „zu Hause" wie in Mailand. In seinen Augen waren Grenzen, egal ob konkret bezifferbar, wie im Fall von Zöllen und Valuten, oder ideell, wie im Fall von Kulturen und Sprachen, dazu da, überwunden zu werden. Durch Einfühlungsvermögen, Verständnis und Kommunikation wollte er zur Entwicklung der Gesellschaft und zu einem echten, humanen Fortschritt beitragen.

Mylius gehörte dank seines unternehmerischen Erfolgs und seiner Integration in die „bessere Mailänder Gesellschaft" einer Schicht an, die man „großbürgerlich" nennen kann. Ihre Herausbildung verdankte sich den sozio-ökonomischen Kräfteverschiebungen gegen Ende des 18. Jahrhunderts in Europa. Ideologische Orthodoxie war ihm fremd. Auch der Forderung nach Durchsetzung eines radikalen Rationalismus in wirtschaftlichen und gesellschaftlichen Entwicklungen stand er distanziert gegenüber. Mylius' Herangehensweise war pragmatisch auf der Grundlage eines positiven Menschenbilds. Er fühlte sich als Teil einer neuen Gemeinschaft von „Bürgern" und war gewillt, deren Lebensweisen und Weltanschauungen umzusetzen: Man war nicht länger Untertan, sondern trat selbstbewusst als Rechtsperson auf, als Träger weitreichender Ansprüche, des Rechts auf Wissen, Teilhabe und Entwicklung.

Mylius war dennoch (oder womöglich gerade deswegen) skeptisch gegenüber den Ideen, die sich mit dem Aufkommen der *Risorgimento*-Bewegung in Italien ausbreiteten. Er erkannte für ganz Europa die Gefahr, dass sich aus dem Wunsch nach nationaler Selbstbehauptung nationalistische Überlegenheitsansprüche entwickeln könnten. Er stammte zwar aus Deutschland, aber er war nach Selbstaussage „Mailänder Bürger". Nun auf einmal, mit der Revolution von 1848, erlebte er, dass er als „ein Deutscher in Italien" wahrgenommen wurde, als „ein Fremder", wie er es in einem Brief formulierte. Die erstarkenden Nationalismen, die nach „Identität" und Homogenität strebten und denen Unterschiede suspekt waren, stellten alles in Frage, was Mylius an Überzeugungen und Erfahrungen im Laufe der Jahre gewonnen hatte.

Seine Fähigkeit, die eigene Gegenwart zu deuten und zu gestalten und sich gleichzeitig zuversichtlich auf die Zukunft hin zu orientieren, macht aus Mylius ein auch für die heutige Zeit attraktives Vorbild eines europäischen Bürgers. Dazu gehören auch die Art und Weise, wie er seine Rolle in der Gesellschaft sah, und sein Wirken in einem europäischen Kontext.

Aus allen diesen Gründen scheint es uns wichtig, Heinrich Mylius in einer breiten Öffentlichkeit besser bekannt zu machen. Sein letzter Nachfahre, Ignazio Vigoni (jr.) (1905-1983), hat in seinem Testament dafür den Grundstein gelegt. Vigoni schrieb, es sei seine Absicht, „der Tradition, die auf Heinrich Mylius und Goethe zurückgeht, Ehre zu erweisen und ihr neues Leben zu geben", indem er den Familienbesitz am Comer See der Bundesrepublik Deutschland mit der Auflage vermachte, dort ein „Zentrum hoher deutsch-italienischer Kultur" zu schaffen. Um diesem Mandat zu entsprechen, gründete die Bundesrepublik einige Jahre nach Ignazio Vigonis Tod gemeinsam mit der Italienischen Republik die Villa Vigoni als bilaterale Institution, deren Aufgabe seit nunmehr über dreißig Jahren darin besteht, Deutschland und Italien vor dem Hintergrund der europäischen Integration und der globalen Entwicklungen miteinander ins Gespräch zu bringen.

Die Biographie, die wir hiermit vorlegen, ergänzt die Ausstellung, die Heinrich Mylius im Sommer 2019 in seiner Geburtsstadt Frankfurt am Main gewidmet wurde. Wir haben uns bemüht, Mylius' Lebensgeschichte zu erzählen. Hinweise auf die Bibliographie finden sich in den Fußnoten. Die wissenschaftliche Literatur ist überschaubar: Aus dem Jahr 1942 datiert Josefine Rumpf-Flecks Untersuchung, die einer Art „Entdeckung" der Figur des Heinrich Mylius gleichkommt. Sehr viel später folgte Hugo Blanks verdienstvolle Dokumenten- und Briefsammlung *Weimar und Mailand* (1992). Frank Baasner verdanken wir eine systematische Sicherung der Forschungsergebnisse, die 1999 durch den Katalog zur Mailänder Mylius-Ausstellung erweitert wurden (s. „*...rispettabilissimo Goethe... caro Hayez... adorato Thorvaldsen...*". *Gusto e cultura europea nelle raccolte d'arte di Enrico Mylius*, hrsg. von R. Pavoni). Monika Poettinger legte 2012 die Studie *Deutsche Unternehmer im Mailand des neunzehnten Jahrhunderts: Netzwerke, soziales Kapital und Industrialisierung* vor und hat seither zahlreiche weitere Arbeiten vor allem zu Mylius' Rolle als Unternehmer in der prosperierenden, international vernetzten Lombardei publiziert.

Im zweiten Teil der vorliegenden Biographie veröffentlicht Viola Usselmann die bisher unbekannten Testamente von Heinrich Mylius und seiner Ehefrau Friederika Schnauß. Damit verfügt die Mylius-Forschung über wichtige neue Quellen, insofern diese Dokumente auch einen Einblick in Heinrich Mylius' Überzeugungen und Anschauungen gestatten.

Christiane Liermann Traniello

I

Enrico Mylius: una vita tra commercio, arte e beneficenza

Capitolo I

Tra Weimar e Milano[1]

Anno 1795, metà di agosto. Due uomini percorrevano a dorso di mulo la strada sterrata che dal paese di Porlezza sul Lago di Lugano portava a quello di Menaggio; erano partiti da Milano due giorni prima, passati in Svizzera, e ora stavano facendo ritorno al capoluogo per la via di Como. Il tempo era splendido e il tragitto, pianeggiante, attraversava una valle tra prati, pascoli e piccoli laghi, contornata da ripide montagne, dirupi, boschi. Poco a poco il percorso era mutato in un saliscendi tutto curve e brevi rettilinei prima di affacciarsi su un salto di oltre 250 metri. Ai loro piedi era apparso, all'improvviso, il Lago di Como; davanti a loro, oltre l'acqua, la massa imponente della Grigna. Iniziarono la discesa. Il primo villaggio che raggiunsero, poco più di un gruppo di case in legno e pietra con una chiesetta, si chiamava Loveno dove il più giovane dei due, Enrico Mylius, aveva amici e conoscenze: la famiglia Pensa[2] [Ill. 1]. L'altro, lo zio, fratello minore della madre Catharina Dorothea, era il pittore Georg Melchior Kraus (1737-1806) partito nel giugno da Weimar, dove dirigeva la "Fürstliche Freye Zeichenschule" (Libera Scuola principesca di disegno) – frequentata tra gli altri anche dallo stesso Goethe – alla volta di Monaco di Baviera e poi verso il Nord dell'Italia. Aveva vagabondato per i laghi lombardi, Milano e Genova, in cerca di soggetti accattivanti: dai costumi per il *Journal des Luxus und der Moden* a cui collaborava attivamente, alle vedute con le bellezze di vari paesi europei da far riprodurre a stampa e mettere poi in vendita. Si fermarono a Loveno dove Kraus realizzò un disegno del panorama di Bellagio e della sua penisola; per la prima volta quel luogo, destinato negli anni a diventare uno tra i più celebri dell'intero lago, veniva ripreso dalla sponda occidentale con le

---

1 La vita di Enrico Mylius si svolse durante un periodo contrassegnato da diverse campagne militari e numerosi rivolgimenti politici che coinvolsero la Lombardia e il Nord Italia. Al momento dei suoi primi soggiorni a Milano verso la fine degli anni Ottanta del XVIII secolo, il territorio che comprendeva le attuali provincie di Milano, Como, Varese, Pavia, Lodi, Cremona e Mantova, manteneva ancora l'antico nome di Ducato di Milano ed era sotto il controllo politico e militare dell'Austria. In seguito alle guerre napoleoniche in Italia, la regione passo sotto la dominazione francese; dapprima venne costituita Repubblica Cisalpina (1797-1802) con l'aggiunta anche dei territori del Veneto e dell'Emilia-Romagna e che era solo formalmente indipendente, poi il nome fu cambiato in Repubblica Italiana (1802-1805) e quindi in Regno d'Italia (1805-1814). A questa stagione risalgono le speranze, deluse dall'affermarsi dell'imperialismo napoleonico, di poter ottenere una Lombardia autonoma dopo molti secoli. Dopo la sconfitta di Napoleone, il Congresso di Vienna nel 1815 istituì il Regno Lombardo-Veneto e lo pose sotto il controllo dell'Impero austriaco, la situazione si mantenne inalterata fino alla II Guerra d'Indipendenza nel 1859. Tuttavia durante questo periodo di oltre quarant'anni che la storiografia italiana ha chiamato Risorgimento, occorre ricordare per Milano almeno due momenti di grande instabilità politica: l'adesione dei liberali lombardi ai moti del 1820-21 di Napoli e in Piemonte e la celebre insurrezione delle Cinque giornate del 18-22 marzo 1848 a seguito della quale per qualche mese la città e il suo territorio furono annessi al Regno di Sardegna dei Savoia.

2 Cfr. E. Rüppell, *Una cronaca ottocentesca: chiarimenti su una serie di immagini di Villa Mylius a Loveno sul Lago di Como e sui dintorni*, a cura di S. Bertolucci, G. Meda Riquier, Loveno 2000, p. 38. Sulla famiglia Pensa e i sui rapporti con Mylius vedi capitolo 2, pp. 34-35.

acque del ramo di Como che lo lambivano sul fronte e il ramo di Lecco che lo delimitava alle spalle. In primo piano due uomini, – uno con la cartella dei disegni sotto il braccio e l'altro con il braccio teso in direzione della località di Cadenabbia –; si potrebbe immaginare che fossero lo stesso pittore e il nipote. L'acquaforte che ne fu derivata dal titolo *Ansicht von Bellagio am Comer See von der Anhöhe bey Cadenabbia* (*Veduta di Bellagio sul lago di Como dalla collina di Cadenabbia*) [Ill. 2], ottenne un buon successo e da allora fino a oggi quello scorcio, 'inventato' da Kraus, ripreso poi da tantissimi vedutisti, divenne l'inquadratura classica di Bellagio sostituendo la vista del promontorio dall'alto, dalle pendici del monte che lo sovrasta, il Ghisallo.[3] I due, nonostante la distanza dei luoghi in cui vivevano – la Lombardia e la Turingia –, avevano sempre mantenuto un buon rapporto, sostenuto da corrispondenze e scambi di visite; durante una di queste a Weimar [Ill. 3], Mylius aveva conosciuto un'allieva dello zio, Federica, [Ill. 4] figlia del consigliere segreto ducale Friedrich Christian Schnauss (1722-1797), soprintendente della biblioteca, del medagliere e della stessa scuola di disegno.[4] Se ne era innamorato e il 14 aprile 1799 il pastore e filosofo Johann Gottfried Herder, nella Chiesa dei Santi Pietro e Paolo a Weimar, aveva celebrato le nozze [Ill. 5]. La cerimonia sobria e di grande intensità, alla presenza di congiunti e amici; l'omelia sul significato dell'unione matrimoniale è una delle poche inserite nell'edizione completa degli scritti di Herder uscita a Tubinga tra il 1805 e il 1810.[5] Le qualità umane e intellettuali di Enrico dovettero essere rapidamente riconosciute e apprezzate; le fonti confermano infatti che tramite lo zio, la moglie e la famiglia di lei, egli era entrato prima in contatto e poi aveva avuto la possibilità di frequentare, oltre allo stesso Herder, molte delle personalità che in quegli anni animavano la vita cittadina: Wieland, Schiller, e soprattutto Goethe con cui intrattenne anche uno scambio epistolare durato molti anni.[6]

Questo genere di relazioni nel tempo resero i Mylius il contatto privilegiato attraverso il quale la corte di Weimar, il granduca Carl August[7] e Goethe venivano tenuti informati di quanto accadeva in Lombardia e a Milano, soprattutto in ambito artistico, letterario, storico ed economico [Ill. 6 e 7]. È anzi curioso notare come la capitale lombarda che aveva lasciato il poeta tedesco senza entusiasmo durante il viaggio in Italia, sarebbe diventata per merito del dinamismo di

3 Le informazioni sul viaggio in Italia di Kraus sono tratte da: H. Freiherr von Maltzahn, "Georg Melchior Kraus in Weimar und auf Reisen", in: Frankfurter Goethe-Museum (ed.), *Goethe-Kalender auf das Jahr 1940*, Lipsia 1940, pp. 216-356.

4 Un acquerello monocromo del Goethe-Museum di Düsseldorf, dedicato "An Mademoiselle F. Schnauss von Ihrem ergebenen Freund und Diener, G.M. Kraus" (A Mademoiselle F. Schnauss dal tuo fedele amico e servitore G.M. Kraus), testimonia l'amicizia tra il maestro e l'allieva (Inv. Nr.: KK 4793).

5 Cfr. J. G. Herder, "I. Trauungsrede, gehalten in Weimar", in: *id.*, *Sämtliche Werke*, 60 tomi, a cura di J. G. Müller, Tubinga 1805-1820, qui: I. sezione, vol. 4, pp. 326-331.

6 Cfr. F. A. Schmidt (ed.), *Neuer Nekrolog der Deutschen (1851)*, Weimar 1853, pp. 967-969.

7 Per semplicità si farà riferimento a Carl August (1757-1828) come granduca anche se egli fu duca di Sassonia-Weimar e di Sassonia-Eisenach dal 1758, duca di Sassonia-Weimar-Eisenach dalla unificazione dello stato nel 1809, e infine granduca dello stesso stato dal 1815 sino alla morte nel 1828.

Mylius, il suo principale interesse 'italiano' negli anni della tarda maturità; il livello del dibattito culturale e letterario, il fervore intellettuale e artistico testimoniato dai libri, dai giornali, dalle stampe e dai molti altri materiali scelti e spediti periodicamente a Weimar da Mylius, oltre che dalle informazioni fornite per via epistolare dallo stesso Mylius e dall'amico Gaetano Cattaneo (1771-1841), interessarono e coinvolsero Goethe su molti fronti.[8] Egli aveva visitato Milano nella primavera del 1788 con distacco e freddezza ma era rimasto estasiato di fronte all'affresco dell'*Ultima Cena* di Leonardo, nel refettorio del convento di Santa Maria delle Grazie e così ne aveva scritto a Carl August:

> il Cenacolo di Leonardo da Vinci è la pietra di coronamento nella volta dei miei concetti artistici. È un'opera unica nel suo genere, non la si può confrontare con altro.[9]

È assolutamente improbabile che in quella circostanza Goethe avesse avuto modo di incontrare il giovane concittadino Mylius,[10] è però certo che, in parallelo alla progressiva ascesa economica e sociale di quest'ultimo i contatti tra Milano e Weimar divennero sempre più stretti e approfonditi.[11]

Il ruolo di Gaetano Cattaneo

Bisogna a questo punto introdurre una figura di fondamentale importanza non solo nella biografia di Enrico Mylius ma soprattutto per quanto riguarda lo scambio culturale italo-tedesco di quegli anni: il numismatico e antiquario Gaetano Cattaneo [Ill. 8]. Nato a Soncino di Rognano nelle vicinanze di Pavia nel 1771, aveva studiato pittura all'Accademia di Brera; nel 1796 in una Milano appena occupata dalle truppe francesi, per intercessione di Francesco Melzi d'Eril, influente deputato della neonata Repubblica Cisalpina, era stato assunto come disegnatore alla Zecca. Consapevole del valore storico-artistico di monete e medaglie, si era impegnato contro la pratica allora in vigore, di rifondere i vecchi esemplari di monete fuori corso per coniarne di nuove: aveva poi avanzato la proposta di creare un istituto dove conservarle e studiarle. Il Gabinetto Numismatico, da lui ideato, venne così alla luce nel 1803; Cattaneo fu nominato conser-

---

8 Cfr. Cattaneo an Carl August (Relation), Oktober 1818, in: H. Blank (ed.), *Weimar und Mailand. Briefe und Dokumente zu einem Austausch um Goethe und Manzoni*, Heidelberg 1992, pp. 131 ss.

9 Goethe an Herzog Carl August, Mayland 23. May 1788, in: J. W. Goethe, *Sämtliche Werke. Briefe, Tagebücher und Gespräche* [Frankfurter Ausgabe], 40 voll., a cura di F. Apel et al., Francoforte s. M. 1986-1999, qui: II. sezione, vol. 3, p. 408.

10 Mylius era giunto a Milano, appena diciannovenne, proprio in quell'anno, cfr. cap. 2, p. 34.

11 La più recente acquisizione in questo campo riguarda i rapporti tra Goethe, il figlio August, Mylius e Felix Mendelssohn Bartholdy; cfr. V. Usselmann, "‚...ernste Musik liebend...'. Heinrich Mylius und die Musik. Ein Einblick", in: M. Ressel, E. Schweighöfer (ed.), *Heinrich Mylius (1769-1854) und die deutsch-italienischen Verbindungen im Zeitalter der Revolution* (Aurora – Schriften der Villa Vigoni 7), Stoccarda (in corso di stampa).

vatore nel 1808, direttore dal 1818, e la sede collocata presso il prestigioso Palazzo di Brera dove già dai tempi dell'imperatrice Maria Teresa si trovavano alcune tra le più importanti istituzioni culturali e scientifiche milanesi, come l'Accademia di Belle Arti, la Biblioteca pubblica, l'Orto botanico e l'Osservatorio astronomico. A supporto delle raccolte numismatiche, egli creò una biblioteca rapidamente diventata luogo di studio tra i più notevoli dell'intera città come ben spiegava la rivista *Il Politecnico* nell'anno 1841:

> Nelle sale [...] sono ordinati dodicimila volumi di antiquaria, d'istoria, di letteratura, di belle arti, di viaggi, di costumi e di lingue dotte o singolari. Ed è uno degli asili più cari a chi coltiva studj non triviali, com'è uno dei santuari del sapere, ch'ogni colto straniero visita nel suo passaggio fra noi. Ivi il Cattaneo, per poco meno di venticinque anni, ebbe ad esercitare accoglienze d'ospitalità letteraria.[12]

Ospitalità che Stendhal – uno tra i più celebri utenti della biblioteca come Francois Champollion e August Wilhelm Schlegel – definì di una "cortesia tutta francese".[13] Alla biblioteca attingeva anche il gruppo dei poeti e scrittori romantici lombardi, Carlo Porta, Tommaso Grossi e Giovanni Torti, Ermes Visconti di San Vito e Alessandro Manzoni che tra i volumi del Gabinetto Numismatico trovò fonti e ispirazione per la propria produzione letteraria. Uomo di vasta cultura, Cattaneo, non fu solo stretto amico ma anche per quasi 50 anni consigliere di Mylius, coordinando con lui importanti commissioni ad artisti come Francesco Hayez (1791-1882) e Bertel Thorvaldsen (1770-1844).

Il granduca a Milano

Nel 1817, al termine della turbolenta stagione napoleonica, il granduca Carl August di Sachsen-Weimar-Eisenach, potendo contare sull'appoggio di Mylius, aveva deciso di recarsi a Milano, non in forma ufficiale ma in visita privata, per conoscere la città e arricchire le collezioni di corte con l'acquisto di nuove opere d'arte. Il compito di cicerone e soprattutto di consulente artistico, fu svolto, proprio su suggerimento di Mylius, da Cattaneo. In quelle settimane il numismatico si stava soprattutto occupando della complessa vendita degli oggetti d'arte provenienti dall'eredità di Giuseppe Bossi (1877-1815), pittore, poeta, erudito, figura di grande rilievo nella Milano napoleonica. La situazione si presentava intricata per il rifiuto da parte dell'Accademia di Brera, di cui Bossi era stato per alcuni anni il segretario, di procedere come richiesto dagli eredi all'acquisto dell'intero lascito; occorreva quindi evitare la dispersione di migliaia di oggetti tra disegni, dipinti e libri. Per questo Cattaneo propose a Carl August l'acquisto di quella parte dell'eredità costituita dai materiali leonardeschi – bozzetti, cartoni e "tutti i lucidi cavati

12 Annunci funebri: "Gaetano Cattaneo", *Il Politecnico. Repertorio mensile di studj applicati alla prosperità e coltura sociale* IV/2 (1841), pp. 497-498.

13 "politesse toute française", in: Stendhal, *Voyages en Italie*, a cura di V. Del Litto, Parigi 1973, p. 333.

e studiati da Bossi sopra le tre principali Copie del Cenacolo"[14] – e da quest'ultimo utilizzati per lo studio del celebre dipinto [Ill. 9]. L'affresco di Leonardo infatti si trovava in uno stato di conservazione così precario che l'amministrazione napoleonica aveva deciso di farne realizzare una copia a grandezza naturale;[15] l'incarico era stato affidato proprio a Bossi che aveva lavorato pressoché ininterrottamente dal 1807 al 1810 alla realizzazione di un "cartone", il più possibile fedele all'originale, da usare come matrice per la copia. Riuscì a portare a termine l'impresa avvalendosi anche dello studio di antiche repliche, incisioni e descrizioni coeve, che si rivelarono fondamentali per integrare le parti ormai illeggibili per il deterioramento del dipinto. I materiali raccolti per questo lavoro furono poi commentati e pubblicati da Bossi in un volume dal titolo *Del Cenacolo di Leonardo da Vinci* uscito nel 1811; si trattava di un testo di importanza fondamentale, una "moderna" monografia sul celebre pittore che alla raccolta di notizie documentarie univa lo studio e l'applicazione di un nuovo metodo storico-artistico basato sul confronto tra opere coeve, originali e copie. La vendita dei materiali bossiani fu conclusa con la copertura finanziaria di Mylius e tutta l'operazione venne celebrata dal conio di una medaglia con i ritratti dell'acquirente Carl August, di Leonardo e di Bossi, disegnata da Cattaneo e incisa da Francesco Putinati.[16]

Goethe studia Leonardo

Pochi mesi più tardi, verso la metà di novembre del 1817, gli acquisti milanesi giunsero a Weimar ove furono esposti a corte in una mostra visitata anche da Goethe. I disegni e il volume di Bossi risvegliarono nel poeta tedesco l'interesse per l'opera di Leonardo, tanto da indurlo a dedicare all'argomento un saggio, così come anticipava a Carl August:

> il volume di Bossi è molto interessante ma senza le visioni dei lucidi e senza le osservazioni di Cattaneo sarebbe a malapena comprensibile e ancor meno utile. Certamente però vi si trova un grande incitamento a meditare su questo soggetto e a illustrare il merito di uno dei più grandi maestri che mai abbiano vissuto, ed è solamente auspicabile che tale occasione non venga trascurata.[17]

Per avere ulteriori informazioni, Goethe scrisse a Cattaneo, l'ideatore e il regista dell'acquisto; la risposta, destò in lui non poche perplessità per la presenza di alcune critiche rispetto a quanto

14 Gaetano Cattaneo an Carl August, 18. Oktober 1817, in: Blank, *Weimar und Mailand*, p. 60.

15 Cfr. D. Trento, "Il Cenacolo di Bossi protolibro di storia dell'arte lombarda", in: L. Castelfranchi, R. Cassanelli, M. Ceriana (ed.), *Milano, Brera e Giuseppe Bossi nella Repubblica Cisalpina*, Milano 1999, pp. 177-206 e O. Cucciniello, "Giuseppe Bossi e la copia dell''Ultima Cena' di Leonardo", in: F. Mazzocca, F. Tasso, O. Cucciniello (ed.), *Bossi e Goethe: affinità elettive nel segno di Leonardo*, Milano 2016, pp. 107-131.

16 Cfr. A. Turricchia, *Le medaglie di Francesco Putinati*, Roma 2002, pp. 15-16.

17 Goethe an Carl August, 24. November 1817, in: Blank, *Weimar und Mailand*, p. 69-70.

realizzato da Bossi[18] che lo indussero non senza un certo risentimento ad annotare: "questi italiani son gente strana, vacui panegiristi nelle loro pubbliche orazioni e segreti detrattori quando ne trovano l'occasione."[19] I commenti e le osservazioni scritti da Cattaneo si proponevano di esaltare le doti del pittore senza trasformarsi tuttavia in una lode incondizionata; una lettura integrale della corrispondenza[20] permette di comprendere come l'intento fosse quello di esporre un giudizio il più possibile realistico e oggettivo senza tralasciare alcune valutazioni critiche in relazione a precise scelte compiute da Bossi nel lavoro sull'affresco leonardesco. In ogni modo a stemperare le perplessità di Goethe e a chiarire la buona fede di Cattaneo, provvidero sia la disponibilità e le continue attenzioni del numismatico verso la corte di Weimar e Goethe stesso, sia l'invio di pubblicazioni e ulteriori notizie utili su Leonardo. Nel 1818 lo scritto di Goethe veniva pubblicato sulla rivista *Über Kunst und Alterthum* con il titolo *Joseph Bossi über Leonard da Vinci's Abendmahl zu Mailand* [Ill. 10]; pochi giorni dopo, inoltrando a Cattaneo il suo "piccolo trattato sulla cena di Leonardo e di Bossi" così aggiungeva "la visita del signor Mylius e della sua eccellente sposa è stata per noi una gradevole sorpresa, e non c'è bisogno che vi dica che voi siete stato l'oggetto delle nostre conversazioni più amabili e animate".[21] Di quei giorni passati a Weimar con Enrico, Federica e il giovane Giulio, rimane oggi una preziosa reliquia: l'estratto del saggio di Goethe con la sua dedica autografa: "Alla sua cara amica Mylius nata Schnauss in ricordo di un felice incontro, Weimar 14 luglio 1818".[22] Il testo di Goethe non solo ebbe il grande merito di diffondere nel mondo germanico il capolavoro che aveva segnato un punto di svolta dall'arte medievale verso quella moderna, ma anche di proporne una lettura intrisa di sensibilità e di ammirazione per genialità del pittore. A Leonardo veniva riconosciuta l'incredibile capacità di aver creato una straordinaria consonanza tra il refettorio di un convento dove i frati consumavano i loro pasti e l'ultima cena di Cristo esaltando proprio attraverso il realismo che pervadeva la scena dai dettagli minuti fino alla resa psicologica degli stati d'animo degli apostoli, l'importanza di un'opera che andava non semplicemente guardata ma anche interiormente sentita.[23]

---

18 Cfr. Gaetano Cattaneo an Goethe, 11. Februar 1818, in: ibid., pp. 92-102.

19 Goethe an Carl August, 3. April 1818, in: ibid., p. 112.

20 Il profilo biografico di Giuseppe Bossi compliato da Cattaneo e tutta la corrispondenza con Goethe, sono disponibili in: ibid.

21 "la visite de Monsieur Mylius et de son excellente épouse nous a causé une très agréable surprise, et je n'ai pas besoin de vous dire que vous avez été l'object de nos entretiens les plus doux et les plus animés.", Goethe an Cattaneo, 17. Juli 1818, in: ibid., p. 126.

22 La dedica autografa "Seiner werthen Freundinn Mylius geb. Schnauss zur Erinnerung glücklichen Wiedersehens Weimar 14 Juli 1818 Goethe." è riprodotta in R. Pavoni (ed.), *"...rispettabilissimo Goethe...caro Hayez...adorato Thorvaldsen...". Gusto e cultura europea nelle raccolte d'arte di Enrico Mylius*, Venezia 1999, p. 87. L'originale del J. W. Goethe, "Joseph Bossi über Leonard da Vinci's Abendmahl zu Mailand", *Über Kunst und Alterthum* I/3 (1817 [1818]), pp. 113-188, è oggi conservato presso Villa Vigoni.

23 Su Leonardo e Goethe cfr. Mazzocca, Tasso, Cucciniello, *Bossi e Goethe*.

Goethe legge Manzoni

La relazione tra Goethe e Manzoni è stata più volte oggetto di studi anche se limitati agli stretti contenuti letterari; in questo modo la descriveva il filologo e romanista Horst Rüdiger (1908-1984):

> Se si prendono in esame i rapporti fra i due uomini [...] non si può fare a meno di notare il tono veramente urbano, quasi cavalleresco delle relazioni. Fu un incontro tra persone dell'alta società, di nazione e confessione diversa, improntato ad elegante cortesia – con in Goethe talora una lieve sfumatura cancellieresca –, ma sempre con la debita distanza che si addiceva sia all'uno che all'altro, al più giovane rispetto al più anziano, al patrizio milanese nei confronti del ministro di Weimar e viceversa.[24]

Tuttavia indagando più a fondo la rete di rapporti e contatti tra Milano e Weimar per merito della quale lo scambio tra i due – che in modo diretto si era limitato a una sola lettera[25] – non solo era stato avviato ma veniva anche mantenuto vivo, si ottiene un mosaico di informazioni indispensabile a tracciare un quadro più completo e esaustivo. Per questo è importante segnalare come i carteggi tra Mylius, Cattaneo e Carl August, le conversazioni con Eckermann, i pareri riferiti da comuni conoscenti come il conte Carl Friedrich von Reinhard, e il cancelliere Friedrich von Müller, restituiscano quell'attenzione mai venuta meno, quella persuasione di operare per una alta finalità, e qualche volta l'applicazione di una sorta di pacata ma indispensabile *moral suasion*, che furono gli ingredienti indispensabili della relazione tra il celebratissimo Goethe, ormai alla soglia dei settant'anni e il giovane poeta e scrittore milanese, Manzoni[26] [Ill. 11]. Il primo contatto tra i due risaliva agli ultimi mesi del 1818 in conseguenza dell'invio a Weimar da parte di Cattaneo di una scelta di opere di giovani letterati milanesi, da lui stesso già segnalati come meritevoli di attenzione alcuni mesi prima in una lunga relazione per il granduca Carl August sullo stato della cultura in Lombardia. Nel plico erano compresi, tra l'altro, tre scritti del filosofo e letterato Ermes Visconti di San Vito (1784-1841), un numero della rivista dei romantici e antiaustriaci milanesi, *Il Conciliatore* e una copia degli *Inni sacri* di Manzoni. Poco più di un anno dopo Cattaneo spediva anche a Goethe la nuova tragedia di Manzoni, *Il conte di Carmagnola*, sicuro di riuscire ad accenderne l'interesse. Per i due mesi successivi tutto però era rimasto in silenzio, fino a quando Carl August sollecitato direttamente da Mylius non si era rivolto in modo piuttosto deciso a Goethe:

---

24 H. Rüdiger, "Interessamento di Goethe per Manzoni", in: Accademia Nazionale dei Lincei (ed.), *Atti del convegno di studi manzoniani*, Roma 1974, p. 80.

25 Oltre alla lettera che Manzoni scrisse a Goethe il 23 gennaio 1821, la corrispondenza si limita a qualche dedica e due trascurabili bigliettini cfr. S. Bertolucci, G. Meda Riquier (ed.), *Alessandro Manzoni: carteggi letterari* (Edizione Nazionale ed Europea delle Opere di Alessandro Manzoni 29), Milano 2010, pp. 80-83, 315-325.

26 Si deve a H. Blank (*Weimar und Mailand*, 1992) il merito di aver pubblicato moltissimi materiali inerenti a Goethe e Manzoni presenti nei weimariani Goethe- und Schiller-Archiv e nel Landesarchiv Thüringen - Hauptstaatsarchiv Weimar. Un successivo aggiornamento con la traduzione in italiano dei testi tedeschi si trova in: Bertolucci, Meda Riquier, *Alessandro Manzoni: carteggi letterari*.

> Mylius fa presente che Cattaneo ti ha scritto, allegando una copia del *Conte di Carmagnola* di Manzoni che tra i romantici di casa loro ha provocato grande scalpore; desidera avere da te una risposta e un giudizio sull'opera.[27]

A stretto giro di posta Goethe rispondeva:

> Spero di riuscire a rispondere a Cattaneo in questi giorni: si tratta di un arduo compito. I buoni romantici, a cui appartiene anche quest'amico, desiderano, a voler ben vedere, non un giudizio ma una lode incondizionata per rafforzarsi sugli avversari. L'autore della tragedia ha del talento, l'opera stessa è meritevole, ma dar forma a tutto ciò è un lavoro difficile di cui io non posso farmi carico, soprattutto perché non ci si guadagna certamente un ringraziamento. Cercherò quindi di cavarmi d'impaccio con alcune parole benevole.[28]

Goethe era quindi convinto che rendere pubblico un giudizio positivo su Manzoni sarebbe equivalso a una presa di posizione in favore dei Romantici. Bisogna ricordare come la controversia che opponeva a livello europeo le tesi del romanticismo a quelle del classicismo sul piano letterario e culturale, nella Lombardia governata dagli Austriaci, avesse assunto le forme di una vivace polemica a sfondo politico tra chi, come i romantici, estendeva l'esigenza di rinnovamento nelle arti a richieste di maggiore libertà o indipendenza politica, e chi invece rimaneva legato a posizioni decisamente conservatrici. I motivi del cambiamento che in pochi giorni trasformava un Goethe titubante in un recensore appassionato, purtroppo non sono ricostruibili su base documentaria; la recensione alla tragedia sulle pagine dell'*Über Kunst und Alterthum*[29] nel settembre del 1820 appare sincera e ricca di passione al punto da indurre Goethe a tornare nuovamente sull'argomento anche l'anno successivo, sempre sulla stessa rivista, per difendere l'opera manzoniana dalle critiche che provenivano dell'inglese *Quarterly Review* e dalla milanese *Biblioteca Italiana,* calandosi così proprio in quelle polemiche che inizialmente si era prefisso di evitare.[30]

Un coinvolgimento molto attivo che non sfuggì a Manzoni; infatti solo in questa circostanza – e mai più in futuro – egli decideva di scrivere, il 23 gennaio 1821, una lettera di ringraziamento, dal tono deferente e dalla attentissima scelta lessicale. Circa il contenuto, sono da rimarcare non tanto gli ovvi ringraziamenti per i molti elogi, quanto piuttosto la promessa di fare tesoro dell'unica critica che gli proveniva da Goethe, quella cioè di aver voluto distinguere i personaggi della tragedia in reali e immaginari. Errore che Manzoni ascriveva tutto a sé stesso a causa di "un attaccamento troppo scrupoloso all'esattezza storica", e che assicurava di non ripetere in futuro.[31]

27 Carl August a Johann Wolfgang Goethe, [Weimar] 29 gennaio 1820, in: ibid., pp. 388-389.

28 Johann Wolfgang Goethe a Carl August, Weimar 28 marzo 1820, in: ibid., p. 389.

29 Cfr. J. W. Goethe, "Il conte di Carmagnola. Tragedia di Alessandro Manzoni. Milano 1820", *Über Kunst und Alterthum* II/3 (1820), pp. 35-65.

30 Cfr. Bertolucci, Meda Riquier, *Alessandro Manzoni: carteggi letterari*, pp. 389-411.

31 Alessandro Manzoni a Goethe, Milano 23 gennaio 1821, in: ibid., p. 316.

Grande interesse aveva suscitato nei primi giorni del 1822, l'arrivo a Weimar via posta all'indirizzo del granduca, di una copia manoscritta de *Il Cinque Maggio*; l'ode in onore di Napoleone, era stata composta da Manzoni nel luglio dell'anno precedente ma non poteva ancora essere stampata per la mancanza dell'autorizzazione da parte della censura austriaca. Mylius, ben introdotto negli ambienti vicini allo scrittore, aveva avuto occasione di sentirla leggere, ne era rimasto molto colpito domandando all'amico Cattaneo di poterne avere una copia manoscritta.[32] È presumibilmente questa copia (o una copia a sua volta derivata da questa) che Mylius aveva poi spedito a Carl August con la preghiera di inoltrarla a Goethe.[33] Quest'ultimo aveva immediatamente risposto al granduca dicendo di averla trovata eccellente e pienamente consona allo stile e al comportamento propri di Manzoni; aveva quindi deciso di tradurla e infine stamparla sul primo fascicolo dell'*Über Kunst und Alterthum* del 1823.[34] Si può ben cogliere l'entusiasmo di Goethe in questa testimonianza del giurista e avvocato Joseph Sebastian Grüner (1780-1864):

> Goethe disse: "Le devo leggere ancora l'eccellente ode di Manzoni sulla morte di Napoleone. Ho cercato di renderla al meglio possibile in tedesco". Che lettura! Era come trasfigurato, molto commosso, il fuoco ardeva nei suoi occhi e l'adeguatissima cadenza di ogni parola ed espressione commossero anche me, e quando finì, seguì una pausa. Ci guardammo l'un l'altro e potei leggere nel suo viso, e lui nel mio, l'entusiasmo. "Domani l'avrà; – disse egli alla fine – non è vero che Manzoni è un grande poeta?"[35]

Eppure il punto di vista di Manzoni e Goethe nei confronti di Napoleone era stato – almeno in apparenza – profondamente diverso: al freddo atteggiamento del giovane Manzoni, destinato a trasformarsi in aperta opposizione a causa della politica napoleonica anticlericale e ostile allo stesso Pontefice, si contrapponeva la sincera ammirazione – o almeno il profondo rispetto – manifestati da Goethe; alle aspirazioni verso l'indipendenza nazionale, nutrite con convinzione da Manzoni subito dopo la caduta di Napoleone, si contrapponeva il distacco di Goethe verso i nuovi fermenti politici impregnati di nazionalismo, che si stavano diffondendo in Germania. Una consonanza di idee come quella che si manifestò tra i due dopo la morte dell'imperatore francese, non era quindi affatto scontata. E questo appare di fatto come il riflesso di un sentire per entrambi profondamente politico: l'universalità dell'esperienza napoleonica doveva essere conservata e ulteriormente approfondita, privata delle sue contraddizioni e di un esasperato bellicismo. Un'epoca di pace poteva aprirsi con la fine di Napoleone, ma questa nuova epoca non doveva in alcun modo essere caratterizzata da una politica cieca, oppressiva e priva di lungimiranza, di semplice restaurazione.

Per la ricezione e la fama di Manzoni in Germania si può affermare, senza ombra di dubbio, che quella di Goethe non fu una traduzione, ma la traduzione per eccellenza, tale l'eco che ebbe presso gli ambienti colti di tutto il paese.

---

32 Cfr. Enrico Mylius a Gaetano Cattaneo, Milano 22 ottobre 1821, in: ibid., p. 403.

33 Cfr. Enrico Mylius a Carl August, [Milano] 22 dicembre 1821, in: ibid., p. 404.

34 Cfr. ibid., pp. 408-426.

35 Cfr. Joseph Sebastian Grüner, [Eger] 8 agosto 1822, in: ibid., pp. 413-414.

Sempre in quel 1822 veniva spedita a Weimar anche una copia della tragedia *Adelchi*, un esemplare con rilegatura in marocchino rosso e oro, espressamente voluto da Manzoni per Goethe con una dedica manoscritta tratta dall'*Egmont*:

> Tu non mi sei straniero. Era bene il tuo nome quello che nella mia prima giovinezza mi attraeva col fulgore di una stella in cielo. Quante e quante volte ho ascoltato parlare di te, ho chiesto di te![36]

La reazione del poeta tedesco fu di nuovo molto favorevole; così ne scriveva al giurista e amico Christoph Friedrich Ludwig Schultz (1781-1834) il 9 dicembre 1822:

> Manzoni, la cui ode sulla morte di Napoleone Le sarà piaciuta, ha prodotto una nuova tragedia *Adelchi* ispirata alla storia longobarda e precisamente al momento in cui a Carlo Magno viene impedito, sul passo della Chiusa, di entrare in Italia. L'opera segue perfettamente lo spirito e le intenzioni del *Conte di Carmagnola*, ancor più ricca di personaggi e spunti. Sarà per me una piacevole occupazione, svolgere anche questo lavoro; ahimè! Perché non è possibile rendere lo stesso amorevole servizio ad un contemporaneo tedesco?[37]

Il giudizio estremamente positivo anche sulla nuova tragedia, aveva fatto nascere in Goethe l'idea di pubblicare una raccolta delle opere di Manzoni; vi lavorò di persona e con grande assiduità per diversi mesi finché nel 1827 il volume dal titolo *Opere poetiche* uscì a Jena per i tipi di Frommann. Era un'edizione completamente 'italiana', compreso il frontespizio, e contenente le due tragedie, *Il conte di Carmagnola* e *Adelchi*, il carme *In morte di Carlo Imbonati*, i cinque *Inni sacri* e il *Cinque Maggio*. Unica concessione al tedesco, la lunga e importante introduzione dal titolo *Theilnahme Goethe's an Manzoni* che raccoglieva e ristampava quanto sino ad allora Goethe aveva pubblicato sull'autore milanese con l'aggiunta di un inedito commento all'*Adelchi*.

A pochi giorni dall'invio di tre copie dell'edizione Frommann da parte di Goethe a Milano per Manzoni, Cattaneo e Mylius, a Weimar veniva recapitato un pacco, inviato da quest'ultimo, contenente i tre tomi de *I Promessi sposi*.[38] Goethe comprese subito di trovarsi di fronte a un capolavoro – "il romanzo del Manzoni [...], supera tutto ciò che noi conosciamo in questo genere"[39] – e solo la lettura dei capitoli storici sulla peste ne attenuava parzialmente l'entusiasmo. Di nuovo prevaleva in Goethe quell'insofferenza, più volte espressa nei confronti dell'inserimento della storia in mezzo alla narrazione, un'intrusione considerata eccessiva, una vera "escrescenza" – per usare un termine utilizzato nella presentazione del romanzo sull'*Über Kunst und*

---

36 J. W. Goethe, "Egmont", in: *Opere,* a cura di L. Mazzucchetti, vol. 1, Firenze 1949, p. 320.

37 Johann Wolfgang Goethe a Christoph Friedrich Ludwig Schultz, Weimar 9 dicembre 1822, in: Bertolucci, Meda Riquier, *Alessandro Manzoni: carteggi letterari*, pp. 417-418.

38 Cfr. ibid., pp. 439-490.

39 J. P. Eckermann, *Conversazioni con Goethe negli ultimi anni della sua vita*, a cura di E. Ganni, trad. di A. Vigliani, Torino 2008, p. 204.

Alterthum (a firma di Adolf Friedrich Karl Streckfuss, letterato, romanista e amico di Goethe vero ispiratore di questa critica)[40] – su cui occorreva intervenire con forza, fino al punto di sacrificare parti dell'opera per migliorarne l'equilibrio. Se questa censura da parte di Goethe è del tutto coerente con una linea critica, seguita fin dai tempi de *Il conte di Carmagnola*, che non poteva scendere a patti con la propensione manzoniana all'aderenza storica, tuttavia, nel caso de *I Promessi sposi*, appare anche come la reazione di una sensibilità che considerava troppo 'moderno' e per questo rifiutava, il crudo realismo descrittivo di certe pagine: "la descrizione di guerra, carestia e peste, già ripugnanti di per sè stesse, che qui diventano insopportabili in conseguenza dei complessi particolari di una descrizione arida".[41] Immediato fu il riscontro in Germania alla pubblicazione del romanzo; la notorietà che Manzoni aveva ormai raggiunto in tutto il paese per merito dell'interesse e alle recensioni di Goethe, produsse come primo effetto due traduzioni in tedesco – quella di Daniel Lessmann e quella pressoché in contemporanea di Eduard von Bülow –, stampate a Berlino e Dresda tra la fine del 1827 e i primi mesi dell'anno successivo. Furono le prime in assoluto, precedendo anche quella in lingua francese. Una tale rapidità era la conseguenza del giudizio positivo di Goethe e della "sorveglianza" che lui stesso esercitò sull'esecuzione delle traduzioni mentre erano ancora in corso: un'attenzione così attiva e puntuale che – come dubitarne – portò alla rimozione delle parti storiche non gradite.

Nel suo complesso, dal rapporto tra Goethe e Manzoni emersero alcuni temi rilevanti, destinati a lasciare una traccia anche nel dibattito critico e estetico successivo: il rapporto tra letteratura e storia, l'elaborazione di una nuova teoria estetica e di una nuova definizione dei generi letterari, la questione relativa alla opportunità e ai modi delle traduzioni di opere letterarie, l'idea di una ormai prossima *Weltliteratur*, la ricerca di un diverso equilibrio tra classicismo e romanticismo, il confronto con la difficile e controversa eredità lasciata dal tramonto dell'epoca napoleonica. In contrasto però con il rilievo di questi argomenti, occorre ribadire come, il rapporto tra Goethe e Manzoni che non ebbero mai occasione di incontrarsi di persona, poté svilupparsi esclusivamente in virtù del *network* che era stato creato intorno a loro da figure come Cattaneo, Carl August e Mylius. Soprattutto a quest'ultimo, si deve la straordinaria modernità di aver compreso che creare connessioni e confronti è sempre proficuo e utile. Non si trattava del semplice, seppur – per i tempi – molto importante nonché costoso, aspetto logistico per il quale Mylius poteva avvalersi dei canali della propria ditta commerciale, ma dell'importanza attribuita allo scambio e alla diffusione: come le merci, di cui egli abitualmente si occupava, dovevano circolare, così le idee, i libri, l'arte, la letteratura assumevano valore, ottenevano il giusto risalto, in una dimensione di reciproca conoscenza e partecipazione, che in quegli anni poteva appunto giovarsi del ruolo di mediazione tra cultura italiana e cultura tedesca di cui Mylius, in prima persona, si era fatto carico.

40 Cfr. [A. F. Streckfuss], "Manzoni's Roman: Die Verlobten", *Über Kunst und Alterthum* VI/2 (1828), pp. 252-259.

41 Eckermann, *Conversazioni con Goethe*, p. 204.

Altre relazioni culturali italo-tedesche

Questo sodalizio italo-tedesco, nato dagli interessi di Goethe e del suo munifico sostenitore, il granduca Carl August e alimentato dal dinamismo di Mylius, in quegli stessi anni si era travasato dal campo letterario anche a quello artistico.

Nel 1824 all'annuale Esposizione di Belle Arti dell'Accademia di Brera a Milano [Ill. 12], senza dubbio, la più importante rassegna d'arte contemporanea in Italia, due dipinti, appesi a poca distanza l'uno dall'altro nonché eseguiti – cosa piuttosto singolare – per due committenti tedeschi, Simon Moritz von Bethmann e Enrico Mylius, si disputavano l'interesse di un pubblico colto e cosmopolita. Gli autori, entrambi molto ricercati da collezionisti e *connoisseurs*, il maturo e classicheggiante Pelagio Palagi (1775-1860) e il giovane rampante e moderno Francesco Hayez (1791-1882), avevano proposto due tele a tema storico, il *Gustavo Adolfo di Svezia* e *Il conte di Carmagnola.* [Ill. 13 e 14]

Per comprendere ciò che stava accadendo, occorre fare un passo indietro e tornare all'Esposizione di Belle Arti di quattro anni prima quando gli stessi pittori con il *Matteo Visconti* (Palagi) e il *Pietro Rossi* (Hayez), due opere oggetto di un vivace dibattito critico, avevano nei fatti dato inizio a quella particolare declinazione del romanticismo storico che avrebbe preso il nome di pittura civile: una pittura in cui la storia – come scriveva nel 1830 il critico letterario e artistico Giuseppe Sacchi (1804-1891) – con i "suoi ammaestramenti [induce] a pingere le azioni generose de' padri nostri. Ad innalzare col loro esempio gli animi alla virtù" potendo "rappresentare avvenimenti trascorsi [che] offrano il carattere storico associato al sentire contemporaneo del secol nostro".[42] Si trattava quindi di rendere l'arte sempre più interprete della società civile e della realtà, sempre più cosciente di dover sostituire alla rappresentazione delle virtù ideali, gli ideali della contemporaneità, seppur ancora e comunque attraverso il diaframma di un avvenimento della storia, preferibilmente nazionale.

Interessante a questo proposito il punto di vista del critico d'arte e studioso tedesco Ludwig Schorn (1793-1842) che dedicava sulle colonne della rivista *Kunst-Blatt* ampio spazio alle vicende della pittura storica in Lombardia, evidenziando come l'attenzione in Germania fosse particolarmente viva:

> Ambedue gli odierni maestri Palagi ed Hayez tolgono piuttosto i loro argomenti dall'istoria italiana del medioevo onde sono inevitabilmente posti nella necessità di studiare il caratteristico istorico ed individuale; avvengachè i quadri di questa specie non possano altrimenti farsi distinguere dai quadri di genere ora tanto copiosi e ricercati, se non che con uno stile profondamente istorico. Seguendo tale strada questi artisti sono sicuri di interessare il pubblico della patria loro e sarebbe a desiderarsi che anche dai nostri artisti tedeschi si trattassero in maggior copia antiche storie patrie.[43]

---

42 Cfr. G. Sacchi, "Visita allo studio di Hayez (1830)", in: F. Mazzocca (ed.), *Scritti d'arte del primo Ottocento*, Milano / Napoli 1988, pp. 138-139.

43 La traduzione italiana è quella d'epoca tratta da: L. Schorn, "Notizie di Milano. Ottobre 1822", *Biblioteca Italiana* 33 (1824), p. 168 [originale: L. Schorn, "Nachrichten aus Mailand. Oktober 1822", *Kunst-Blatt* 97 (1822), p. 385].

Elemento necessario alla diffusione di questo genere pittorico, era una committenza motivata, decisa a servirsi dell'arte e della grande ribalta, nazionale e internazionale, offerta dalle pubbliche Esposizioni di Brera, per trasmettere un chiaro messaggio "politico", rivendicando a sé la responsabilità della scelta del soggetto e del suo significato. Tra i primi a calarsi in questo ruolo vi furono Francesco Teodoro Arese[44] e Mylius, amici (e nel giro di qualche anno parenti), vicini politicamente, che proprio sul finire del 1820 decidevano di attivarsi per una prima commissione d'arte importante, l'uno con Hayez e *Il conte di Carmagnola*, l'altro con Palagi e un tema decisamente più complesso per la sua estraneità alla storia di Italia, il *Gustavo Adolfo Re di Svezia, che prima di partire per la guerra di religione riceve dall'Assemblea degli Stati generali il giuramento di fedeltà alla propria figlia Cristina di anni 5*.

Arese voleva riproporre col tema manzoniano de *Il conte di Carmagnola* (Hayez) le medesime suggestioni patriottiche del già citato *Pietro Rossi* (Hayez, 1820): il condottiero medievale che con coraggio si distacca dagli affetti famigliari per difendere in armi la patria da chi la vuole sottomettere. Tra committenza e esecuzione de *Il conte di Carmagnola* non passò neppure un anno, Arese fece pagare le ultime rate del dipinto dalla prigione austriaca dello Spielberg, ove era stato nel frattempo rinchiuso per il suo coinvolgimento nei moti insurrezionali che nel marzo del 1821 avevano coinvolto il vicino Piemonte, e il dipinto fu presentato in sua assenza ma con enorme successo all'Esposizione di quell'anno.

Mylius invece aveva scelto un soggetto più vicino alla cultura nordica e al proprio gusto: Gustavo Adolfo, guerriero campione del protestantesimo, rappresentato nel momento del giuramento di fedeltà da lui imposto agli Stati Generali nei confronti della sua figlioletta bambina, alla vigilia della partenza per la guerra, così come descritto nelle pagine della *Storia della guerra dei Trent'anni* di Schiller:

> Gustavo aveva condotto seco la figlia Cristina, giovanetta [...] fin dalla nascita eletta a succedere al padre: e prendendola esso in braccio, la presentò agli svedesi come loro futura sovrana, volle che le rinnovassero il giuramento di fedeltà presupponendo ch'ei più non rimpatriasse, e fece di poi leggere ad alta voce, con che ordine sarebbe amministrato il regno durante la sua assenza o nella minorità della figlia. Talché tutta l'assemblea proruppe in pianto e lo stesso monarca ebbe alquanto bisogno di ristoro.[45]

Una lettera del 28 aprile 1821 indirizzata dallo stesso Mylius al granduca Carl August[46] nonostante non contenga riferimenti diretti al dipinto di Palagi *Gustavo Adolfo*, ne suggerisce

---

44 Francesco Teodoro Arese Lucini (Milano, 1778 - Milano, 1835), patriota era stato condannato nel 1824 per alto tradimento alla pena di morte mediante impiccagione, commutata in tre anni di carcere duro da scontarsi presso la Fortezza dello Spielberg in Austria.

45 F. Schiller, *Storia della Guerra de' Trent'anni*, trad. di A. Benci, Capolago 1831, p. 241.

46 Il testo di questa lettera come quelle relative alla commissione del Gustavo Adolfo si si può leggere in Pavoni, "... *rispettabilissimo Goethe* ...", pp. 165-198.

la corretta chiave interpretativa. Riflettendo sulle vicende politiche accadute in quegli ultimi mesi, lo scrivente spiegava la debolezza dei tentativi italiani di raggiungere l'indipendenza con la scarsa diffusione di un vero sentimento libertario e con l'egoismo e la scarsa propensione al sacrificio di un paese così favorito dalla abbondanza, diversamente da quanto avevano dovuto sopportare i tedeschi oppressi nel loro paese. Proprio in questa antitesi si possono cogliere i motivi della scelta di un soggetto che riassumeva in sé tutte quelle qualità – secondo Mylius – assenti nell'Italia contemporanea. Se *Il conte di Carmagnola* era un eroe valoroso ma perdente, e senza più la possibilità di cambiare il corso degli eventi, *Gustavo Adolfo* doveva costituire un inno alla volontà, all'energia e alla determinazione del protagonista. L'effetto del dipinto sul pubblico non fu però probabilmente ciò che Mylius si sarebbe aspettato; esposto, come detto, nel 1824, con tre anni di ritardo rispetto al momento della commissione (dicembre 1820) quando il legame con quei turbolenti mesi che si erano conclusi con il fallimento dei tentativi indipendentisti risultava ormai troppo lontano nel tempo, l'opera aveva in gran parte perso la forza del proprio messaggio. Con la scelta poi di quel soggetto, Mylius, si era allontanato troppo dalla cultura e dalla storia di coloro a cui intendeva rivolgersi perché il messaggio potesse essere facilmente recepito e interiorizzato.

Nel 1824 affiancava il *Gustavo Adolfo* di Mylius una seconda versione de *Il conte di Carmagnola* di Hayez, su richiesta ancora di un committente tedesco. Infatti, quando Simon Moritz von Bethmann, banchiere e collezionista d'arte di Francoforte sul Meno (tanto da creare nella propria città un museo privato di scultura)[47] aveva soggiornato nel 1822 a Milano, avvalendosi dell'amico e socio d'affari Mylius aveva deciso d'incaricare i due artisti allora più celebrati, Hayez e Palagi di altrettante tele per le proprie raccolte. La corrispondenza tra Bethmann e Mylius[48] chiarisce come a tale incarico non fosse estranea l'eco del dibattito sulla modernità della pittura civile: una rapida visita presso la dimora di Francesco Arese, dove era conservata la prima versione de *Il conte di Carmagnola* di Hayez e la fama crescente che Goethe stava assicurando in Germania alla tragedia manzoniana, furono sufficienti a Mylius per convincere Bethmann a chiedere al pittore una replica del quadro a soggetto manzoniano che già tanta fortuna aveva riscosso nel 1821. Inoltre, con un nuovo passaggio di questo secondo dipinto dedicato a *Il conte di Carmagnola* nelle sale dell'Esposizione di Brera, Mylius poteva rendere implicito omaggio all'amico Arese e con il trasferimento del dipinto in una delle collezioni più celebri della Germania, riusciva anche a far conoscere le più recenti tendenze della pittura italiana.

---

47 L'apertura dell'edificio avvenne nel 1812. La maggior parte degli oggetti esposti erano gessi da famose sculture antiche, acquistate da Bethmann a Parigi durante l'epoca napoleonica; a questi fu aggiunta la famosa Ariadne fatta realizzare dallo scultore Johann Heinrich Dannecker. Cfr. K. Appelshäuser, "Das Bethmannsche Museum", in: M. Herfort-Koch, U. Mandel, U. Schädler (ed.), *Begegnungen. Frankfurt und die Antike*, Francoforte s. M. 1994, pp. 213 ss.

48 Si vedano i documenti in Pavoni, "*...rispettabilissimo Goethe...*", pp. 167-174 (doc. 6-16).

Bethmann – ancora grazie a Mylius – aveva interpellato Palagi per dipingere un *pendant* con un soggetto dalla storia tedesca, altrettanto significativo. La scelta si era però rivelata particolarmente ardua; l'uomo di fiducia di Mylius, Gaetano Cattaneo, presentò proposte per soggetti adatti, in particolare tre scene dal *Götz von Berlichingen* di Goethe (con la ribellione contro il potente oppressore) e ben sette scene dalle opere di Schiller (*Maria Stuarda, Wallenstein, Fiesco, La Pulzella d'Orléans* e *Guglielmo Tell*),[49] senza tuttavia nessun esito. Per questo motivo non fu possibile avere alcun dipinto da parte di Palagi e si espose solo *Il conte di Carmagnola* nel 1824; la tela di Hayez prese poi la via di Francoforte sul Meno e della collezione Bethmann, mentre sul resto occorreva ancora decidere; Mylius si rivolse direttamente a Goethe impegnandolo a riflettere sulla scelta di un soggetto per un dipinto che avrebbe dovuto realizzare Palagi, da affiancare al *Carmagnola* di Hayez tratto dalla tragedia di Manzoni. Ma era ormai troppo tardi: Bethmann moriva nel 1826 senza che il *pendant* di Palagi venisse mai eseguito; si perdeva così l'occasione di testimoniare il rapporto tra Goethe e Manzoni anche attraverso due immagini.

Definire con precisione gli esatti confini della mediazione culturale italo-tedesca svolta da Mylius, è impresa piuttosto complessa per la vastità dei campi in cui egli operò e il numero molto elevato di artisti e scrittori con cui entrò in rapporto. Oltre a quanto già descritto, occorre almeno ricordare: l'ammissione nel 1826 ai corsi dell'Accademia di Belle Arti di Brera a Milano (allora interdetti agli stranieri) dei due pittori provenienti da Weimar, Adolph Kaiser (1804-1861) e Friedrich Preller (1804-1878), i contatti con i traduttori di opere dal tedesco, Lodovico Hartmann e soprattutto Andrea Maffei (1798-1885) che nell'introduzione alla sua versione in italiano del *Faust* ringraziava:

> Enrico Mylius, di cara ed onorata memoria per quanti hanno in pregio la virtù e la beneficenza sapiente, [che] mi eccitava nell'anno 1830 a far conoscere all'Italia il Fausto di Wolfango Goethe, della cui amicizia egli andava glorioso;[50]

senza dimenticare, per concludere, la pianificazione nel 1812 del viaggio in Germania di Cattaneo e del direttore generale della Pubblica Istruzione del Regno d'Italia, Giovanni Scopoli (1774-1854) iniziativa finalizzata al miglioramento del sistema scolastico in Lombardia attraverso un confronto e un approfondimento con quelli educativi e formativi di altri paesi.

49 Cfr. Gaetano Cattane a Georg Mylius, Milano 8 aprile 1824, in: ibid., pp. 169-170 (doc. 9).

50 J. W. Goethe, *Fausto*, trad. di A. Maffei, Firenze 1869, p. LXXXIII.

Capitolo II

Enrico Mylius: commercio e impresa

Cosa aveva spinto Enrico Mylius a venire in Italia e a trasferirsi a Milano? Quali erano i motivi che sul finire del XVIII secolo rendevano la capitale lombarda attraente per un giovane commerciante di Francoforte sul Meno desideroso di fare affari? Il cambiamento era iniziato qualche decennio prima. Le riforme volute dall'imperatrice Maria Teresa d'Asburgo in Lombardia, avevano rappresentato un punto di svolta per l'amministrazione austriaca e spazzato via quanto restava di regole e strutture della precedente, quella spagnola non più in grado di affrontare i gravi problemi della gestione pubblica e la crisi del sistema economico lombardo: la conseguenza era stata che l'eccezionale macchina produttiva e commerciale, ramificata in tutta la regione, garanzia di ricchezza e dinamismo, aveva perso colpi e si era inceppata; la circolazione delle merci era calata drasticamente. Le casse di Vienna esigevano un aumento dei tributi e la Lombardia doveva fornire un consistente apporto. Per questo i governatori austriaci a Milano, sotto l'occhio attento dell'imperatrice stessa, avevano messo mano al catasto, alle rendite fondiarie, ai contratti agricoli, decretato la fine agli appalti dei servizi pubblici, ridisegnato gli organismi amministrativi dalle circoscrizioni più piccole fino al Consiglio di Governo, il vertice del sistema pubblico. Anche per rilanciare produzione e commercio furono introdotte non poche novità: dalla rimozione dei dazi interni, alla soppressione delle corporazioni e dei divieti sullo spostamento della manodopera. In questo modo si venivano a creare le condizioni per un afflusso sempre maggiore di lavoratori dalle campagne verso le filande e i telai di centri urbani grandi e piccoli in maggioranza dedicati alla lavorazione della seta. Così i proprietari si potevano servire dell'abbondanza di uomini per ampliare le loro manifatture e per trasformare da artigianali in industriali i processi produttivi. Gli effetti non tardarono a farsi sentire e furono trainanti per lo stato dell'economia; la situazione migliorò.[1] Forniscono utili ragguagli sulla Milano nell'ottavo decennio del XVIII secolo le *Historisch-kritische Nachrichten von Italien* di Johann Jakob Volkmann la celebre guida che anche Goethe aveva tra i suoi libri durante il viaggio in Italia. Volkmann riservava diverse pagine alla centralità della produzione e del commercio di seta e tessuti nella regione, osservando come i potenti negozianti milanesi ne imponessero il prezzo in Lombardia e riuscissero anche a condizionare i mercati di Francia e Inghilterra. Nella guida si trovano altre informazioni di tipo economico ma è interessante sottolineare il rilievo che veniva attribuito alle categorie produttive – commerciali e manifatturiere – nella società milanese e Lombarda di quegli anni.[2] A decretarne anche ufficialmente l'importanza e il ruolo d'interesse

---

1 Per un inquadramento storico-economico della situazione in Lombardia all'epoca delle vicende qui trattate, cfr. F. Della Peruta, "Politica e società lombarde", in: *id.* (ed.), *La Lombardia delle riforme*, Milano 1987, pp. 7-44.

2 Cfr. J. J. Volkmann, *Historisch-kritische Nachrichten von Italien: welche eine genaue Beschreibung dieses Landes, der Sitten und Gebräuche, der Regierungsform, Handlung, Oekonomie, des Zustandes der Wissenschaften, und insonderheit der Werke der Kunst nebst einer Beurtheilung derselben enthalten*, vol. 1, Lipsia 1777, pp. 311-312.

pubblico, provvedeva l'editto del 24 luglio 1786 con cui venivano istituite le Camere di Commercio; il testo si concludeva così: "Essendo Superiore Intenzione di distinguere in questa ed in altre guise una classe tanto benemerita dello Stato."[3] In ogni capoluogo della regione erano così sorte le Camere di Commercio, destinate a diventare rapidamente e per molti anni il perno economico di tutta la Lombardia. Quella di Milano, la più importante, prevedeva dodici membri: nel primo Consiglio tra i principali banchieri, commercianti e produttori di seta e tessuti della città, furono nominati anche Johann Adam Kramer, imprenditore tessile originario di Essenheim vicino a Francoforte sul Meno e Francesco Pensa.[4] La famiglia Pensa dalla metà del Settecento aveva dato avvio al tentativo più importante di creare un grande complesso serico,[5] fondando due importanti stabilimenti, uno con oltre cento telai e seicento lavoratori che produceva stoffe, velluti e tessuti preziosi molto stimati, di qualità equivalente a quelli francesi, l'altro interamente dedicato alla realizzazione di tele stampate, sete con filati d'oro, fazzoletti e calze.[6] I cugini Pensa, Andrea e appunto Francesco, con il loro socio Domenico Lorla "non solo rappresentarono la ditta più importante proto-industriale del tempo in Lombardia, ma ebbero capacità commerciali elevate creando uffici di rappresentanza all'estero in Germania, Olanda e Gran Bretagna, dove figli e nipoti appresero il mestiere, le giuste conoscenze e contatti, le lingue e una visione internazionale degli affari".[7] In una situazione così propizia il giovane Mylius giungeva, forse nell'anno 1788, per la prima volta in Lombardia presumibilmente con l'appoggio dell'influente famiglia Pensa.[8] Nella sostanziale mancanza di informazioni su quei primi anni, è interessante segnalare come la convergenza di tre diverse fonti, sembri fornire una concreta conferma proprio a favore di una tale ipotesi: il primo articolo biografico su Mylius di Josefine Rumpf-Fleck, il diario delle Cinque Giornate di Milano di Paolo Ranci Ortigosa De Corte,[9]

---

3 C.-L. Richard, J. J. Giraud, *Biblioteca sacra ovvero Dizionario universale delle scienze ecclesiastiche*, Tomo 3 (Supplemento), Milano 1838, p. 290.

4 Cfr. S. Levati, S. Morosini, G. Paletta, *Le élite camerali 1786-1926: il contributo della camera di Commercio alla formazione della classe dirigente milanese* (Quaderni dell'Archivio Storico 2), Milano 2011, pp. 7 ss.

5 Le informazioni sulla famiglia Pensa sono tratte da B. Caizzi, *Industria, commercio e banca in Lombardia nel 18 secolo*, Milano 1968, pp. 105-106, 112-115, 145-146.

6 Cfr. Volkmann, *Historisch-kritische Nachrichten von Italien*, pp. 313-314.

7 F. Alemani, "Inzago di piazza in piazza", *Storia in Martesana* 8 (2014), pp. 172-173.

8 Heinrich (Enrico) Mylius, era nato a Francoforte nel 1769 da Johann Christopher e Dorothea Kraus, ultimo di tredici fratelli di cui solo cinque vissero oltre i trent'anni. Cfr. F. Baasner, "Enrico Mylius (1769-1854): imprenditore mecenate patriarca", in: *id.* (ed.), *I Mylius-Vigoni. Italiani e tedeschi nel XIX e XX secolo*, Firenze 1994, pp. 9-28. Risulta difficile stabilire con esattezza l'anno dell'arrivo di Enrico Mylius in Italia che oscilla tra la fine degli anni Ottanta e i primi anni Novanta del Settecento; a parere di chi scrive non esiste una reale contraddizione tra quanto riportato da J. Rumpf-Fleck, "Heinrich Mylius. Ein Mittler zwischen Weimar und Italien", in: Frankfurter Goethe-Museum (ed.), *Goethe-Kalender auf das Jahr 1942*, Lipsia 1942, p. 192, che fa riferimento al diciannovenne Enrico Mylius per la prima volta in Italia e quindi all'anno 1788, e gli anni 1791/4 ipotizzati da M. Poettinger, che potrebbero essere invece intesi come quelli del trasferimento in pianta stabile a Milano. Cfr. M. Poettinger, "Internazionalizzazione ed innovazione tecnologica nella Milano ottocentesca, gli imprenditori tedeschi Kramer e Mylius", in: G. Alfani (ed.), *Il ruolo economico della famiglia*, Roma 2007, p. 335.

9 Cfr. P. Ranci Ortigosa De Corte, *Milano 1848: un ragazzo alle Cinque Giornate*, Milano 1990.

e soprattutto il testamento di Enrico che lascia eredi di una notevole cifra i figli di Gaetano Pensa.[10] Dalla prima apprendiamo che, secondo la tradizione famigliare, il diciannovenne commerciante Mylius superate le Alpi e dirigendosi verso la pianura padana, soggiornò sul Lago di Como a Loveno di Menaggio presso la famiglia di amici francofortesi, i Pensa[11] [Ill. 15]. Questa amicizia trova abbondanti riscontri nel diario di Paolo Ranci:

> Quando il mio adorato padre ebbe una lucrosa posizione, s'innamorò di una delle figlie (Francesca) del, in quel tempo molto accreditato, banchiere [Gaetano] Pensa, oriundo di Bellano, sul lago di Como che possedeva, oltre ad una signorile e vasta casa con ampi annessi fondi ad Inzago altra casa non meno vasta e signorile a Loveno sopra Menaggio (lago di Como), e la ottenne in isposa.

E qualche pagina più avanti:

> [il] ricco banchiere Enrico Mylius, il quale dovendo gran parte della sua fortuna a mio nonno [Gaetano] Pensa ebbe [...] ad amare e mai dimenticare fino alla morte i di lui figli e discendenti.[12]

È possibile, quindi, ritenere che tra i Pensa e i Mylius esistessero rapporti piuttosto consolidati risalenti a prima dell'arrivo di Enrico in Italia.[13] Volendo inoltre dar credito all'affermazione di Ranci su ruolo del nonno Gaetano nel successo economico di Enrico, diventa plausibile che tra i produttori di tessuti, Pensa, e i mercanti, Mylius, vi fossero anche stretti contatti commerciali. Lo strumento operativo di questi ultimi, era la ditta "Mylius & Aldebert", costituita a Francoforte sul Meno

---

10 Cfr. pp. 153-154 e 163.

11 Cfr. Rumpf-Fleck, "Heinrich Mylius", p. 192. Per quanto riguarda questo articolo, occorre ricordare che la stesura avvenne dopo un soggiorno a Milano e Loveno e la conoscenza diretta degli ultimi discendenti di Enrico: Catulla Mylius e Ignazio Vigoni. Da loro l'autrice aveva ottenuto molte informazioni a voce; si tratta spesso di notizie preziose tramandate dalla famiglia che tuttavia è opportuno, se possibile, sottoporre a verifica. La casa dei Pensa a Loveno inferiore esiste ancora e attualmente viene chiamata "Villa Belfaggio".

12 Ranci Ortigosa De Corte, *Milano 1848*, pp. 76, 159. La casa Pensa a Inzago (MI), attualmente Palazzo del Comune, "casa dei figli minori Pensa amministrati dalla loro madre Sig.ra Catterina Maroni [vedova di Gaetano Pensa]" cfr. Alemani, "Inzago di piazza in piazza", p. 30. Gaetano Pensa (1754-1808), figlio di Andrea, cofondatore insieme al cugino Francesco della ditta di famiglia, risulta anche lui consigliere della Camera di Commercio di Milano a partire dal 1790.

13 Sui Pensa a Francoforte cfr. J. Augel, *Italienische Einwanderung und Wirtschaftstätigkeit in rheinischen Städten des 17. und 18. Jahrhunderts*, Bonn 1971, p. 248 che cita un "Bernhard Pensa, figlio del mercante di seta Franz Pensa, fu avvocato e senatore a Francoforte nel 1816; possedeva un'azienda vinicola a Geisenheim". Allo stato attuale non è possibile definire gli esatti rapporti di parentela tra il ramo tedesco e quello italiano della famiglia. Le fonti citate concordano nelle informazioni sulla proprietà di Loveno e confermano l'amicizia tra le famiglie come anche alcuni passi delle lettere di Mylius a Gaetano Cattaneo (Milano, Biblioteca Nazionale Braidense MANZ.B.XXXIII.139) "[...] avrete facilmente occasione di vedere la famiglia Pensa che nel portarsi a Loveno, sembra voler prendere questa volta la strada di Canzo [...]" (27 settembre 1822) e "[...] Parte domani da qui per Loveno Andrea Pensa [...]" (4 novembre 1833); questi elementi, a mio parere, sono sufficienti a ipotizzare che i Pensa fossero il contatto italiano per l'arrivo di Mylius a Milano.

1786 da Johann Jakob Mylius, fratello maggiore di Enrico, e dal cognato Isaac Aldebert, secondo marito della sorella Catharina Elisabeth. Fino dalla sua fondazione la ditta si era mossa con una visione internazionale degli scambi commerciali che sfruttando il vantaggio di contatti già bene avviati sul mercato cittadino e interno, mirava ad ampliare il proprio raggio d'azione attraverso due pilastri geograficamente strategici: uno al di là della Manica, Manchester e Londra e un altro al di là delle Alpi, Milano.[14] Se in questa fase iniziale Aldebert sembra più attivo sulla piazza inglese, è soprattutto il giovane Enrico a occuparsi di quella milanese; si deve al suo impegno e alla sua bravura imprenditoriale, la crescita delle attività nel corso degli anni, dalla Lombardia all'Italia (Genova, Trieste, Senigallia, Roma, Messina) e poi, per il commercio di prodotti coloniali, anche al Mediterraneo e perfino a Zanzibar. La vita professionale di Enrico fu una sorta di inarrestabile cavalcata verso il successo: ai due fondatori della ditta, tra gli anni 1793 e il '94 si aggiungeva un socio importante e facoltoso come Carl Cornelius Souchay, mercante internazionale di tessuti;[15] in questo stesso periodo Enrico risultava sempre più presente e operativo nel capoluogo lombardo. Un documento del 1803 [Ill. 16], conservato presso l'Archivio Storico della Camera di Commercio di Milano, lo attesta in qualità di socio della ditta;[16] a partire dal 1804 e fino al 1806 egli acquistava nel comune di Sesto San Giovanni un complesso di terreni e case che dopo alcune trasformazioni, sarebbe diventata la sua residenza di campagna;[17] nel 1808 comperava il palazzo di via Clerici, in

14 Le informazioni sulle attività di Mylius qui riportate, sono tratte da: A. Moioli, "Enrico Mylius negoziante e banchiere", in: Pavoni, "*...rispettabilissimo Goethe...*", pp. 29-37; Poettinger, "Internazionalizzazione ed innovazione tecnologica", pp. 334-357; *id.*, *Deutsche Unternehmer im Mailand des neunzehnten Jahrhunderts. Netzwerke, soziales Kapital und Industrialisierung*, Milano 2012 e *id.*, "Crisis and Merchant Networks in the nineteenth century: The Case of German Networks in Lombardy", *The Historical Review/La Revue Historique* 10 (2013), pp. 11-31.

15 Tre anni più tardi Souchay ne usciva mantenendo tuttavia una stretta partnership commerciale. Sui rapporti tra Souchay e la famiglia Mylius cfr. V. Usselmann, "...ernste Musik liebend..." (in corso di stampa).

16 Il documento (*La Ditta Enrico Mylius e Comp. presenta il Mandato di Procura conferito al Sig.r Emilio Zorn per la rappresentanza della ditta stessa*) si trova nell'"Archivio Storico della Camera di Commercio di Milano", *Documenti Dimessi*, *Notificazioni Generali n. 1195*.

17 La casa di Sesto veniva frequentata da Adelaide Calderara (1804-1883), "la giovinetta bellissima" ritratta nelle forme di *Psiche* dallo scultore canoviano Pietro Tenerani (1789-1869), cantata dai letterati e poeti Pietro Giordani (1774-1848) e Vincenzo Monti (1754-1828); fu presumibilmente lei a introdurre presso la coppia Mylius, intorno agli anni '20, figure di rilevo come Barnaba Oriani (1752-1832), dal 1776 al 1817 astronomo e direttore dell'osservatorio di Brera o il già citato poeta Monti. Per rendere omaggio a quest'ultimo Mylius divenne anche promotore e cassiere del comitato che fece erigere un monumento in bronzo nel il loggiato superiore del cortile d'onore del palazzo di Brera a Milano, su disegno di Pelagio Palagi e realizzato dallo scultore Abbondio Sangiorgio, cfr. "Monumento di Vincenzo Monti", *Gazzetta di Milano* 214 (1829), p. 844 e "Annunzii Varii", *Giornale di Belle Arti e Tecnologia* I/8 (1833), p. 434. Alla morte di Enrico, nel 1854, la casa e il parco passarono in eredità al nipote Georg Melchior e da lui alla sua seconda moglie, Sophie Vonwiller, fino al 1895, quando cessarono di essere proprietà della famiglia Mylius. Nel 1921 diventò sede del Comune di Sesto San Giovanni che la acquistò in via definitiva nel 1928 apportando diverse modifiche. Rimane ancora anche una porzione del parco seppur di dimensioni molto ridotte rispetto a quelle originarie. Sulla villa vedi anche S. Bertolucci, "Milano, Sesto San Giovanni, Loveno: per una storia ragionata del collezionismo di Enrico Mylius", in: G. Oldrini, A. Venturelli (ed.), *La tradizione rinnovata. Da Enrico Mylius alla Sesto San Giovanni del futuro*, Loveno 2006, pp. 177-181.

centro a Milano a due passi dal Teatro alla Scala e da Piazza del Duomo[18] [Ill. 17 e 18], da quel momento in poi sede di tutte le attività e sua residenza privata [Ill.19]. L'anno successivo riceveva l'incarico di Giudice supplente di Commercio presso la Corte d'Appello del Tribunale e, non molto dopo, di membro del Tribunale Mercantile e di Cambio. Nel 1811 Enrico era in grado di rendersi indipendente dalla casa madre e fondare a proprio nome una ditta individuale con sede a Milano; nel 1814 concludeva l'acquisto della filanda di Boffalora sul Ticino; a quello stesso anno risale anche l'inizio del duraturo rapporto d'affari con uno dei maggiori banchieri di Francoforte, Simon Moritz von Bethmann; sono queste – Boffalora e i contatti con Bethmann – due testimonianze della notevole posizione economica ormai raggiunta e della volontà nonché della forte capacità espansiva nei settori, in quegli anni tra loro strettamente connessi, della produzione serica e del negozio bancario. Nel 1818 la ditta si ampliava con l'entrata di due nuovi soci: Johann Hektor Steinhaußer e Georg Friederich Doerr, assumendo la ragione sociale di "Enrico Mylius e Comp." [Ill. 20]. Risalgono al 1820 l'apertura di una seconda filiale a Genova e al 1825 l'ingresso come socio del figlio di Enrico, Giulio, e del nipote Georg Melchior; sempre in questo anno e precisamente il 24 luglio, ancora Giulio risultava tra i nove fondatori a Milano della prima compagnia di assicurazioni in Italia contro i danni degli incendi e sulla vita;[19] tra i soci figuravano oltre alla ditta di Enrico "sette tra le maggiori case di banca e sete della città".[20] Nel 1834 Enrico veniva nominato membro della Commissione consulente di commercio, industria e agricoltura del Governo di Milano e il suo nome compariva tra i componenti della delegazione lombarda per la costruzione della ferrovia Milano – Venezia; due anni dopo un altro nipote, trasferitosi a Milano, Heinrich Mylius Mennet si aggiungeva come collaboratore e poi socio della ditta. Nel 1838 Mylius veniva eletto vicepresidente della Camera di Commercio di Milano; negli stessi mesi l'imperatore Ferdinando I d'Austria gli conferiva il titolo di Cavaliere dell'Ordine Imperiale Austriaco della Corona Ferrea; dal 1844 al '46 Enrico fu anche il primo componente di confessione protestante

18 L'edificio, scomparso in seguito ai bombardamenti della Seconda Guerra Mondiale, si trovava in via Clerici tra gli odierni civici 4 e 10 (allora Contrada dei Clerici, n. 1768) di rimpetto al settecentesco palazzo della famiglia Clerici. Un prospetto datato 1806 (*Casa Clerici*, Archivio Storico Civico, Fondo Ornato fabbriche, I° serie, cart. 33 c. 417) eseguito dall'architetto Pietro Gilardoni, allievo del celebre Leopoldo Pollack, ci mostra una sobria costruzione di elegante gusto neoclassico con la fascia del piano inferiore a bugnato e, ai due piani superiori, finestre inquadrate da slanciate cornici in pietra. Il palazzo lasciato in eredità da Agnese Mylius nel 1927 alla citta di Ginevra, fu venduto nel 1935 dopo che, sei anni prima erano stati messi all'asta tutti gli arredi e gli oggetti d'arte (cfr. *Vendita all'asta (per successione ereditaria) di tutte le collezioni d'arte del Museo Mylius*, Milano 1929). Sul palazzo vedi anche Bertolucci, "Milano, Sesto San Giovanni, Loveno", pp. 166-167. A questi anni, contemporaneamente alla vendita dell'edificio e del suo contenuto, risale anche la scomparsa dell'archivio, in parte distrutto e in parte disperso, cfr. Baasner, "Enrico Mylius (1769- 1854)", p. 11. Colpisce la somiglianza tra l'edificio milanese e il corpo centrale di villa Mylius-Vigoni a Loveno – sistemata per Mylius nel 1829 ad opera dell'architetto Gaetano Besia – per la presenza in entrambe di una zoccolatura a bugnato dell'altezza del piano terreno e per la riquadratura delle finestre con lesene che nell'edificio lovenese erano dipinte e che attualmente sono state purtroppo ricoperte da recenti ridipinture.

19 Cfr. D. Bigazzi (ed.), *Gli archivi d'impresa nell'area milanese: censimento descrittivo*, Milano 1990, p. 16.

20 Cfr. Moioli, "Enrico Mylius negoziante e banchiere", p. 35.

del Consiglio Comunale di Milano,[21] infine, nel 1850 venne nominato consigliere straordinario dell'Imperial Regia Accademia di Belle Arti di Brera. Il suo contributo allo sviluppo economico della Lombardia – insieme a quello del già citato Johann Adam Kramer trasferitosi come lui a Milano sul finire del XVIII secolo – fu di fondamentale importanza non solo per innovazione, cambiamenti tecnologici, capacità e metodi finanziari, costituzione di reti di scambio europee dove tutto questo poteva liberamente e proficuamente circolare ma anche dal punto di vista sociale e culturale.[22] Progressivamente, tra la fine degli anni Trenta dell'Ottocento e l'inizio dei Quaranta, Enrico iniziò ad allontanarsi dalla gestione operativa degli affari, lasciata a tutti gli effetti nelle mani dei due nipoti. "Il riconoscimento politico" del ruolo da lui raggiunto era ormai pubblicamente certificato dalla "costante presenza negli organi rappresentativi cittadini" e dall'"intensa attività sociale sotto forma di associazionismo, attività benefiche, mecenatismo culturale e promozione della scienza e della tecnica".[23] Rende l'idea della considerazione di cui godeva, un passo sulla rivolta di Milano del 1848 del politologo e filosofo Carlo Cattaneo (1801-1869), stretto collaboratore e amico di Mylius:[24]

> Sono andato allora a trovare il mio amico Sig. Mylius, che era stato convocato in Municipio; pareva che, come tedesco di nascita e molto stimato e amato da tutti, lo si volesse coinvolgere nel farsi interprete delle richieste degli abitanti [i milanesi] presso il governo. Ma in città c'era già troppa agitazione; sua moglie non voleva lasciarlo uscire. Mi sono offerto di accompagnarlo e di riportarlo indietro. In Municipio non c'era più nessuno [...]. L'insurrezione era iniziata; bandiere tricolori spuntavano dappertutto; le postazioni austriache, in armi, osservavano con ottuso stupore. Si gridava agli uomini che si affacciavano alle finestre che il posto per gli uomini era in strada. Vedevo giovani armati di bastoni, pistole, sciabole [...] il passaggio era sbarrato; le guardie erano state disarmate; il sangue era colato. Mi preoccupai di riportare a casa il mio anziano amico...[25]

Un livello di stima e reputazione davvero notevoli, il riconoscimento a cui Enrico era giunto soprattutto per la scelta di dedicarsi, profondendo gran parte dei denari accumulati, ad

---

21 Cfr. Usselmann, "...ernste Musik liebend..." (in corso di stampa). Lo fu nuovamente anche nel 1848, cfr. Pirola (ed.), *Guida statistica della Provincia di Milano*, Milano 1848, p. 80.

22 Cfr. Poettinger, "Internazionalizzazione ed innovazione tecnologica", p. 304-305.

23 Ibid., p. 305.

24 Vedi cap. 4.

25 "Je suis allé voir mon ami M. Mylius, qui avait été appellé à la Municipalité; il parait que, comme Allemand de naissance et très estimé et aimé par tout le monde, on voulait l'intéresser à se rendre interprète des vœux des habitants auprès du gouvernement. Mais la ville était déjà trop agitée; sa femme ne voulait pas le laisser sortir. Je me suis offert à l'accompagner et à le reconduire. À la municipalité il n'y avait plus personne; [...]. L'insurrection avait commencée; l'on promenait partout des drapeau tricolores; les postes autrichiens, sous les armes, les regardaient avec l'étonnement de la stupidité. On criait aux hommes, qui se montraient aux fenêtres que la place des hommes était dans la rue. Je voyais des jeunes gens armés de bâtons, de pistolets, de sabres [...] le chemin était barricadé; on avait désarmé les gardes; le sang avait coulé. J'ai pansé à reconduire le vieillard chez lui...", C. Cattaneo, "L'insurrection de Milan en 1848" (IV stesura), in: *id.*, *Tutte le opere. Scritti dal 1848 al 1852*, vol. 4, a cura di L. Ambrosoli, Milano 1967, pp. 357-358.

attività di tipo filantropico volte a favorire l'educazione e l'istruzione dei giovani; decisione, questa, che dopo la drammatica e prematura scomparsa del figlio Giulio nel 1830 si era per lui trasformata in una sorta di vocazione.

Il figlio Giulio Mylius: collaboratore e innovatore

Sono rari gli esempi di un dipinto che sia allo stesso tempo simbolo della storia di una nazione e contemporaneamente narrazione di una vicenda personale; questo è il caso della tela di Giovanni Migliara, la *Filanda Mylius a Boffalora* (1828), rappresentazione sì di una tra le prime attività industriali in Italia ma anche ideale ritratto di Giulio Mylius attraverso il suo lavoro [Ill. 21]. Del giovane Giulio sopravvivono scarne notizie biografiche e fortunatamente anche qualche immagine, una *silhouette* insieme ai genitori, un carboncino di Joseph Karl Stieler e una miniatura all'età di 26 anni riferibile al ritrattista Carlo Bruni[26]; tutte le altre sue raffigurazioni sono postume e derivate da quest'ultima[27] [Ill. 22 e 23]. Unico figlio del matrimonio tra Enrico e Federica Schnauss, Giulio, anzi Julius Napoleon come fu battezzato in omaggio alla vittoria che i francesi avevano ottenuto il giorno dopo la sua nascita contro gli austriaci a Marengo, era nato a Milano il 13 giugno 1800[28]; educato dai genitori in casa fin dall'infanzia, la sua prima istruzione fu affidata a un precettore. A tredici anni egli si trasferiva a Elberfeld, oggi distretto urbano di Wuppertal nella Renania Settentrionale, per frequentare la "Höhere Bürgerschule" (Alta Scuola per cittadini), una scuola privata appositamente creata da Johann Friedrich Wilberg per i figli delle classi 'superiori' commerciali e mercantili, dove al posto del latino e del greco si insegnavano le lingue moderne, la matematica per uso economico-commerciale e le scienze applicate.[29] Dal 1818 aveva affiancato il padre negli affari viaggiando in Italia, Germania e Inghilterra; intorno al 1825 era rientrato in pianta stabile a Milano, dimostrando capacità e intelligenza

---

26 Tutte le opere qui citate si trovano nelle raccolte storiche di Villa Vigoni.

27 Il busto in marmo (1830) dello scultore Pompeo Marchesi presso il Tempietto nel parco della villa Mylius-Vigoni a Loveno e l'incisione litografica di Francesco Hayez (1830 ca.).

28 Le informazioni sulla vita di Giulio si trovano in: A. E. Medicus, *Discorso alla tomba del Signor Giulio Mylius di Milano tenuto in Trieste il XXVIII aprile*, Trieste 1830, pp. 27-30.

29 Così, nelle sue memorie, Wilberg ricordava Giulio: "Solitamente, di una tale raccolta [di fondi per la scuola] si occupava un giovane eccellente: Giulio Mylius di Milano, che inoltre con la certezza dell'approvazione dei suoi splendidi genitori, forniva anche la più grande contribuzione. (È quasi impossibile che un padre sia più amato dal suo splendido figlio di quanto W. sia stato amato dall'eccellente giovane. Il severo messaggero, la morte, ha chiamato a sé dalla terra lui che con fiducia cercava la verità, cittadino consapevole ed estremamente attivo, l'amato figlio, alcune settimane dopo il suo matrimonio a Trieste, il 26 Aprile 1830.)" J. F. Wilberg, *Erinnerungen aus meinem Leben, nebst Bemerkungen über Erziehung, Unterricht, und verwandte Gegenstände*, Essen 1836, p. 129.

e meritandosi la fiducia della famiglia e dei colleghi commercianti.[30] Sembra difficile ipotizzare che all'acquisto nel 1814 per la notevole cifra di 90.000 lire di una filanda a Boffalora Ticino,[31] il padre Enrico avesse già in mente un ruolo per il figlio ancora molto giovane; più probabile che, tassello di una ben precisa strategia espansiva delle attività, si fosse trattato di un investimento ponderato allo scopo di aggiungere al commercio, la produzione serica di un grande stabilimento, sito a pochi chilometri da Milano e sul Naviglio Grande, utile non solo per l'acqua necessaria alle lavorazioni della seta grezza ma anche come rapida ed efficiente via per il trasporto della merce. Non poteva però immaginare, Enrico, la fine della stagione napoleonica e il crollo di quel sistema politico-economico che per quindici anni gli aveva garantito affari e guadagni né tantomeno il ritorno all'*ancien régime* con l'annessione della Lombardia e del Veneto all'Impero austriaco. I contraccolpi nei settori manifatturieri non tardarono; la seta, una lavorazione a basso contenuto tecnologico, che poteva essere prodotta senza particolari complicazioni, si trovò ad affrontare la concorrenza dell'est; l'Impero che una cinquantina di anni prima era stato sensibile alle esigenze della produzione lombarda, ora mostrava il volto più autoritario e non intendeva fare sconti a chi si era dimostrato infedele e aveva accolto i francesi come liberatori. E ancora di più, dopo il 1821 quando le istanze indipendentiste della regione erano state affrontate, armi in pugno dagli austriaci, e brutalmente represse. Occorreva quindi mettere mano alla filanda di Boffalora, industrializzare i processi produttivi, renderli più efficienti, migliorare la qualità e la quantità del prodotto. Gli anni sono quelli che in Lombardia vedono il decollo della prima rivoluzione industriale. Una stagione pionieristica in cui le nuove tecnologie non si acquistavano ma si pensavano progettavano e si costruivano in proprio; occorrevano non solo capitali ma anche conoscenze e competenze tecnico-scientifiche, spirito innovativo, visione del futuro. Fu Giulio a occuparsi di Boffalora. E lo fece con grande successo. Ecco come una rivista specializzata descriveva la filanda appena ristrutturata:

> Non lasceremo di lodare un modello in grande di fornelli per la filatura dei bozzoli da seta a bassa temperatura e con gli aspi mossi dall'acqua, con genio in parte inventato, in parte perfezionato dal Sig. Giulio Mylius. Già da gran tempo erasi proposta la filatura della seta a freddo,[32] la quale negli esperimenti istituiti in Milano, non era

30 Cfr. Enrico Mylius a Gaetano Cattaneo, Milano 22 ottobre 1821, in: Pavoni, "...*rispettabilissimo Goethe*...", p. 167 (doc. 5).

31 Cfr. Moioli, "Enrico Mylius negoziante e banchiere", p. 32.

32 Qui il termine "filatura" è da intendere come il procedimento per produrre un filato di seta a partire dal bozzolo. Questa lavorazione è divisa in due parti: "la trattura, o sia quell'arte che lo ricava dai bozzoli, unendo più *bave* di essi in un solo *filo* che più propriamente dicesi *seta greggia*" e la "filatura o torcimento, o sia quell'arte la quale con appositi meccanismi (filatoi) torce e unisce insieme più fili di seta greggia", cfr. F.-A. Gera, *Saggio sulla trattura della seta*, Milano 1829, p. 30. Occorre precisare che Giulio Mylius non fu l'inventore del cosiddetto metodo a freddo o a bassa temperatura del trattamento della seta, già sperimentato diverse volte in epoche precedenti; egli fu in grado di perfezionarlo e di renderlo molto conveniente soprattutto per la minor quantità di combustibile necessario per ottenere la temperatura corretta dell'acqua delle bacinelle di lavorazione.

> sì riconosciuta in tutti i suoi effetti vantaggiosa; ma però si era in qualche luogo conservata la pratica di filare i bozzoli a bassa temperatura, con ché producevasi una seta assai migliore e più ricercata dagli oltramontani; e il Sig. Mylius il figlio, ha grandemente migliorato questo metodo nella comoda e ben intesa filanda da esso fatta costruire in Boffalora. Una grande caldaja situata in un angolo dell'edifizio, la di cui acqua si riscalda con poco combustibile e d'ordinario con la torba, manda l'acqua ad alcune caldajuole, sotto le quali con pochissimo fuoco si mantiene la temperatura al grado convenevole, e in queste si agitano e si preparano alla filatura i bozzoli, che poi da ciascuna si versano in due altre caldajuole o padelle, dove l'acqua è fredda e dove la filatura si eseguisce. Bello è pure il meccanismo, col quale tutti gli aspi sono mossi per mezzo di una ruota collocata nell'acqua corrente, libero essendo al tempo stesso a ciascuna delle filatrici il rallentarne o anche il sospenderne il movimento, senza alcun disturbo o interruzione di lavoro degli altri aspi che continuano a girare.[33] [Ill. 24]

La vecchia filanda era stata trasformata grazie alle capacità di Giulio in un impianto di concezione così moderna che:

> il barone Wilhelm von Türk, membro del Regierungsrat prussiano [...], dopo un viaggio nell'Italia settentrionale compiuto nel 1827 per conto del suo governo, fece realizzare nei pressi di Potsdam una filanda tecnicamente analoga a quella dei Mylius.[34]

Il dipinto della filanda fornisce la perfetta documentazione visiva dell'impianto ed è la prima raffigurazione conosciuta di una fabbrica e di un processo lavorativo industrializzato in Italia. Le donne sono sedute alla loro postazione – nelle filande occorrevano infatti mani piccole e dita agili per estrarre dal bozzolo i pregiatissimi fili di seta – l'ambiente, pulito e luminoso e l'atmosfera pacata suggeriscono le migliorie che con la tecnologia sviluppata da Giulio avevano definitivamente consentito l'abbandono dell'acqua bollente. Queste importanti innovazioni, immediatamente pubblicate e diffuse in Italia e Germania, valsero al giovane il 5 novembre 1827 la nomina a socio onorario di "Verein zur Beförderung des Gewerbefleißes in Preußen" (Associazione per la promozione dell'industria e del commercio in Prussia);[35] istituzione fondata a Berlino nel 1821 per iniziativa di Peter Beuth e attiva nel conferimento di premi ai migliori "brevetti" tecnologici, nella diffusione attraverso conferenze delle più recenti tecniche introdotte nella produzione e promotrice di seminari di approfondimento sulle scienze applicate.

---

33 F.-A. Gera, "Oggetti di arti chimiche e meccaniche coronati nella solenne distribuzione dei premi del 1827", *Annali universali di tecnologia economica* II/5 (1827), pp. 56-57. I fornelli per la lavorazione della seta a bassa temperatura ideati da Giulio Mylius, furono premiati nel 1826 dal' I.R. Istituto di Scienze, Lettere ed Arti di Milano, cfr. A. Cesaris, "Discorso [...] letto in occasione della solenne distribuzione dei premi d'industria seguita il giorno 4 ottobre 1826", *Biblioteca italiana ossia giornale di letteratura scienze ed arti* XLIV/11 (1826), p. 266.

34 Moioli, "Enrico Mylius negoziante e banchiere", pp. 35, 176; cfr. anche ibid., documento 21, p. 176.

35 Cfr. "Namensverzeichnis der Mitglieder am 31. Dezember 1827", in: E. L. Schubarth (ed.), *Verhandlungen des Vereins zur Beförderung des Gewerbefleißes in Preußen*, Berlino 1828, p. 7.

Capitolo III

Gli affetti e la memoria

Nel 1829, con l'acquisto sulle balze di Loveno di una casa colonica con lo scopo di adattarla a villa, Enrico Mylius riteneva di aver trovato il luogo ideale, o qualcosa che molto gli assomigliasse, per trascorrere periodi di svago e di villeggiatura. Non era certo la mondanità dei borghi del lago più celebrati – come Blevio, Tremezzo e Bellagio – a interessarlo e neppure la necessità di seguire con maggiore agio il commercio dei bozzoli "serici" (a cui stava pensando Giulio, con sempre maggior successo); ciò che Enrico amava di Loveno era quella dimensione intima e contemplativa della vita, a lui ben nota e già assaporata per aver frequentato il luogo da molto tempo ospite nella casa dei Pensa.[1]

La proprietà aveva intorno terreni a coltivo, era collegata al paese da una mulattiera sconnessa e percorribile solo a piedi; scomoda quindi da raggiungere, ma la vista straordinaria che dalle finestre si apriva sul lago, la luce vivida delle mattinate e quella riflessa e diffusa dei tramonti, l'unione di alte montagne e acque profonde, un panorama da vertigine che nutriva lo spirito, rendevano quella casa... la casa. Era anche qualcosa di più e di diverso rispetto al palazzo in centro a Milano, abitazione e sede della ditta o rispetto alla villa fuori porta, a mezz'ora di carrozza dalla città, nella campagna di Sesto San Giovanni. Sarebbe stata la villeggiatura perfetta per Giulio che aveva manifestato intenzioni molto serie con una giovane, forse incontrata proprio attraverso gli amici Pensa, tra i primi ad aver compreso lo straordinario fascino di possedere una dimora nel piccolo borgo di Loveno. [Ill. 25 e 26]

La lotta di Giulio Mylius e Luigia Vitali

Giulio, come detto, unico figlio di Enrico e Federica, probabilmente aveva conosciuto Luigia Vitali giovanissima intorno all'inizio degli anni Venti del XIX secolo; lui mercante, imprenditore e tecnico in campo serico, facoltoso e ben introdotto negli ambienti della grande borghesia milanese e internazionale; lei, bella e di carattere, discendente in via materna da una delle famiglie della più prestigiosa aristocrazia milanese, gli Arese, e da parte paterna (anche se Luigia nel 1825 era rimasta orfana del padre, Carlo) dalla piccola nobiltà lombarda, colta e patriotica [Ill. 27 e 28]. E proprio grazie all'amicizia dei Vitali con i Pensa, residenti in un'ala di palazzo Vitali,[2] che, in quegli anni così carichi di volontà di rinnovamento, ma anche di violente repressioni da parte

1 Cfr. Rüppell, *Una cronaca ottocentesca*, p. 38.

2 Cfr. Ranci Ortigosa De Corte, *Milano 1848*, p. 159.

del governo austriaco nei confronti di coloro che la alimentavano, i due giovani si erano incontrati. La storia tra i due non ha lasciato tracce documentarie; al contrario, e in modo copioso, ne rimangono intorno all'opposizione della madre di Luigia, Maria Arese Vitali e alla lotta che, come risultato, ne scaturì. Pagine e pagine di parole ricostruiscono nei dettagli ciò che accade tra il 1829 e il 1830, mesi che mutarono in modo radicale e irreversibile, l'esistenza di tutti i protagonisti di questa storia, a iniziare da Luigia che ventenne, ma ancora minorenne per le leggi di allora, doveva sottostare all'autorità materna.[3] Ma Giulio e Luigia non erano disposti a cedere né davanti al mancato assenso da parte della madre all'unione tra i due – il giovane veniva rifiutato per la sua confessione riformata e per il suo status non aristocratico – né alle più sotterranee logiche famigliari che probabilmente avevano già promesso la ragazza a un altro pretendente. Fu Luigia a decidere di rivolgersi al tribunale per far valere le proprie ragioni.

E così la mattina del 3 agosto 1829 veniva recapitata a donna Maria da parte dell'Imperial Regio Tribunale di prima istanza Civile di Milano, un'ingiunzione a comparire per il giorno 22 dello stesso mese.[4] In realtà la battaglia – tra madre e figlia – era già iniziata qualche tempo prima; questo fu però l'atto decisivo, la svolta. La stessa Maria riassumeva così al giudice quanto accaduto:

> Il Signor Mylius [...] riconobbe, che in un oggetto tanto delicato, qual'era il matrimonio della minorenne cattolica con un Protestante, egli doveva prendere norma dall'autorità Ecclesiastica per acquietare la sua coscienza, e manifestò ch'egli si sarebbe riportato in tal parte a quanto si fosse nell'argomento esternato dall'Eminentissimo Principe Arcivescovo di questa Città, il quale sentita la Ricorrente, non credette di consigliarla al matrimonio di cui trattasi. Riteneva la Esponente, che il Sig. Mylius dovesse arrendersi a così autorevole giudizio, ma dopo che non trovò l'autorità del Metropolitano coerente alle sue viste, divisò forse di ricorrere a quella del Tribunale per superare quel dissenso.[5]

Si apprende quindi che un primo tentativo di impedire le nozze da parte della famiglia era stato compiuto con la richiesta di un parere all'arcivescovo di Milano, l'austriaco Karl Kajetan von Gaisruck; l'alto prelato si era espresso in modo contrario all'unione ma la sua pronuncia non era stata in grado di porre la parola fine alla questione. I due giovani infatti, più che mai determinati al matrimonio, avevano quindi deciso di rivolgersi al tribunale, confidando nell'indipendenza del giudice civile rispetto alle prescrizioni della Chiesa. Insistere per ottenere il nullaosta alle nozze era certamente un segno dello spirito dei tempi, di quei tempi nuovi ai quali Maria Vitali sembrava non appartenere. La nobildonna infatti, incapace di comprendere la modernità e lo spirito di quella stagione postnapoleonica e romantica, sbagliava completamente strategia processuale, insistendo sulla differenza religiosa tra i due futuri sposi quale principale causa d'impedimento alla celebrazione del matrimonio. Il Codice civile austriaco di

3 I documenti relativi alla controversia tra madre e figlia si trovano in Archivio storico di Villa Vigoni (ASVV), Doc. fam., *Luigia Vitali processo/atti nuziali,* B.CV.IV.

4 Cfr. *Comparsa della Sig.ra Donna Luigia Vitali pel 24 agosto, ore nove antimeridiane [1829]*, ASVV Doc. fam. B.CV.IV.14.

5 *Deposizione Luigia Vitali, [s.d.]*, ASVV Doc. fam. B.CV.IV.22.

allora vietava infatti le nozze tra cristiani e non cristiani, ma non tra cattolici e acattolici, prescrivendo soltanto particolari norme sull'educazione dell'eventuale prole; fu proprio per questo motivo che il 17 settembre 1829 il Tribunale di prima istanza, sentite le parti, aveva stabilito di accordare alla minore Luigia, "cattolica", il consenso all'unione con Giulio, "acattolico".[6]

La sentenza, evidentemente inattesa, lasciava costernata la famiglia Arese che attraverso la madre e gli zii co-tutori manifestò un tale dissenso verso quanto disposto dal giudice da costringerlo alla nomina di un curatore speciale per la stipula degli indispensabili patti nuziali: Francesco Teodoro Arese. Zio della futura sposa – e fratello maggiore della madre Maria – intellettuale e patriota, Francesco veniva così coinvolto nella controversia nella quale avrebbe giocato un ruolo essenziale diventando tra i primi sostenitori dell'unione e uno dei garanti della moralità dei Mylius. La famiglia Arese appariva così divisa nel partito dei favorevoli e in quello dei contrari, ma il matrimonio ora poteva essere celebrato.

Il 21 settembre alla presenza dei due giovani, di Arese, di Mylius e dei testimoni, venivano finalmente stipulati i patti nuziali, un vero e proprio contratto che, oltre a ribadire le condizioni economiche dell'unione, diventava una autentica dichiarazione della dignità di Luigia.[7] Infatti, in virtù del sostegno economico fornito dall'Arese e dello stesso Giulio, Luigia poteva presentarsi al matrimonio, anche senza il contributo in denaro a carico dei genitori, avendo a disposizione comunque una somma equivalente a quella ricevuta in dote dalla sorella Margherita al momento del proprio matrimonio. È una sottolineatura importante perché in questo modo la giovane non veniva socialmente ed economicamente penalizzata dalla coraggiosa azione intrapresa in disaccordo con la madre. Mylius inoltre, in segno di prodigalità e di riguardo per il coraggio mostrato dalla ragazza, le donava un'ulteriore somma vincolata a una rendita garantita, specificando che tale cifra le sarebbe stata elargita anche nel caso di mancata celebrazione delle nozze.

I patti nuziali ricevettero rapidamente l'approvazione dell'autorità giudiziaria, senonché la madre oppose immediatamente ricorso.[8] I toni della sua deposizione furono di nuovo molto accesi; la donna arrivava perfino a definire la figlia come una "persona guidata da una passione alla quale tutto sacrificava e tutto posponeva; che irata dalle più ragionevoli opposizioni dei genitori, opponeva una tenace resistenza," spingendosi a ipotizzare una totale incapacità della ragazza di esprimere un giudizio ponderato – "O la passione esercita il suo impero, e qual maggior motivo di pericolo per una figlia che nulla sa ricusare all'idolo del suo cuore?" – e a supporre una volontà di prevaricazione da parte del giovane Mylius: "Chi esercita un impero tanto assoluto e preponderante sull'animo della moglie può tutto domandare e tutto ottenere."[9]

6 Cfr. *Decreto dell'I. R. Tribunale Civile di I^a Istanza, 17.7bre.1829*, ASVV Doc. fam. B.CV.IV.17.

7 Cfr. *Capitoli Nuziali della Sig.ra D.ª Luigia Vitali, 1829.21.7bre*, ASVV Doc. fam. B.CV.IV.1.

8 Cfr. *Decreto dell'I. R. Tribunale Civile di I^a Istanza, 26.7bre.1829*, ASVV Doc. fam. B.CV.IV.17.

9 *Ricorso di Maria Arese vedova Vitali all'I. R. Tribunale Civile di I^a Istanza, 1.8bre.1829*, ASVV Doc. fam. B.CV.IV.25.

Il ricorso veniva respinto per l'appoggio, determinante, di una parte della stessa famiglia Arese nei confronti di Luigia; Maria decise però di non darsi per vinta e si rivolse nuovamente al tribunale, questa volta con una strategia diversa: la richiesta di un rinvio dell'esecuzione della sentenza a causa della giovane età e dell'inesperienza di Luigia nell'affrontare il matrimonio. Un nuovo approccio dilatorio che sembrava potersi rivelare vincente; il tribunale, infatti, per la prima volta si pronunciava a favore della madre. Ma in questo momento fu la giovane figlia che decise di non cedere; consapevole della propria scelta e forte della indipendenza economica che le aveva garantito Enrico Mylius si presentava nuovamente di fronte al giudice per ottenere il 31 dicembre 1829 la sospirata autorizzazione.[10] Al suo fianco sempre Giulio che "superò felicemente questi ostacoli in via legale con una energia, con una fermezza solo propria di chi è ben conscio delle proprie pure e nobili mire."[11]

Si potevano finalmente celebrare le tanto desiderate nozze in tempi brevi, ma lontano da Milano, perché lì la vicenda aveva lasciato un'eco profonda, anche se solo sussurrata e per evitare le prescrizioni della precedente pronuncia ecclesiastica che di fatto impediva il rito religioso che i due desideravano. Per questo si decise per Trieste, luogo nel quale si poteva officiare senza particolari problemi un matrimonio interconfessionale o misto, come si usava dire allora, e dove i Mylius avevano importanti interessi economici e molte conoscenze. Luigia e la futura suocera, Federica, giunsero in città nel gennaio del 1830 per iniziare i preparativi; Giulio le attendeva già lì, probabilmente impegnato in affari di famiglia. Verso febbraio, senza apparente preavviso, il giovane iniziò a manifestare i primi segni di una malattia che in tempi brevi lo costrinse a letto, in un'alternanza di forti febbri e dolori, a momenti di apparente recupero. Anche i migliori medici, immediatamente consultati, rimanevano perplessi e la terapia prescelta non andò oltre alla consueta, per l'epoca, serie di salassi; Giulio sembrò rimettersi, ma il 14 marzo, un altro di quei giorni che segnano la storia, tutto cambiò. Il giovane ebbe un attacco convulsivo che sconvolse tutti; Enrico, subito avvisato, giunse in tutta fretta da Milano; comprese immediatamente la gravità della situazione. Giulio era sempre meno presente e stava per lasciarli. Occorreva salvare l'amata Luigia, occorreva tutelarla da un destino (che lontano dalla madre, con la quale la giovane aveva interrotto i rapporti, e ancora senza la famiglia acquisita, non essendo ancora sposata) l'avrebbe costretta a una condizione di esclusione sociale. Pragmaticamente, sebbene con il dolore nel cuore, Enrico organizzò la celebrazione per il primo aprile, in uno dei rari momenti in cui ancora Giulio rispondeva alle sollecitazioni. Il rito veniva così officiato e Giulio poteva sposare Luigia e con le ultime forze tristemente confidare ai genitori la certezza della propria imminente fine e investire la moglie nel ruolo di "figlia affettuosa" per loro.[12]

Luigia non ebbe tempo abbastanza per essere moglie, diventò subito vedova e "figlia". Giulio morì il 26 aprile.

---

10 Cfr. *Decreto dell'I. R. Tribunale Civile di I^a Istanza, 31.Xbre.1829*, ASVV Doc. fam. B.CV.IV.27.

11 Medicus, *Discorso alla tomba del Signor Giulio Mylius*, p. 7.

12 Cfr. Rüppell, *Una cronaca ottocentesca*, p. 38. Sul matrimonio e la sua celebrazione cfr. G. Meda Riquier, "Astrea e le Parche: la storia di Giulio e Luigia", in: *Villa Vigoni Comunicazioni / Mitteilungen* II/2 (1998), pp. 18-22.

Loveno privata. Loveno pubblica[13]

Enrico e Federica si trovarono così a dover ricominciare, a ripensare una vita senza più Giulio, ma con i ricordi, la famiglia e Luigia che dai momenti tragici del matrimonio (ma già in precedenza da quelli altrettanto drammatici del processo), era entrata a far parte a tutti gli effetti, della famiglia. E poi restavano i tanti interessi e i sentimenti, ora molto scossi, ma sempre solidi e improvvisamente anche salvifici. Si rivolsero infatti all'arte e alla sua capacità di rappresentare sentimenti e suscitare pathos, pensando di servirsene come strumento con cui dare una forma concreta al proprio percorso interiore e perpetuarlo nel tempo. Enrico decise infatti, dopo un periodo di riflessione e ricerca spirituale, di dedicare la nuova proprietà di Loveno, la villa e il parco, alla memoria di Giulio; in poco più di dieci anni, mise in pratica un progetto del tutto originale e creativo che univa iconografia a simbologia. Nato per la necessità di conservare un contatto ancora quasi fisico con il figlio, era poi confluito in una dimensione dello spirito ben più ampia in grado di trasfigurare gli affetti umani in una tensione colma di affidamento e sentimento per il divino.

Giulio era sepolto a Trieste, là dove era morto. Averlo lasciato in una città così lontana, doveva aver aggiunto dolore a dolore, se Enrico, ancora nel 1835, decideva di portare in qualche modo con sé quel luogo, commissionando al pittore Giovanni Migliara, (autore della celebre *Filanda Mylius a Boffalora*) una rappresentazione del Camposanto di Trieste, nella quale al centro della scena apparivano, ben riconoscibili, la coppia degli anziani Mylius affranti e Luigia[14] [Ill. 29]. L'esigenza di un luogo reale interamente dedicato a Giulio era presto diventata incombente e anche ben comprensibile poiché rivelava tutta la difficoltà dell'accettazione di quel distacco. Senza indugio, ancora prima che terminasse quel fatidico 1830, Enrico dispose l'edificazione nel parco della villa di Loveno di un cenotafio alla memoria del figlio, affidando l'incarico all'architetto milanese Gaetano Besia.[15] In meno di dodici mesi l'edificio fu pronto, al centro della proprietà, in una posizione bene in vista che aveva imposto importanti lavori di sbancamento e di rimozione di rocce.[16] Il piccolo edificio, un tempietto, aveva proporzioni neoclassiche, con cifre sobrie ed eleganti; per raggiungerlo, occorreva salire un leggero declivio,

13 Nel paragrafo che segue saranno descritti gli acquisti delle opere d'arte da collocare a Loveno. Per maggiore semplicità e aderenza alle fonti documentarie, si fa sempre riferimento a Enrico nel ruolo di decisore e committente. In realtà, per lo strettissimo legame che lo univa alla moglie Federica, è ragionevole supporre che ogni scelta fosse discussa e presa di comune intento con la consorte.

14 Il dipinto dal titolo *Il Cimitero evangelico di Trieste con la tomba di Giulio Mylius* si trova attualmente nel Salone delle statue di villa Mylius-Vigoni a Loveno.

15 Allo stesso Besia si devono anche i lavori di trasformazione della villa nelle forme attuali (1829-30).

16 "Per quello che riguarda il monumento, sarà questo uno dei primi oggetti sopra cui parleremo al mio ritorno. [...] Ho fatto qualche discorsi in questi ultimi giorni sopra questo oggetto con l'amico Rüppell, in occasione che passeggiavamo il fondo attiguo alla mia casa per rintracciare il sito adatto per il collocamento" Enrico Mylius a Gaetano Cattaneo, Loveno 19 novembre 1830, in: Pavoni, "*...rispettabilissimo Goethe...*", pp. 177-178 (doc. 24).

una breve passeggiata, che da quel momento in poi Mylius compiva spesso durante i frequenti periodi di soggiorno lovenese, fino a che fu in grado di muoversi, e anche dopo che la tomba con le spoglie di Giulio nel 1851 era stata traslata nel vicino cimitero del paese[17] [Ill. 30].

Nel 1832 fu collocato, all'interno un bassorilievo in marmo di Pompeo Marchesi (1790-1858) raffigurante la *Morte di Giulio Mylius*. "È la veritiera rappresentazione di una tra le ultime azioni del figlio – così la descrive Rüppell – [...] disteso sul letto di morte. [...] Le parole del giovane furono 'Cari genitori, se dovrete con me perdere un figlio che vi ama, sappiate che sono consapevole di lasciare a voi in mia moglie una tenera figliola per la consolazione e l'adempimento dei doveri filiali, e che ella vi darà gioia.'"[18] Non devono ingannare l'ambientazione e le vesti all'antica, probabilmente una richiesta dello stesso committente, ancora vicino, per età e cultura, al gusto di un classicismo tardo settecentesco; la scultura era pervasa di una sensibilità tutta romantica. I personaggi ben riconoscibili, non idealizzati e ritratti dal vero; la scena animata da un movimento che nelle posture e nell'intreccio dei corpi e delle mani sembrava quasi suggerire un abbraccio ideale al giovane morente, sono tutti elementi del sentire ottocentesco [Ill. 31].

Nello stesso anno sulla parete esterna, verso il lago, fu posta una lapide scritta congiuntamente da Gaetano Cattaneo e Alessandro Manzoni:

Nella rimembranza tranquilla
Di una sofferta sciagura
Non si estingue il dolore
Ma si converte
In un soave sentimento

Un testo di genere consolatorio nel quale la presenza di quel "soave sentimento" sembra un punto d'arrivo, un approdo a cui il passare del tempo avrebbe inevitabilmente condotto. Una riflessione alla quale presumibilmente non era rimasto estraneo anche lo stesso Mylius unito da un legame di profonda amicizia per il primo e di ammirazione per il secondo[19] [Ill. 32].

Il 1835 segnò visivamente, intellettualmente e spiritualmente il raggiungimento della conclusione auspicata; in questa data, infatti, veniva ultimato il secondo bassorilievo previsto per il tempietto la *Nemesi* di Bertel Thorvaldsen.

17 Cfr. "Heinrich Mylius", *Didaskalia: Blätter für Geist, Gemüth und Publicität* 105 (1854), [p. 3]. Anche un piccolo dipinto ad olio del 1842 di Federico Moja, conservato nella Piccola biblioteca di villa Mylius-Vigoni, rappresenta Enrico e Federica Mylius di spalle mentre salgono a piedi verso il tempietto.

18 Rüppell, *Una cronaca ottocentesca*, p. 38. Cfr. anche *Didaskalia* 105, [p. 3].

19 Cfr. Bertolucci, Meda Riquier, *Alessandro Manzoni: carteggi letterari*, pp. 80-83.

La storia relativa alla commissione del bassorilievo è ben documentata dalla corrispondenza tra Mylius, Thorvaldsen, Cattaneo e Carl Kolb, console del Württemberg presso la Santa Sede e intermediario tra committente e artista:[20] dalle lettere emerge con evidenza come Enrico avesse un'idea molto precisa rispetto a un soggetto ispirato agli scritti su *Nemesi Adrastea* di Herder. Egli desiderava vedere rappresentata una dea "non strumento di vendetta del destino" ma un nume che attraverso il suo influsso fosse in grado di regolare "il destino finale di tutte le azioni umane" e che con l'invisibile mano superiore misurasse con equità ogni cosa.[21] La certezza del divino che regola il destino umano in modo equo, soddisfaceva quindi alla necessità di una spiegazione dei fatti che non fosse solamente materiale, e rimandava a una dimensione superiore e sacra, a quel rapporto Dio – Uomo che sembra l'oggetto più profondo della riflessione di Mylius [Ill. 33].

Con l'arrivo di *Nemesi*, il tempietto, grazie alla presenza di due bassorilievi complementari anche se stilisticamente in antitesi tra il pathos romantico della raffigurazione di Marchesi e l'intellettualismo filosofico-teologico dell'allegoria scolpita da Thorvaldsen, rappresentava il culmine di una meditazione sul tema della morte di Giulio, dal momento fisiologico del trapasso fino a quello della consapevolezza che un così prematuro e tragico evento – la perdita di un figlio – poteva essere accettato per un credente solo rimettendosi alla volontà di Dio. Nel cenotafio, il raggiunto equilibrio tra mondo reale e metafisico trovava una efficace espressione iconica e una alta sintesi morale. Tutto questo a Mylius non sembrava ancora sufficiente; in una sorta di viaggio *à rebours* comprese che, perché la sua esperienza potesse diventare esempio o almeno motivo di riflessione per coloro che con spirito autentico visitavano la dimora di Loveno, era necessario servirsi di una serie di sculture, e scultura dopo scultura, 'scrivere' un racconto per immagini di quel groviglio di sentimenti e stati d'animo scatenati dalla morte di Giulio.[22]

Una breve guida a stampa della villa di Loveno, edita nel 1852 dall'amico e naturalista di Francoforte, Eduard Rüppell (1794-1884) chiariva con lucida sintesi la volontà di Enrico: "Le molte statue marmoree [...] che si trovano nel salone e nella stanza adiacente, creano - per così dire - un ordine che induce la persona sensibile alla riflessione"[23]; varcare quindi la soglia di casa Mylius significava intraprendere un viaggio sia in un luogo fisico sia in uno spazio interiore.[24]

All'inizio di questo percorso, nella sala a sinistra dell'ingresso, si trovava la scultura [Ill. 34], *Eva* di Cincinnato Baruzzi (1796-1878) opera nella quale Mylius si era imbattuto quasi per caso nel 1837 quando all'esposizione di Belle Arti dell'Accademia di Brera di Milano, veniva

20 Le lettere sono state edite in appendice a: Pavoni, *"rispettabilissimo Goethe..."*, pp. 178-183 (doc. 27-33).

21 Rüppell, *Una cronaca ottocentesca*, p. 38-39.

22 Cfr. ibid., p. 40.

23 Ibid.

24 Tutte le sculture citate si trovano ancora nella villa Mylius-Vigoni di Loveno, tranne *Eva tentata dal serpente* (oggi presso il Palazzo Clerici di Milano) e *Davide il salmista* (attualmente all'Accademia di Brera di Milano).

presentata la *Nemesi* di Thorvaldsen, appena consegnata dallo studio dello scultore danese a Roma.[25] Nonostante le aspettative del committente, la *Nemesi* non fu l'attrazione principale; una statua di marmo "lodatissima e circondata sempre da un gran numero di ammiratori"[26] riscosse un eccezionale successo di pubblico e da parte della stampa specializzata. Si trattava di *Eva tentata dal serpente* che il più famoso allievo di Canova, Baruzzi, aveva esposto e che era stata acquistata dal conte Alberico Attendolo Bolognini.[27] Ma se per i visitatori era la notevole qualità estetica dal sapore ancora fortemente canoviano, a impressionare,[28] per Mylius, è presumibile, sia stata soprattutto l'iconografia e il significato dell'episodio narrato tratto da uno dei più celebri poemi della letteratura inglese del XVII secolo, il *Paradise Lost* di John Milton.[29] La suggestione del riferimento miltoniano aveva trovato certamente un terreno fertile in lui che conosceva il poeta inglese, scoperto prima attraverso le pagine di Klopstock, Schiller e Goethe e successivamente con la lettura diretta del poema, di cui possedeva ben due edizioni in lingua originale e una in italiano;[30] egli quindi oltre alla propria sensibilità, aveva gli strumenti – culturali e interpretativi – per sentire una consonanza tra il tema centrale del poema, e cioè la giustificazione per l'uomo delle azioni del Signore, e la condizione in cui si era trovato dopo la morte del figlio. Vedere riprodotto nel marmo della scultura di Baruzzi il momento di quel "Dio non può nuocerti ed essere giusto; se non è giusto, allora non è Dio" pronunciato dal serpente per vincere la resistenza di Eva,[31] dovette essere per Mylius una sorta di rivelazione che, se da una parte lo riportava al momento del dolore, quando forse da credente era giunto fino al dubbio, dall'altra doveva convincerlo sempre di più nella determinazione che rendere il proprio sentire con il mezzo dell'arte, fosse il modo migliore per rappresentare quella tensione ideale e religiosa che aveva maturato. Da qui la scelta di far eseguire anche altre sculture che, in forma di immagine simbolica, risultassero contemporaneamente un richiamo alla perdita

25 Sull'argomento cfr. T. Besing, G. Meda, S. Bertolucci, "'L'eccellente uomo'. Enrico Mylius: committenza, mecenatismo e mediazione culturale", in: Pavoni, "*...rispettabilissimo Goethe...*", pp. 53-63.

26 "Esposizione di Belle Arti in Milano nel 1837", *Giornale agrario lombardo-veneto con appendice letteraria* 8 (1837), p. 126.

27 L'opera nel 1863 fu donata alla città di Milano da Gian Giacomo Bolognini Attendolo ed è attualmente esposta presso la Galleria d'Arte Moderna di Milano di via Palestro; una versione tarda dell'*Eva tentata dal serpente* fu collocata sulla tomba dello scultore al Cimitero Monumentale della Certosa di Bologna. Cfr. A. Mampieri, *Cincinnato Baruzzi (1796-1878)*, Bologna 2014, p. 193.

28 "La statua che fa veramente furore è una Eva tentata dal serpente di Baruzzi comprata da Bolognini" (Massimo d'Azeglio al fratello Roberto, in: *Massimo d'Azeglio Epistolario (1819-1866)*, vol. 1, a cura di G. Virlogeux, Torino 1987, p. 275).

29 "Ai piedi tra i fiori e le erbe le si aggira il fallace serpente che attorcigliato col pieghevole corpo ad un tronco da cui pende il pomo fatale si stende dinanzi con un grazioso aspetto di angiolo (quale ce lo descrisse Milton)." I. Fumagalli, "Esposizione di Belle Arti nell'I. R. Palazzo di Brera", *Biblioteca Italiana* 75 (1837), pp. 435-436.

30 Queste tre edizioni (le due inglesi: Londra, For the Company, 1731 e Albion Press 1804 con ex libris di Enrico Mylius, e quella italiana di Lucca nella traduzione di Lazzaro Papi, 1829) sono ancora oggi conservate presso la biblioteca di villa Mylius-Vigoni di Loveno.

31 J. Milton, *Paradiso perduto*, a cura di R. Sanesi, Milano 2007, p. 417.

del figlio Giulio e un'immagine dei singoli componenti della famiglia.[32] *Eva* intanto raggiunse Loveno nel 1840 per essere collocata nella stanza adiacente al grande salone da quel momento denominata *Stanza di Eva (Milton, Paradiso Perduto)*[33] per mantenere sempre presente la relazione tra opera e fonte letteraria. Così si apriva il percorso pensato da Mylius.

Il progetto fu portato avanti e concluso attraverso la commissione di opere originali o con l'acquisto di repliche scelte per l'iconografia e collocate tutte nello stesso ambiente; nel 1842, venne fatta realizzare una seconda versione del *Cristo fanciullo docente* a Pompeo Marchesi [Ill. 35], eseguita la prima volta per il conte Tosio di Brescia nel 1833. La scultura, a grandezza naturale, fu collocata nel salone, che con la progressiva aggiunta di altre statue, si sarebbe così trasformato in una sorta di teatro dello spirito dove attraverso il diaframma costituito delle grandi finestre a vetri, la veduta del tempietto nel parco rappresentava uno sfondo reale e allo stesso tempo ideale. La posizione dell'opera di Marchesi di fronte all'ingresso ne permetteva la vista dalla sala attigua, quella di *Eva*, appunto, ma anche lungo tutta l'infilata delle porte del piano terra.[34] Gesù è rappresentato mentre adolescente insegna al tempio, la postura è quella della docenza, del bene-dire; è il figlio giovane e saggio, ma pure il figlio perduto, il figlio affannosamente cercato, il figlio che per volontà divina doveva allontanarsi dai genitori per seguire un'altra via.[35] Era possibile quindi avvertire nella domanda di Maria "Figlio, perché ci hai fatto così? Ecco, tuo padre e io, angosciati, ti cercavamo" (Lc., 2, 51), il riflesso del tormento di Federica e Enrico per il distacco da Giulio. È il momento del dolore vissuto, dell'angoscia della perdita, delle domande in cerca di una risposta, di una sofferenza interiore che invece di scontrarsi con il freddo registro dello stile scultoreo di ascendenza neoclassica, se ne serve quale efficace mezzo di espressione.

Il dolore affiancato da un sentimento di fiducia per l'opera di Dio – come lascia ben intendere quello sguardo di affidamento rivolto al cielo – sono le caratteristiche distintive della *Madre di Mosè* di Democrito Gandolfi del 1845 [Ill. 36]; ancora una volta Mylius sceglieva una scena di separazione, un gesto disperato che tuttavia conduceva alla salvezza; il bimbo,

---

32 È interessante notare come Mylius nel tempietto abbia scelto il linguaggio della rappresentazione al vero e della mitologia, mentre per le sculture della villa si sia servito di soggetti religiosi; anche questo autorizza l'ipotesi di un rinnovarsi nel suo animo del sentimento religioso.

33 Cfr. C. Cantù, "Como e la sua provincia", in: *Grande illustrazione del Lombardo-Veneto ossia Storia delle città, dei borghi, comuni, castelli...*, vol. 3, Milano 1858, p. 1193, e un pannello illustrativo di villa Mylius-Vigoni, si tratta di un pannello in cartone, scritto a penna su entrambi i lati, databile al 1855 circa (ASVV P.M.03).

34 Questa scultura è l'unica ancora oggi nella sua posizione originale.

35 "I suoi genitori si recavano tutti gli anni a Gerusalemme per la festa di Pasqua. Quando egli ebbe dodici anni, vi salirono di nuovo secondo l'usanza; ma trascorsi i giorni della festa, mentre riprendevano la via del ritorno, il fanciullo Gesù rimase a Gerusalemme, senza che i genitori se ne accorgessero. [...]. Dopo tre giorni lo trovarono nel tempio, seduto in mezzo ai dottori [...]. Al vederlo restarono stupiti e sua madre gli disse: 'Figlio, perché ci hai fatto così? Ecco, tuo padre e io, angosciati, ti cercavamo.' Ed egli rispose: 'Perché mi cercavate? Non sapevate che io devo occuparmi delle cose del Padre mio?'. Ma essi non compresero le sue parole." (Luca 2, 41-50).

infatti, non fu perduto, ma condotto dal fiume verso un nuovo amore materno.[36] Se si dovesse scegliere un filo conduttore per le sculture del salone di villa Mylius, questo potrebbe essere la trasfigurazione del sentimento, di un amore che attraverso il distacco cambia forma, ma non intensità. Anche la "virtuosa"[37] *Ruth* scolpita dall'elvetico Heinrich Maximilian Imhof nel 1848 e inserita a fianco della statua di Gandolfi, diventava memoria dell'affetto filiale verso la giovane nuora, Luigia, così come nel caso del personaggio biblico rispetto alla famiglia del marito defunto [Ill. 37].

Chiudeva il ciclo *Davide il Salmista* di Gaetano Manfredini, opera che è l'autentico contro-canto all'*Eva* di Baruzzi, il sigillo di quel "soave sentimento" ormai raggiunto e pienamente interiorizzato. Al momento di questa commissione Mylius aveva quasi ottant'anni, una età veneranda per i tempi, e il progetto doveva essere ultimato. "Già da qualche tempo e troppo piacevolmente ho nutrito nella mia testa" – scriveva all'amico pittore Giovanni Servi (1799/1800-1885) nell'ottobre del 1848 – "l'idea del Salmista per poterla ora tutto ad un tratto abbandonare [...] Già siamo intesi, che non vorrei il Salmista giovane, [...] ma il re canuto, in atto di canto di rendimento di grazia per la salvezza da pericoli nel corso della vita."[38] [Ill. 38] Egli desiderava un'iconografia piuttosto inconsueta, lontana da quella tradizionale del giovanetto vincitore su Golia, ma molto più vicina al suo sentire: dai dubbi di *Eva*, all'abbandono fiducioso del Davide maturo, con lo sguardo rivolto verso il Cielo. Nessun filtro iconografico era più necessario, solo la chiarezza di una scritta, incisa sulla cetra del re intento a suonare: "Benedici il Signore, anima mia, e non dimenticare tanti suoi benefici."[39] Il percorso artistico e simbolico, ma soprattutto umano, si era ormai compiuto, "trovando così a dolore immortale, sante ed immortali consolazioni"[40] e Giulio ed Enrico uno al fianco dell'altro in una coppia di busti ispirati al vero,[41] opere in marmo di Pompeo Marchesi, vennero aggiunti nella sala a cornice e quasi a sostegno, ideali telamoni, ancora una volta della vista sul tempietto [Ill. 39]. Un contesto di grande impatto visivo con questa selva di sculture sistemate in controluce davanti alle finestre per esaltarne l'effetto drammatico [Ill. 40].

---

36 "Il faraone aveva ordinato di uccidere tutti i figli maschi degli ebrei, che si stavano moltiplicando eccessivamente. Amram espose suo figlio, di tre mesi, in un cesto sulla riva del Nilo per salvarlo. Sua sorella rimase a controllare cosa sarebbe accaduto. La figlia del faraone trovò il bimbo e si accorse che era un ebreo. La sorella propose alla figlia del faraone di farlo allattare da una donna ebrea. La vera madre lo crebbe e ad una certa età venne riconsegnato alla figlia del faraone che lo considerò come un suo figlio. La figlia del faraone diede al bambino un nome egiziano: Mosè." (Esodo 2, 3-10).

37 Libro di Ruth 3, 11-12.

38 Enrico Mylius a Giovanni Servi, Loveno 7 ottobre 1848, in: Pavoni, "*...rispettabilissimo Goethe...*", pp. 193-194 (doc. 47).

39 Salmo 103, 2.

40 Cfr. "Pubblici corsi di scienze applicate e di tecnologia in Milano", *Rivista Europea, giornale di scienze morali, letteratura ed arti* I/5 (1847), p. 84.

41 Attualmente sono collocati nel tempietto nel parco di villa Mylius-Vigoni.

La sala delle statue non esauriva qui la sua narrazione, perché in parallelo ne aggiungeva un'altra, che era cogente e contingente alla prima, visto che sembrava tracciare delle precise coordinate culturali. Ancora attraverso una serie di opere d'arte: il bozzetto in gesso della statua di Schiller,[42] donato personalmente a Mylius dallo scultore Thorvaldsen, la piccola replica in marmo della statua di Goethe di Marchesi[43] e un ritratto di *Lucia,* eroina dei *Promessi Sposi* di Manzoni[44] e il previsto bozzetto in gesso del monumento di Herder,[45] costituivano non solo l'omaggio a quattro figure di grande rilievo ma creavano una dimensione artistica, filosofica e teologica in cui le passioni, i sentimenti e i pensieri scaturiti da quanto accaduto a Giulio e Luigia, si erano trasformati in immagini d'arte [Ill. 41]. Enrico era così riuscito a terminare la propria impresa e la villa inizialmente destinata a Giulio, Luigia e ai loro futuri figli – come ricordava Rüppell a proposito del loro matrimonio celebrato allo scopo anche di "infondere in quella casa nuova vita alla famiglia"[46] – era così diventato un luogo che della stessa vita proponeva una nuova percezione. Il destino aveva disposto in modo differente, Enrico quel destino lo aveva affrontato e tradotto in una memoria pensata per durare. Per questo egli lasciò la proprietà di Loveno, a Luigia con il compito di conservare una tale eredità.[47]

---

42 Si tratta di un bozzetto preparatorio (altezza 80 cm) del monumento in bronzo di Schiller e inaugurato a Stoccarda nel 1839 dal quale si differenzia solo per alcuni particolari. Secondo E. Rüppell (*Una cronaca ottocentesca*, p. 41), fu un dono personale dello scultore Thorvaldsen a Mylius. Nel 1980 Ignazio Vigoni lo regalò all'Ambasciata di Danimarca a Roma dove e tuttora conservato. Cfr. Pavoni, *"...rispettabilissimo Goethe..."*, pp. 138-139.

43 Replica in miniatura (cm 48 x 12 x 29) del monumento per Goethe realizzato a Milano da Marchesi nel 1838 su commissione di Enrico Mylius, Marquard Seufferheld ed Eduard Rüppell e dai tre donato alla citta di Francoforte. L'opera, il primo tributo pubblico a Goethe nella sua città natale, fu collocata nel 1840 all'ingresso della neo costituta Stadtbibliothek (Biblioteca Civica) ma venne distrutta dai bombardamenti del gennaio 1944. Lo scultore aveva realizzato per i finanziatori dell'impresa tre repliche in piccolo formato; presso villa Mylius-Vigoni si conserva l'esemplare appartenuto a Mylius. Occorre qui ricordare un altro prezioso dono che Mylius fece nel 1834 alla biblioteca della propria città natale; si tratta di un codice del XIV secolo miniato nel Nord Italia della Divina Commedia di Dante Alighieri (Universitätsbibliothek, Ms. lat. qu. 57 (Ausst. 33), Johann Wolfgang Goethe-Universität Frankfurt).

44 Si trattava di una copia del dipinto di Eliseo Sala Lucia Mondella, protagonista de *I Promessi Sposi*.

45 Era infatti previsto l'inserimento del gesso originale dello scultore Ludwig Schaller realizzato per il monumento di Johann Gottfried Herder in occasione del centenario della nascita, nel 1844, e finanziato in larga misura da Mylius (si ringrazia per questa informazione il direttore dello Stadtarchiv Weimar, Dr. Jens Riederer). A causa di qualche contrattempo, la statua era stata inaugurata a Weimar solo domenica 25 agosto 1850, con una cerimonia religiosa e un corteo accompagnato da cori appositamente scritti da Franz Liszt e ispirati al *Prometeo liberato* dello stesso Herder; cfr. [E. Förster], "Die Herderstatue und das Herderfest in Weimar", *Deutsches Kunstblatt Stuttgart: Zeitschrift für bildende Kunst, Baukunst* 42 (1850), pp. 329-332. Tuttavia per la difficoltà di trasportare dalla Germania a Loveno un gesso di dimensioni colossali, il progetto fu abbandonato. Cfr. Rüppell, *Una cronaca ottocentesca*, p. 41.

46 Rüppell, *Una cronaca ottocentesca*, p. 38.

47 Sancisce idealmente e visivamente questa volontà, l'ultima opera d'arte voluta da Mylius, il gruppo scultoreo Igea al Lario eseguito da Giosuè Argenti (1819-1901) ed esposto a Brera nel 1855, un anno dopo la morte del committente, prima di essere collocato nel parco di Loveno. Sotto le spoglie della dea che versa un balsamo salutare a dei bambini, sono facilmente riconoscibili Luigia e i quattro figli, nati dal matrimonio con Ignazio Vigoni sr.: Giulio (1837-1926), Enrichetta (1842-1897), Giuseppe (1846-1914) e Teresa (1851-1932).

Dal 1847 in poi Mylius aveva dato il via alla realizzazione di una serie di opere pubbliche in favore della comunità della prediletta Loveno: l'abbeveratoio, il cimitero, il ponte e la strada carrozzabile.[48] La prima tra queste iniziative riguardava l'annoso problema della scarsità d'acqua disponibile per le persone e gli animali soprattutto durante la stagione invernale; la soluzione fu di convogliare un ruscello che attraversava la sua proprietà e portarne le acque a un abbeveratoio nelle vicinanze della chiesa parrocchiale di San Lorenzo e Agnese.[49] Quattro anni dopo ebbero inizio, su disegno di Servi[50] e progetto di Besia, i lavori per l'edificazione del Cimitero [Ill. 42]; il luogo sacro, a pianta quadrata, aperto sul lato occidentale da un peristilio a quattro colonne doriche sovrastate da un timpano, comprendeva sul lato nord, anche la cappella funeraria della famiglia Mylius dove nel 1851 fu traslata da Trieste la salma di Giulio. Si trattava di un cimitero costruito secondo la normativa allora vigente, se non per un'unica – e straordinaria all'epoca – eccezione: la mancanza della divisione, obbligatoria, tra la zona protestante e quella cattolica, ulteriore conferma di un sentire che da tempo aveva superato le differenze tra le due confessioni e che fu accettato senza alcun tipo di obiezione da parte degli abitanti. I lavori erano costati complessivamente 4959 lire di cui 3033 offerte da Enrico Mylius che i cittadini riconoscenti vollero ricordare con una lapide, ancora oggi visibile alla destra dell'ingresso:

Figlio ed ospite di sì ameni dintorni
Se ti muove pietà degli estinti
Benedici
A benefattori compartecipi
Nell'erezione ed ornato di questo cimitero
Iniziato nel 1850 compiuto nel 1851
Benedici al nome
Del Consig. Cav. Enrico Mylius
Di onorate imprese zelator generoso
Precipuo elargitore
E tenerissimo rammentalo ai posteri
Loro narra ancora
Altre non lievi beneficenze
Che il comune memore e grato
Senza uopo d'epigrafe
Celebra tutto dì

48 Cfr. O. Selvafolta, "Loveno di Menaggio: Amenissima balza di pittoreschi prospetti", in: Pavoni, "*...rispettabilissimo Goethe...*", pp. 44-45.

49 L'abbeveratoio è ancora visibile; rimane anche un frammento d'iscrizione a ricordo del benefattore "[...] vieni al fonte / [...] nostro Mylius / [...] nel MCCCXLI[II]".

50 Cfr. Giovanni Servi a Bernhard von Lindenau, Milano 19 dicembre 1852, in: Pavoni, "*...rispettabilissimo Goethe...*", pp. 196-197 (doc. 51).

Ancor più importante fu il progetto dei lavori, terminati all'inizio del 1854, per la costruzione della strada carrozzabile da Menaggio a Loveno e Nobiallo, e del ponte sulla valle del fiume Senagra [Ill. 43]. Si trattò di un'impresa ragguardevole sia per i costi che per la realizzazione di un tracciato stradale di montagna lungo alcuni chilometri; la supervisione venne affidata all'architetto Giuseppe Balzaretti (negli anni successivi incaricato anche della sistemazione del parco della villa), comprendeva un ponte in mattoni a tre arcate, ancora oggi esistente al di sotto dell'attuale,[51] e una strada percorribile da carrozze e carri delimitata lateralmente da muretti a secco; queste opere portarono lavoro alle maestranze locali e furono capaci di imprimere il segno della modernità e della facilità dei trasporti in luoghi immutati da generazioni. Anche in questo caso una lapide in una curva all'uscita di Loveno inferiore ricorda la riconoscenza dei cittadini:

Al generoso benefattore
Cav.re Enrico Mylius
Donava
Lavoro ai poveri in triste vernata
Nuovi pittoreschi prospetti
Agli agi del piano a terra di montagna
Terrieri e villeggianti di Loveno
Pel nuovo favore riconoscenti
p.p.
MDCCCLIII

Ignazio Vigoni: un genero adottivo

Bisogna ora tornare a occuparsi di Luigia e alla sorte che attendeva una giovane donna dimostratasi molto coraggiosa, capace di lottare e vincere contro le convenzioni sociali dell'epoca, ma che ora si ritrovava vedova in casa dei suoceri. È di nuovo Paolo Ranci Ortigosa, fonte imprescindibile per questo genere di informazioni sulla vita privata della famiglia Mylius, a rivelarci quanto successe:

51 Anche gli abitanti della vicina Menaggio, allora comune separato da Loveno, vollero la loro lapide di: "1853 / Al genio filantropico / Del Caval.e Enrico Mylius / Chiaro per virtuose opere di beneficenza / Che questa strada a proprie spese al pubblico comodo / Aperse / Grati e riconoscenti gli abitanti di Menaggio / A perpetua ricordanza questa lapide / Posero". L'apertura della strada fu celebrata anche da un'ode del poeta comasco Giovanni Rezzonico (1789-1875) dal titolo "Nella festività / che i comuni di Loveno e Menaggio consacrano / al benefico signor Cavaliere / Enrico Mylius / in occasione dell'apertura della nuova via da lui fatta costruire / nei comuni stessi" in: G. Rezzonico, *Poesie varie*, Milano 1854, pp. 96-97.

> I Mylius, dopo la morte dell'unico adorato figlio, vollero che la giovane vedova la quale, avendo perduto i genitori, mal si trovava coi fratelli molto brillanti, per quanto da essi amata, abitasse in casa loro considerandola come loro figliola. Ma di questa ch'era di rara avvenenza e distinzione, s'innamorò perdutamente il conte Francesco Arese,[52] [...] e tanto fece fino a che col consenso dei Mylius, divenne la sua fidanzata poco tempo prima ch'egli per affari politici fosse costretto a fuggire in Isvizzera, se voleva evitare il capestro o la perpetua prigionia. Quei buoni Mylius mossi a pietà dai sospiri della vergine vedovella e dalle vive istanze del conte Arese, deliberarono di allietare la loro figliuola e il povero esiliato, procurando loro la gioia di vedersi e trovarsi assieme per qualche tempo, decisero di visitare la Svizzera con Donna Luigia alla quale, con gentil pensiero, diedero per compagna la sua più cara amica e cioè la ancor zitella nostra zia Maria Pensa [...]. Fu così che, se non m'inganno, a Berna, i Mylius e le ragazze s'incontrarono coll'Arese e coll'indivisibile amico principe Luigi Napoleone Bonaparte[53] il quale, diventato poi Presidente della Repubblica Francese ed in seguito al memorabile colpo di Stato (2 dicembre [1851]) Imperatore dei Francesi, prendendo il nome di Napoleone III, quando nel 1859 fece con Vittorio Emanuele la sua entrata trionfale in Milano, rammentando le due ragazze da lui conosciute *temporibus illis*, volle vedere Donna Luigia e domandò con vivo interessamento notizie di zia Maria. Ognun sa poi, e credo sappiate anche voi, come Ignazio Vigoni, amico intrinseco dell'Arese e dei Vitali, mentre dei due fidanzati, andando di sovente in Svizzera, era il messaggero d'amore, s'innamorò a sua volta di donna Luigia e questa di lui, tanto che alla barba degli assenti che, ben sapete, hanno sempre torto, i due innamorati si sposarono e da quel momento il Vigoni, col potente appoggio dei Mylius, da benestante diventò un ricco signore.[54]

Ignazio apparteneva a una famiglia di editori milanesi attivi dalla metà del XVII secolo fino alla metà del successivo e dediti soprattutto alla stampa di pubblicazioni d'occasione, sacre e musicali; nel 1756 avevano ricevuto la titolarità di un grande possedimento terriero nelle vicinanze di Lodi e nel 1772 erano stati iscritti nel registro della nobiltà lombarda con la possibilità di potersi fregiare di uno stemma proprio. Non rimangono molte notizie su Ignazio, laureatosi in giurisprudenza all'università di Pavia,[55] se non che i suoi rapporti con Mylius risalivano probabilmente a prima della conoscenza di Luigia e che un comune sentire liberale e patriottico, lo aveva introdotto presso circoli risorgimentali frequentati dagli Arese e dai Vitali.[56] Il matrimonio con Luigia venne celebrato a Milano nel 1835 e con questo atto le famiglie Mylius e Vigoni furono ufficialmente unite. Da allora Ignazio, collaborò in modo molto stretto con Enrico Mylius: si occupò della filanda di Boffalora, dal 1853 lo affiancò come relatore e vicepresidente della "Società d'Incoraggiamento d'Arti e Mestieri",

52 Francesco Benedetto Arese Lucini (Milano, 1805 - Firenze, 1881) patriota, senatore del Regno d'Italia e uomo politico, figlio di Antonietta Fagnani Arese per la quale Ugo Foscolo scrisse l'ode *All'amica risanata*, era cugino di primo grado di Luigia.

53 La madre Ortensia di Beauharnais era intima di Antonietta Fagnani Arese, madre di Francesco.

54 Ranci Ortigosa De Corte, *Milano 1848*, pp. 159-160.

55 Cfr. *Certificato dell'Università di Pavia*, ASVV, Documenti Ignazio Vigoni sen., C.Var.1.

56 Per questa e altre informazioni su Ignazio Vigoni, cfr. R. Jakoby, "Sviluppi della tradizione famigliare italo-tedesca nella seconda metà del XIX secolo", in: Baasner, *I Mylius-Vigoni*, pp. 47-52.

sedette insieme a lui quale consigliere della "Commissione enologica italiana"[57] e membro della "Commissione incaricata della Direzione ed Amministrazione Centrale degli Asili di Carità per l'Infanzia di Milano"[58] [Ill. 44].

57 Cfr. "II. circolare della sezione centrale milanese della Commissione enologica italiana", *Rivista Europea, giornale di scienze morali, letteratura ed arti* II/1 (1844), p. 577.

58 Cfr. I.R. Stamperia (ed.), *Manuale del Regno Lombardo-Veneto*, Milano 1848, p. 304.

Capitolo IV

Un continuo pensiero al bene

"Un continuo pensiero al bene". Così Agostino Caironi, pittore milanese e vincitore nel 1859 del concorso per la pittura ad affresco che quell'anno l'Accademia di Belle Arti di Brera di Milano aveva deciso di dedicare all'ideatore e finanziatore del premio, Enrico Mylius, definiva il benefattore tedesco.[1] Mylius era morto cinque anni prima, ma la sua memoria era vivissima, soprattutto il ricordo della sua continua attenzione ai bisogni degli altri, un instancabile impegno a promuovere istruzione ed educazione, e non un semplice sollievo alle seppur impellenti esigenze momentanee. Dovendolo commemorare attraverso un'immagine, Caironi infatti scelse di illustrare la sua vocazione a contribuire al miglioramento della società; rappresentato su uno scanno in pietra posto al di sopra di tre scalini recanti i nomi delle città che avevano tratto grandi benefici dalle sue azioni, Milano, Francoforte, Trieste, e Weimar:

> Enrico [...] nel mezzo della scena in grado elevato, col suo continuo pensiero al bene, e la figura della Beneficienza gli rappresenta alla mente la privata indigenza, e le cittadine istituzioni di cui fu tanto grande appoggio, ed istitutore. I due gruppi laterali rappresentano alcune delle Cittadine Istituzioni, raccolte in muta ammirazione, e gratitudine, a contemplare ancora una volta quella veneranda immagine: dal lato sinistro evvi rappresentato il Ricovero pei bambini lattanti; gli Asili d'Infanzia; la Scuola di Chimica; e gli ospizi di ricovero per i vecchi: dall'altro la Pittura a Buon Fresco; il Paesaggio Storico; le Scuole elementari e gli Istituti dei Discoli e dei Ciechi.[2] [Ill. 45]

Il concorso che si concludeva con la realizzazione del soggetto premiato ad affresco in una lunetta del loggiato superiore del cortile d'onore del palazzo di Brera, quell'anno si era così trasformato in un pubblico tributo da parte della città di Milano e della sua prestigiosa Accademia d'arte all'instancabile filantropia del concittadino Mylius.[3]

Per far luce sul raggio veramente ampio delle attività benefiche intraprese da Mylius viene in soccorso, oltre al confronto con l'inedito testamento, pubblicato integralmente per la prima volta nella

---

1 Nel 1850 e nel 1853 Mylius istituì per gli alunni dell'Accademia di Belle Arti due premi: il primo per la pittura ad affresco e il secondo per quella a olio con soggetto di animali, paesaggio storico e di genere. Il finanziamento proveniva dal rendimento di un'importante somma in obbligazioni donata al Comune di Milano. Cfr. S. Bertolucci, G. Meda Riquier, "Il ciclo di affreschi del cortile d'onore del Palazzo di Brera", *Milano pareva deserta... 1848-1859. L'invenzione della patria*, *Il Risorgimento* 13 (1999), pp. 229-242.

2 Cfr. ibid., p. 238.

3 Nel Famedio del Cimitero monumentale di Milano, il pantheon dei cittadini illustri, dove sono sepolti tra gli altri, Alessandro Manzoni, Carlo Cattaneo e Francesco Hayez, il nome di Enrico Mylius compare nel lungo elenco dei benefattori della città.

seconda parte di questo volume,[4] un documento sotto forma di una minuta scritta a penna su un foglio semplice. Sembra un promemoria, non è firmato ma la grafia riconduce probabilmente a Ignazio Vigoni sen. Sul verso nell'angolo in basso a sinistra la data del "26 Xbre [dicembre] 1842" certifica lo stato delle cose dodici anni prima della scomparsa di Mylius. Il testo non riassume solo il suo agire per il bene comune ma traccia anche un sintetico ritratto morale del benefattore; nell'insieme emerge l'eccezionalità della persona, di quanto realizzò e la spiegazione del perché il riconoscimento dei contemporanei sia stato così duraturo e unanime. L'estensore inizia suddividendo in 4 punti fondamentali l'opera dell'"ottimo nostro Concittadino Sig. Enrico Mylius [...]:

> L'istituzione di una pubblica Scuola gratuita a Trieste ch'egli vi eresse in seguito all'amara perdita ivi toccatagli dell'unico suo figlio
>
> L'istituzione di alcune doti ad elemosine annue pel Comune di Sesto di Monza [Sesto San Giovanni] ove egli possiede alcuni fondi
>
> Un'annua rendita di più di lire [austriache] 400 donata agli Asili infantili ed un capitale di lire [austriache] 20000 per l'aprimento di un nuovo Asilo nel popolosissimo quartiere di P.ta Comasina
>
> Una rendita annua di lire [milanesi] 50 alla Cassa d'Incoraggiamento ed una simile di lire [austriache] 4065 annue qual dotazione della nuova Scuola di Chimica ad erigersi, ed il capitale di lire [austriache] 12 [mila] di primo approvvigionamento di oggetti necessari a questa bella istituzione.[5]

Conviene procedere nel dettaglio provando a specificare meglio le sintetiche informazioni che questa preziosa fonte fornisce. Un'autorevole conferma al primo punto proviene da Antonio Allievi, economista e uomo politico, dal 1853 relatore presso la "Società d'Incoraggiamento d'Arti e Mestieri di Milano" (SIAM) fondata e presieduta da Mylius, che in una pubblica commemorazione ne sottolineava il ruolo decisivo per la fondazione delle scuole elementari per i protestanti a Trieste.[6] Egli fu quindi uno dei primi finanziatori; tra le scarne notizie reperibili sulla nascita di queste scuole qualche ulteriore particolare lo aggiunge il teologo valdese Umberto Bert:

> Una delle prime preoccupazioni degli evangelici fu quella di istituire delle scuole per i loro figli. Infatti, il clima che regnava nelle pubbliche scuole non era certamente dei più favorevoli. Il 17 febbraio 1835 gli elvetici ed i luterani aprirono una scuola nel palazzo Marenzi; [...] Ma già nel 1855 aveva i corsi elementari e medi; un biennio tecnico e commerciale ed era frequentata da più di 400 allievi.[7]

---

4 Cfr. p. 147 ss.

5 [I. Vigoni sr.], *Beneficenza di E. Mylius*, ASVV A.EM. XVIII.4.

6 Antonio Allievi (1824-1896) fu un seguace delle idee liberali di Gian Domenico Romagnosi e Carlo Cattaneo. Il discorso pronunciato per la scomparsa di Mylius è trascritto in "Commemorazione di Enrico Mylius", *Crepuscolo. Rivista settimanale di scienze, lettere, arti, industria e commercio* V/18 (1854), pp. 280-283.

7 U. Bert, *Il Protestantesimo a Trieste: spunti storici*, Torre Pellice 1979, p. 29.

Anche il secondo punto trova riscontri precisi: Mylius già a partire dal 1817 aveva disposto a favore della popolazione di Sesto San Giovanni, cittadina allora di campagna a pochi chilometri da Milano e luogo in cui oltre vent'anni prima, aveva acquistato una proprietà,[8] una rendita garantita dallo stesso Comune da convertire annualmente nel pagamento di una levatrice per l'aiuto gratuito alle contadine partorienti e come sussidio per le più bisognose tra queste.[9] Diversi anni più tardi, nel 1842, aveva deciso di aumentare in maniera molto consistente il capitale legato a tale rendita per poter estendere il più possibile i benefici di questa assistenza di cui egli si occupava in prima persona, precisando anche che dopo la sua morte, sarebbe stato il parroco locale a doversi occupare dell'assegnazione dei contributi.[10]

Più articolati e maggiormente documentabili, anche per le considerevoli cifre che Mylius vi destinò, risultano gli interventi a sostegno di asili e conservatori a Milano. Innanzitutto, bisogna ricordare come ai tempi, per gli orfani e per i bambini appartenenti a famiglie numerose e poverissime spesso lontane per tutta la giornata dalle loro umili abitazioni, esistessero gli asili per l'infanzia indispensabili per somministrare i primi rudimenti di educazione e d'insegnamento. Tutto questo fino all'età di sei anni; dopo, di solito, i bambini tornavano in maggioranza sulla strada costretti dalle loro famiglie a piccoli lavori saltuari, pochissimo retribuiti e, dovendo rinunciare a frequentare i cosiddetti "conservatori per la puerizia", una sorta di scuola elementare che durava fino all'età di nove anni, perdevano rapidamente il "beneficio delle scuole infantili". Mylius finanziò periodicamente e con continuità asili e conservatori. Nel 1843 poi, con due ingenti donazioni di 50.000 lire l'una, acquistò "un ampio caseggiato [...] ma pose la condizione di far protrarre l'educazione dei fanciulli poveri sino al decimo anno di età, associando all'Asilo un Conservatorio della puerizia".[11] In quell'edificio per accogliere il numero straordinario di bambini del popolatissimo quartiere di Porta Comasina, a nord di Milano, veniva anche costituito nel 1850 da Laura Solera Mantegazza con la collaborazione di Giuseppe Sacchi, Ismenia Sormani Castelli, i dottori Mosè Rizzi e Cesare Castiglioni, il parroco di San Simpliciano ed Enrico Mylius, il "Pio Istituto di maternità e dei Ricoveri pei bambini lattanti e slattati" il primo centro per questo tipo di assistenza sorto in città, ancora oggi esistente. L'intervento di Mylius che aveva costituito presso la SIAM un'apposita commissione di esperti per studiare la questione dei ricoveri per i lattanti,[12] non si fermò qui ma con un nuovo finanziamento egli comperò anche il necessario perché "a quei figli di meccanici e di ferrovieri" si facessero "conoscere anche i congegni d'una piccola macchina a vapore che da loro si fa comporre, scomporre e mettere

8 Cfr. cap. 1.

9 Cfr. *Gazzetta di Milano* 283 (1817), p. 1127.

10 Cfr. Pirola, *Guida statistica della Provincia di Milano*, pp. 323-324.

11 Cfr. [Ignazio Prinetti], *Relazione compilata per cura di una commissione stata eletta dalla Società d'incoraggiamento delle Scienze, Lettere ed Arti, intorno alla pia casa degli esposti, ai ricoveri dei bambini lattanti, agli asili di carità per l'infanzia, ed ai conservatorj per la puerizia di Milano*, Milano 1853, p. 143.

12 Cfr. D. Boati, R. Cavallo, G. Uberti (ed.), *Una vita per l'infanzia: Il Pio Istituto di Maternità di Milano: una esperienza di 150 anni*, Milano 2017, p. 49.

in moto". Non solo, volle che si attrezzassero anche "tante speciali officine di tipografi, di tornitori, di calzolai, di macchinisti" per poter così affiancare all'assistenza fin dai primissimi mesi di vita, un percorso formativo che comprendesse insegnamenti pratici e teorici.[13] "Dai 6 ai 10 anni" i bambini ricevevano "un'istruzione elementare minore accoppiata a nozioni speciali che li rendevano atti a tenere e dirigere la contabilità dei piccoli traffici e commerci, soccorrendo con l'opera illuminata le rispettive famiglie", inoltre si provvedeva per tutti i bambini anche alla "somministrazione della minestra e delle sopravesti."[14]

Il quarto punto del documento in esame riguarda la più importante tra le realizzazioni che Mylius intraprese nel campo della filantropia sulla quale investì una parte ragguardevole del proprio patrimonio. Egli nel 1838 aveva convocato l'assemblea dei commercianti e industriali milanesi per indurli a sostenere la Società d'Incoraggiamento d'Arti e Mestieri che lui stesso intendeva fondare al fine di promuovere le attività produttive e industriali [Ill. 46]. È probabile che con questa convocazione Mylius avesse presente, e forse volesse replicare a Milano, il modello della "Polytechnische Gesellschaft" (Società Politecnica) costituita a Francoforte nel 1816 da 22 facoltosi cittadini tra cui il socio d'affari e amico, il banchiere Simon Moritz von Bethmann; nel 1822 la struttura era stata affiancata da un nuovo istituto, la "Frankfurter Sparkasse" una cassa di risparmio attiva per piccoli investimenti di denaro da parte di operai e persone poco abbienti. Tra i fondatori di quest'ultima vi era anche il fratello di Mylius, Johann Jakob. Lo scopo della "Polytechnische Gesellschaft" consisteva sostanzialmente nello svolgere attività finalizzate alla formazione: nata come manifestazione di responsabilità e di interesse pubblico da parte di un gruppo di persone desiderose di contribuire a risollevare la città in un periodo economicamente difficile a causa delle guerre napoleoniche, svolgeva la propria attività valorizzando con premi e riconoscimenti i giovani più brillanti e provvedendo alla istruzione degli operai attraverso la possibilità di frequentare gratuitamente corsi tecnici specifici. Come socio d'onore e nume tutelare fu nominato Johann Wolfgang Goethe.

Un ulteriore riferimento, ben noto a Mylius, nel panorama delle istituzioni tedesche sorte con simili fini, era la già citata "Verein zur Beförderung des Gewerbefleißes in Preußen" che ricompensava con elargizioni in denaro i migliori "brevetti" tecnologici e diffondeva conoscenze tecnico-scientifiche applicate alla produzione, attraverso l'organizzazione di pubbliche conferenze e la stampa di appositi volumi di atti. Inizialmente infatti, per quanto riguarda la SIAM, si era trattato soprattutto della distribuzione di premi legati all'innovazione tecnologica e al miglioramento delle manifatture e delle arti utili in tutti i rami dell'industria; il fine principale era quello di suscitare uno spirito di proficua competizione in chi si distingueva per retta condotta, iniziativa e capacità. Tuttavia, la consapevolezza del fondatore e del gruppo di commercianti e imprenditori che egli aveva riunito per portare a successo questa impresa, era di trovarsi a vivere

13 Ibid., p. 147.

14 L. E. Rossi, *Milano benefica e previdente: cenni storici e statistici sulle istituzioni di beneficenza e di previdenza*, Milano 1906, pp. 35-36.

un'epoca di notevoli trasformazioni, e non solo tecnologiche, da cui non bisognava rimanere esclusi. "Il miglior modo di favorire l'industria è quello di illuminarla con l'istruzione" – sosteneva Mylius – "per istruire gli artisti [artigiani delle arti meccaniche], bisogna farli convenire tra loro, metterli in contatto coi dotti, e fondare così l'alleanza della pratica e delle loro teorie".[15] Gli anni successivi furono di grande fermento; per merito dello spirito pionieristico del fondatore, al suo cospicuo impegno economico, alle sue capacità organizzative e non da ultimo alla nomina di un relatore[16] del livello di Carlo Cattaneo, filosofo e teorico della modernizzazione dei processi produttivi e sociali attraverso l'innovazione, la scienza e la cultura [Ill. 47]. Nel 1844 furono così attivati una serie di corsi di formazione a cominciare dalla Scuola di Chimica Industriale affidata alla direzione di Antonio Kramer (1806-1853), chimico e figlio di Johann Adam, una scuola, come ricorda una lapide commemorativa, istituita per realizzare l'ultimo desiderio del figlio Giulio e fare così in modo che al suo nome fosse associato un grande beneficio per la comunità.[17] Poco dopo furono aperti gli insegnamenti di Fisica industriale, di Geometria meccanica e di Tessitura serica, infine anche la Scuola di Meccanica. La SIAM diventava quindi una scuola superiore in grado di mettere insieme tecnologia e 'arti applicate', gratuita e accessibile a tutti; essa rappresentava un momento di svolta nel panorama della pubblica istruzione a Milano ma anche in Italia: da un lato veniva incentivato l'accesso agli studi a una parte della popolazione che altrimenti ne sarebbe stata esclusa, dall'altro costituiva il primo istituto tecnico-scientifico di tutta la penisola. Il successo ottenuto fu notevolissimo; i corsi aumentarono rapidamente in numero e partecipazione, la struttura si dotò di svariati laboratori, di una biblioteca e anche di un museo tecnologico; nel 1863, dalla Scuola di Meccanica, si staccò un gruppo di docenti che diede vita al Politecnico di Milano. Ancora oggi nonostante il mutare dei tempi la "Società d'Incoraggiamento d'Arti e Mestieri" svolge il proprio ruolo d'istituto professionale.[18]

Molto significative risultano le parole iniziali della relazione sulle attività del 1845 pronunciate da Cattaneo davanti ai membri del consiglio direttivo, alle autorità e al pubblico, presenti in grande numero per il conferimento dei diplomi e dei premi:

> Ma permettete, [...] di rammentarvi che fin qui la grandezza e la floridezza di questa fondazione si deve al Sig. Consigliere Mylius e al Sig. Prof. De Kramer; ella si deve al merito di due famiglie che hanno in questo paese solo una

15 E. Mylius, "Rapporto annuale del Presidente della Società d'Incoraggiamento delle Arti e de'Mestieri dell'anno 1842", in: C. G. Lacaita (ed.), *L'intelligenza produttiva: imprenditori, tecnici e operai nella Società d'incoraggiamento d'arti e mestieri di Milano (1838-1988)*, Milano 1990, p. 39.

16 Corrispondeva al ruolo di un direttore.

17 L'iscrizione sovrastata da un rilievo marmoro con il profilo del fondatore, reca la scritta "Ad Enrico Mylius / per la lunga stanza e più per animo milanese / che questa scuola di chimica industriale fondava nel MDCCCXLIV / a compier l'ultimo voto del figlio Giulio / perché a cotanto pubblico beneficio / fosse associato quel nome dolcissimo / La Società d'Incoraggiamento / interprete della riconoscenza cittadina". Attualmente si trova in un locale limitrofo all'ingresso dell'attuale sede della SIAM.

18 Sulle attività della SIAM oggi cfr. il sito: www.siam1838.it.

> patria di adozione e d'amore; e che ciò che esse hanno fatto diviene un debito a carico nostro, un debito che non sarà onorevolmente pagato, finché noi figli antichi e aviti del paese non avremo fatto per esso almeno altrettanto.[19]

Non solo un attestato di stima e un tributo ma anche un ringraziamento davvero sentito a Mylius che un anno prima aveva così concluso la propria prolusione inaugurale:

> Un'intima fiducia ci rallegra, ci inanimisce, o Signori, che l'opera nostra comune, questa Istituzione, possa ognor più degnamente raggiungere lo scopo a cui fu creata, giovare al bene generale e riunire intorno a sé il suffragio e le simpatie degli animi tutti che sentono amore del bello, dell'utile e dell'onesto: l'indefessa opera vostra compirà l'intrapresa, o Signori. Con una emozione ben viva chi pronuncia queste parole lo augura e ve ne prega; e quando l'età e lo scemato vigore lo avranno condotto ad affidare a mani più abili l'assunto, a cui fu eletto, la rimembranza dell'accoglienza vostra, il confidare che questa istituzione gli sopravviva per l'amor vostro ad Essa, e pel bene di cui sarà feconda, questo pensiero sarà per esso il più soave e il più desiderato conforto.[20]

La SIAM fondata da Mylius è stato il più importante istituto tecnico-scientifico a Milano e in Lombardia nel XIX secolo; nel corso degli anni successivi ha continuato a ricoprire un ruolo fondamentale diventando il riferimento di un'idea di sviluppo e progresso in cui la crescita dei fattori economici rappresenta il risultato dell'avanzamento congiunto di quelli tecnologici, culturali e sociali.

Ma l'impegno di Mylius non si esauriva in questo; infatti il documento precisa che:

> Tali sono [...] le somme da esso erogate a favore del pubblico bene in questi stati. Mi è però noto che ingenti somme egli ha pure profuso a sostegno e fondazione di Pie Cause nella nativa Città di Francoforte.[21]

Mylius rientrava quindi in quel gruppo di benefattori che agli inizi del XIX secolo contribuirono a rendere Francoforte sul Meno una delle città tedesche più ricche di fondazioni e istituti benefici, proseguendo un'antica tradizione che aveva tratto e continuava a trarre vantaggio dalle generose elargizioni di mercanti munifici e mecenati. Per seguire le tracce di quanto egli fece a favore della propria città, conviene avvalersi del necrologio apparso sulla rivista *Didaskalia* che pubblicava il discorso funebre in sua memoria scritto dall'amico Eduard Rüppell.[22] [Ill. 48] Con diverse donazioni, Mylius aveva finanziato la costruzione della nuova sede e l'ampliamento delle attività del "Versorgungshaus" (Centro d'assistenza per indigenti)[23] fondazione attiva dal

19 C. Cattaneo, "Rapporto all'assemblea privata dei socj promotori del 28 dicembre 1845", in: *id.*, *L'innovazione come leva dello sviluppo. Scritti e discorsi per la Società d'Incoraggiamento d'Arti e Mestieri*, a cura di C. G. Lacaita, Firenze 2001, p. 78.

20 E. Mylius, "Allocuzione di ringraziamento", *Atti della Società d'Incoraggiamento delle Arti e de'Mestieri* (1844), p. 153.

21 [I. Vigoni sr.], *Beneficenza di E. Mylius*, ASVV A.EM. XVIII.4.

22 Cfr. *Didaskalia* 105, [p. 3]. Cfr. anche Usselmann, "...ernste Musik liebend..." (in corso di stampa).

23 Oggi Versorgungshaus & Wiesenhüttenstift, cfr. il sito: www.wiesenhuettenstift.de.

1817 nell'assistenza e cura dei cittadini indigenti dalla più tenera età fino alla vecchiaia.[24] Inoltre, il necrologio riferisce che egli mise ripetutamente a disposizione a partire dal 1838 notevoli somme per l'apertura e il mantenimento di "Kinderschulen" (scuole per bambini) e "Kleinkinderschulen" (scuole per l'infanzia) e che anche la "Niederländische Gemeinde Augsburger Confession" (Comunità olandese di confessione augustana)[25] fondata nel 1585 da profughi religiosi provenienti da Anversa, ricevette un cospicuo finanziamento a sostegno delle proprie attività di beneficenza.

L'altra prestigiosa istituzione che Mylius ripetutamente sostenne fu la "Senckenbergische Naturforschende Gesellschaft" (Società Senckenberg per le scienze naturali)[26]; un tale interesse presumibilmente nasceva dall'amicizia con Eduard Rüppell. Nato a Francoforte nel 1794 e destinato al vertice della banca fondata dal padre, Simon, nel 1816 era stato costretto a interrompere l'apprendistato in conseguenza di una malattia polmonare e a trasferirsi in Italia per le necessarie cure. A Milano, Mylius, conoscente e amico dei genitori, gli offrì ospitalità nella propria casa di via Clerici; in questo periodo, dal 1818 al 1821, Rüppell poté frequentare il corso di scienze naturali all'Università di Pavia, dove era stato ammesso per interessamento dello stesso Mylius. Contemporaneamente completava la propria formazione con studi di matematica e astronomia a Genova presso il barone Franz Xaver von Zach, lo scienziato che si ritiene abbia ispirato a Goethe il personaggio dell'astronomo che, nel X capitolo dei *Wanderjahre*, svela a Wilhelm Meister i misteri delle stelle. Da lì in poi Rüppell iniziò una stretta collaborazione con la Società Senckenberg che nel 1821 sostenne il suo primo viaggio in Egitto e Nubia e poi una seconda esplorazione scientifico-naturalistica in Abissinia. Nel 1841 ne divenne direttore; molti dei materiali con cui si costituì il museo dell'istituto, come mammiferi imbalsamati, uccelli, pesci, insetti e molluschi, furono da lui stesso procurati. Quasi superfluo sottolineare quanto Rüppell sia stato legato all'Italia e alla famiglia Mylius; trascorse molto tempo anche nella villa di Loveno, organizzando e studiando i reperti raccolti durante le esplorazioni del continente africano[27] e scrivendo la preziosa guida della proprietà, un testo indispensabile per le informazioni sulle opere d'arte che lì si trovano e per la spiegazione del loro significato.[28] Enrico fu un sostenitore molto attivo della Società Senckenberg: con il rendimento di 10.000 fiorini, da lui versati a capitale, veniva pagata la retribuzione di un conservatore per il museo, 7000 fiorini furono donati come capitale per la biblioteca, e 8000 per finanziare borse

---

24 Cfr. B. Wissenbach, *200 Jahre Versorgungshaus und Wiesenhüttenstift: das älteste Altenheim Frankfurts*, Francoforte s. M. 2017, pp. 24-25.

25 Cfr. il sito: www.ngac.de.

26 Oggi Senckenberg Gesellschaft für Naturforschung, cfr. il sito: www.senckenberg.de.

27 G. Meda Riquier, "La 'kleine Kiste' del Dr. Rüppell. Note sulla raccolta di strumenti scientifici di Villa Vigoni", *Villa Vigoni Comunicazioni / Mitteilungen* VI/1 (2002), p. 99. Per ulteriori notizie cfr. F. Berger, "Fernweh und Heimatliebe. Die Schenkungen des Forschungsreisenden Eduard Rüppell (1794-1884)", in: J. Gerchow (ed.), *Frankfurter Sammler und Stifter* (Schriften des Historischen Museums Frankfurt 32), Francoforte s. M. 2012, p. 155-167.

28 Cfr. E. Rüppell, *Erklärende Notizen zu einer Reihenfolge bildlicher Darstellungen der Villa Mylius zu Loveno am Comer See und der benachbarten Gegend*, Mailand 1852.

di studio a giovani studiosi nell'ambito delle scienze naturali, non fece nemmeno mancare altri denari per l'acquisto di scaffali e libri.[29]

Il documento continua con un ritratto di Mylius che, nella sua prosa ormai datata, ne descrive la personalità; conviene riportarlo quasi integralmente:

> Ma [...] è una delle condizioni della sua modesta vita, che il più possibile s'ignori di quanto egli spese a beneficio pubblico e privato; e nondimeno posso assicurare che alieno dal fasto, semplice nel suo modo di vita, egli risparmia per sé tutto che non è strettamente necessario per versarlo generosamente a sostegno dei suoi simili. Dotato di una sensibilità squisita e profonda, e di un vigoroso sentimento del retto e del buono, semplice, affabile, laborioso egli non rifiutossi mai ad assumere incombenze penose e difficili a pro dei privati, e della causa pubblica [...]. La sua lunga carriera commerciale fu contrassegnata dalla più scrupolosa onestà, e dall'associarsi a tutte quelle intraprese, in cui l'utile privato era per combinarsi al pubblico vantaggio. [...] E veramente [...] è commovente l'udire talvolta da questo rispettabile negoziante [...] come egli in momenti critici per gli interessi del commercio abbia volontieri in più occasioni concorso coi mezzi a favore di altri confratelli e col consiglio a sostenerne il credito vacillante ed a consolidarne col progresso del tempo la esistenza e la fortuna. [...] Egli perdette l'unico suo figlio e sembrò dedicare di quell'epoca in poi la propria vita a cui era mancato uno scopo si nobile e si caro, al bene di suoi simili: Questo sentimento generoso, che non si era mai smentito in lui durante il periodo precedente della sua vita prevalse affatto da quell'epoca; e la forza e l'attività dell'ingegno e la semplice e naturale bontà d'un cuore che nell'espressione pure con tanta pietà s'espande ma che tanto vigorosamente egli fece cospirare al bene degli amici, al sollievo ai bisogni dell'umanità, al favoreggiare le arti belle e l'industria, al rendersi benemerito in somma, senza dimenticare il paese nativo, di questo a cui egli ha associato la sua esistenza di cui gli son care le naturali bellezze, e di cui gli è compiacenza, come un giorno egli stesso esprimeasi, di contraccambiare col beneficio la simpatia, l'affetto e la stima che tutti gli hanno in esso dimostrato.[30]

Volendo provare a riepilogare una serie di iniziative filantropiche di così vasto raggio, perseguite con ingente utilizzo di risorse economiche addirittura in due paesi diversi, possono essere individuati almeno tre elementi determinanti: per prima cosa, valori cristiani come il rispetto dell'essere umano, considerato unico e singolare, la maternità e l'educazione dei bambini, l'impegno in vista di una mèta oltre la durata temporale della vita, il possesso dei beni materiali non come fine ma come mezzo, elementi tutti quanti essenziali dell'ossatura etica e spirituale di Mylius. Come seconda, la perdita dell'unico figlio, erede predestinato a raggiungere grandi successi, trasformandosi da dolore a determinazione al bene, si traduceva nella volontà di costruire un'eredità e una tradizione anche ideali attraverso azioni specifiche di impegno sociale e formativo nei confronti dei giovani. Da ultimo, una visione etica del lavoro, la cultura e la conoscenza come elementi indispensabili alla pratica, la certezza nel progresso generato da questi due fattori quale costante imprescindibile al miglioramento di tutta la società e alla sua crescita, insieme alla convinzione di dover adempiere, per rag-

29 Cfr. *Didaskalia* 105, [p. 3].

30 [I. Vigoni sr.], *Beneficenza di E. Mylius*, ASVV A.EM. XVIII.4.

giungere tali obbiettivi, a un ruolo al quale non era per lui possibile derogare proprio per la consapevolezza di averne compreso il fine ultimo. In ultima analisi sembrano essere proprio questi i punti di sintesi di una cultura illuminista e di una educazione religiosa, tempratasi negli anni in una visione positivista e sociale del futuro sempre più sollevato dal peso della miseria, dell'ignoranza, della fatica, della servitù e del bisogno. Lo sviluppo dell'economia e del diritto come elementi determinati e indispensabili a superare il divario, in apparenza inconciliabile, tra crescita della popolazione e disponibilità di risorse, ma realmente efficaci, sempre e soltanto, se abbinati a valori direttamente connessi agli esseri umani come la libertà di pensiero e dell'intelligenza creativa, quella di spostamento e di scambio, la volontà, la circolazione delle idee, la loro diffusione e la loro influenza sui comportamenti collettivi, le conoscenze, e gli assetti, a tutti i livelli, istituzionali e giuridici: questa la visione di Mylius, questo il suo modo per affrontare i cambiamenti futuri.

In conclusione, anche senza molte informazioni a riguardo, diventa comunque possibile tracciare un quadro dei suoi orientamenti politici.[31] La vicinanza alle idee di Carlo Cattaneo, teorico del liberalismo economico, del federalismo politico e preconizzatore degli "Stati Uniti d'Europa" e quella a un altro liberale e sostenitore del parlamentarismo come Bernhard von Lindenau, conosciuto alla corte di Weimar, lasciano pochi dubbi sul sentirsi parte di quest'area politica e culturale. Preziosi risultano proprio nella corrispondenza con quest'ultimo, risalente ai primi mesi del fatidico 1848, i non pochi riferimenti e qualche considerazione sul rapido evolversi della situazione politica in Italia; Mylius criticava soprattutto l'affermarsi di un'idea di nazione che nella scelta di unire attraverso l'omologazione e la centralizzazione, si accingeva determinare riferimenti, limiti e confini, e accantonava, in maniera irreversibile e in apparenza senza ritorno, il valore di quello status di cittadino retaggio di un Europa del commercio di cui egli era un convinto assertore poiché ne era stato un grande beneficiario nel suo continuo muoversi e agire tra le città del continente.

Se quindi il manifesto politico di Mylius, nei giorni di partecipazione al sentimento antiaustriaco degli ultimi mesi del 1820, era stato il tema dell'unirsi e combattere per raggiungere il proprio scopo, perfettamente rappresentato dagli ideali dell'eroe guerriero Gustavo Adolfo di Svezia, soggetto del dipinto per lui realizzato dal pittore Pelagio Palagi,[32] negli ultimi momenti della propria vita, egli mostrava ancora la volontà per commissionare a Giovanni Servi una tela dedicata al celebre autore del *Discorso sulla pace presente e futuro dell'Europa* (1693), William Penn mentre sulle sponde del fiume Delaware stipulava un trattato con gli indiani che sanciva la parità di diritti[33] [Ill. 49]. Un ultimo omaggio quindi a un politico e un filosofo sempre ispirato al rispetto dei diritti e al valore del dialogo, il primo ad aver proposto la creazione di un parlamento in Europa come antidoto alle continue guerre che avevano

31 Cfr. C. Liermann, "Alle radici dell'agire", in: Pavoni, "*...rispettabilissimo Goethe...*", pp. 21-27.

32 Vedi cap. 2.

33 L'attuale ubicazione del dipinto risulta ignota.

segnato per secoli la storia del continente. Mylius non riuscì a vedere il completamento del quadro, morì prima, ma l'opera fu comunque presentata con il suo nome di committente, alla esposizione di Brera a Milano nel 1854. Non avrebbe mai potuto immaginare che sarebbero occorsi altri cento anni di guerre sempre più devastanti e sanguinose, perché un tale proposito potesse avverarsi e la sua villa sul lago di Como diventare un luogo europeo di dialogo pacifico e costruttivo [Ill. 50].

I

Heinrich Mylius: ein Leben zwischen Kommerz, Kunst und Caritas

Kapitel 1

Zwischen Weimar und Mailand[1]

Es war das Jahr 1795, Mitte August. Zwei Männer legten auf Mauleseln den unbefestigten Weg zurück, der von Porlezza am Luganer See nach Menaggio am Comer See führte. Sie waren zwei Tage zuvor in Mailand aufgebrochen und hatten die Schweiz erreicht. Nun befanden sie sich via Como auf dem Rückweg. Das Wetter war gut, und die ebene Strecke führte durch ein Tal mit Wiesen, Weiden und kleinen Seen, die von steilen Bergen, Schluchten und Wäldern umgeben waren. Weiter ging es dann in hügeligem Gelände, bis der Pfad einen Abhang von mehr als 250 Metern Höhe erreichte. Zu ihren Füßen lag der Comer See. Vor ihnen, jenseits des Sees, erhob sich das imposante Grigna-Gebirgsmassiv. Die beiden Reisenden begannen mit dem Abstieg. Das erste Dorf, auf das sie stießen, war nicht viel mehr als eine Gruppe von Häusern mit einer kleinen Kirche.[2]

Es handelte sich um Loveno, jenen Ort, an dem der jüngere der beiden Reisenden, Heinrich Mylius, Freunde besaß: die Familie Pensa.[3] [Abbildung 1] Mylius' Reisegefährte war sein Onkel Georg Melchior Kraus (1737-1806), der jüngere Bruder seiner Mutter, Catharina Dorothea. Kraus war im Juni 1795 von Weimar aufgebrochen, wo er die „Fürstliche Freye Zeichenschule" leitete (Goethe war hier Schüler gewesen). Über München gelangte er nach Norditalien. Auf der Suche nach ansprechenden Motiven wanderte er zwischen den lombardischen Seen, Mailand und Genua umher. Neben Modezeichnungen für das *Journal des Luxus und der Moden*, bei dem er mitarbeitete, druckte und verkaufte er Ansichten schöner europäischer Orte.

---

1 Heinrich Mylius' (1769-1854) Lebenszeit fällt in eine Epoche, die von politischen Umbrüchen und Herrschaftswechseln gekennzeichnet war, welche auch die Lombardei und insgesamt Norditalien betrafen. Zur Zeit seiner ersten Aufenthalte in Mailand Ende der achtziger Jahre des 18. Jahrhunderts stand Mailand unter der politischen und militärischen Oberherrschaft Österreichs. Als Folge der napoleonischen Kriege in Italien übernahm Frankreich die Vorherrschaft. Die Hoffnung auf größere Autonomie der Lombardei wurde durch Napoleons tendenziell imperialistischen Umgang mit den italienischen Staaten enttäuscht. Nach Napoleons Niederlage wurde im Wiener Kongress 1815 das Königreich Lombardo-Venetien geschaffen, das dem Habsburgerreich zugeschlagen wurde. So blieb es bis zum 2. italienischen „Unabhängigkeitskrieg" im Jahr 1859. Diese Phase wird von Publizistik und Geschichtsschreibung als *Risorgimento* bezeichnet. In diese Zeit fallen zwei Momente, in denen die politischen Verhältnisse in Mailand umzuschlagen drohten (oder je nach Perspektive „umzuschlagen versprachen"): 1820/21 versuchten lombardische Liberale, das Momentum der Revolten in Neapel und im Piemont zu nutzen. 1848 war auch Mailand Schauplatz der europäischen Revolution: Während der berühmten „Fünf Tage" im März 1848 kam es zum Aufstand gegen das habsburgische Regime in der Lombardei. Für einen Moment schien sich das Ende der habsburgischen Herrschaft abzuzeichnen, als Mailand einige Monate lang an das Königreich Piemont-Sardinien unter der Dynastie der Savoyer angeschlossen wurde.

2 Sämtliche Zitate sind im Folgenden in der Schreibweise des Originals wiedergegeben.

3 Vgl. E. Rüppell, *Una cronaca ottocentesca: chiarimenti su una serie di immagini di Villa Mylius a Loveno sul Lago di Como e sui dintorni*, hrsg. von S. Bertolucci, G. Meda Riquier, Loveno 2000, S. 4. Zur Familie Pensa und ihrer Beziehung zu Heinrich Mylius vgl. Kapitel 2, S. 90f.

Heinrich Mylius und Georg Melchior Kraus machten also in Loveno Station, und Kraus zeichnete das Panorama von Bellagio und der langgezogenen Halbinsel, die dem Comer See seine charakteristische Form verleiht. Kraus war (soweit wir wissen) der erste, der diesen Blick auf Bellagio vom westlichen Ufer aus gezeichnet hat. Seine Zeichnung zeigt im Vordergrund den Arm des Sees, der von Como herkommt, und jenseits von Bellagio sieht man den Arm des Sees, der bei Lecco beginnt. Im Vordergrund sind auch zwei Männer zu sehen, wahrscheinlich der Maler selbst und sein Neffe. Während einer der beiden eine Mappe mit Zeichnungen unter dem Arm trägt, deutet der andere mit dem ausgestreckten Finger in Richtung Cadenabbia. Eine Radierung, die auf Kraus' Skizze beruht, trägt den Titel *Ansicht von Bellagio am Comer See von der Anhöhe bey Cadenabbia* (1797) und wurde vom Publikum begeistert aufgenommen. [Abbildung 2] Sie setzte sich als „kanonischer" Blick auf Bellagio durch; zahlreiche Landschaftsmaler haben in der Folgezeit diese Perspektive übernommen, die den bis dato vorherrschenden Blick von Süden her ersetzte. Zuvor hatten Maler und Zeichner einen Blick bevorzugt, der die Halbinsel von Bellagio vom Anstieg des Ghisallo-Bergs im Süden dieser Halbinsel zeigte.[4]

Heinrich Mylius und Georg Melchior Kraus blieben in den Jahren nach ihrer gemeinsamen Tour in Kontakt, auch nachdem Kraus nach Weimar zurückgekehrt war und Mylius sich in Mailand niedergelassen hatte. Die freundschaftliche Beziehung blieb dank Korrespondenz und gegenseitigen Besuchen erhalten. [Abbildung 3] Bei einem dieser Besuche in Weimar lernte Heinrich Mylius eine Schülerin seines Onkels, Friederika Schnauß, kennen. [Abbildung 4] Sie war die Tochter des herzoglichen Geheimrats Christian Friedrich Schnauß (1722-1797), der für die Bibliothek des Hofs, die Münzsammlung und eben die besagte Zeichenschule verantwortlich war.[5] Heinrich und Friederika verliebten sich ineinander und heirateten am 14. April 1799. Der Philosoph Johann Gottfried Herder, der damals in Weimar Pastor war, zelebrierte die Hochzeit in der Stadtkirche St. Peter und Paul. [Abbildung 5] Die Zeremonie war schlicht, aber wohl eindrucksvoll. Verwandte und Freunde waren anwesend. Die Predigt über die Bedeutung der Ehe ist eine der wenigen Predigten, die in Herders *Sämtlichen Werken* publiziert sind.[6]

Heinrich Mylius' Tüchtigkeit verschaffte ihm rasch hohes Ansehen in den Weimarer Kreisen. Er lernte durch seinen Onkel, durch Friederika und deren Familie neben Herder weitere Persönlichkeiten kennen, denen Weimar seinen großen Ruf verdankte. Zu Mylius' Bekanntenkreis gehörten zum Beispiel Christoph Martin Wieland, Friedrich Schiller und dann natürlich vor allem Johann Wolfgang Goethe, mit dem er über viele Jahre in brieflichem Austausch stand.[7]

---

4 Die Informationen zu Kraus' Reisen in Italien stammen aus: H. Freiherr von Maltzahn, „Georg Melchior Kraus in Weimar und auf Reisen", in: Frankfurter Goethe-Museum (Hrsg.), *Goethe-Kalender auf das Jahr 1940*, Leipzig 1940, S. 216-356.

5 Ein monochromes Aquarell, das sich im Goethe-Museum in Düsseldorf befindet, ist „Mademoiselle F. Schnauß von Ihrem ergebenen Freund und Diener, G.M. Kraus" gewidmet (Inv. Nr.: KK 4793).

6 Vgl. J. G. Herder, „I. Trauungsrede, gehalten in Weimar", in: Ders., *Sämtliche Werke*, 60 Teile, hrsg. von J. G. Müller, Tübingen 1805-1820, hier: I. Abteilung, Band 4, S. 326-331.

7 Vgl. F. A. Schmidt (Hrsg.), *Neuer Nekrolog der Deutschen (1851)*, Weimar 1853, S. 967ff.

Das Ehepaar Mylius wurde für den Weimarer Hof, Großherzog Carl August[8] und Goethe selbst zur bevorzugten Anlaufstelle für alle italienischen Kontakte. Die Mylius berichteten nach Weimar über die Ereignisse in der Lombardei, in Mailand, sie hielten die Weimarer Bekannten auf dem Laufenden über künstlerische, literarische, politische und wirtschaftliche Entwicklungen. [Abbildungen 6, 7] Interessanterweise wurde ausgerechnet Mailand – die Stadt, der Goethe auf seiner Italienreise 1788 gleichgültig bis ablehnend gegenübergestanden hatte – dank Mylius' Berichterstattung für Goethe zu einem Magneten seines Interesses an den italienischen Themen. Er nahm an kulturellen und literarischen Debatten teil, die sich hauptsächlich in Mailand abspielten; regelmäßig schickte Heinrich Mylius ihm Bücher, Zeitungen, Drucke und andere Publikationen, von denen er wusste, dass sie den großen Dichter-Gelehrten interessierten.[9] Hinzu kamen alle möglichen Informationen, die Mylius selbst und sein Freund Gaetano Cattaneo (1771-1841) vermittelten. Wie gesagt: Goethe war Mailand gegenüber, das er im Frühling des Jahres 1788 besucht hatte, distanziert geblieben. Aber über Leonardo da Vincis Fresko *Abendmahl* (*Cenacolo*) im Refektorium des Klosters Santa Maria delle Grazie hatte er zu Großherzog Carl August gesagt: „Dagegen ist das Abendmal des Leonard da Vinci noch ein rechter Schlußstein in das Gewölbe der Kunstbegriffe. Es ist in seiner Art ein einzig Bild und man kan nichts mit vergleichen."[10] Es ist unwahrscheinlich, dass Goethe bei seiner Mailand-Etappe 1788 Mylius kennengelernt hat.[11] Sicher ist jedoch, dass parallel zu Mylius' wirtschaftlichem und sozialem Aufstieg die Kontakte zwischen Mailand und Weimar enger wurden.[12]

Gaetano Cattaneos Rolle

Eine Schlüsselfigur nicht nur in Heinrich Mylius' Leben, sondern für den deutsch-italienischen Kulturaustausch jener Zeit war Mylius' Mailänder Freund, der Altertumswissenschaftler Gaetano Cattaneo, ein Experte auf dem Gebiet der Numismatik. [Abbildung 8] Gaetano Cattaneo wurde 1771 in der Nähe von Pavia geboren. Er studierte Malerei in der Accademia di Belle Arti di

8 Der Einfachheit halber wird im Folgenden für Carl August (1757-1828) der Titel eines „Großherzogs" verwendet, da Sachsen-Weimar-Eisenach seit dem Wiener Kongress 1815 Großherzogtum war.

9 Vgl. Cattaneo an Carl August (Relation), Oktober 1818, in: H. Blank (Hrsg.), *Weimar und Mailand. Briefe und Dokumente zu einem Austausch um Goethe und Manzoni*, Heidelberg 1992, S. 131-154.

10 Goethe an Herzog Carl August, Mayland 23. May 1788, in: J. W. Goethe, *Sämtliche Werke. Briefe, Tagebücher und Gespräche* [Frankfurter Ausgabe], 40 Bände, hrsg. von F. Apel et al., Frankfurt a. M. 1986-1999, hier: II. Abteilung, Band 3, S. 408 (künftig mit der Sigle FA sowie Abteilungs-, Band- und Seitenzahl).

11 Mylius war mit gerade einmal 19 Jahren nach Mailand gekommen, vgl. Kapitel 2, S. 91.

12 Zur Verbindung zwischen Goethe, dessen Sohn August, Heinrich Mylius und Felix Mendelssohn Bartholdy vgl. V. Usselmann, „‚...ernste Musik liebend...'. Heinrich Mylius und die Musik. Ein Einblick", in: M. Ressel, E. Schweighöfer (Hgg.), *Heinrich Mylius (1769-1854) und die deutsch-italienischen Verbindungen im Zeitalter der Revolution* (Aurora – Schriften der Villa Vigoni 7), Stuttgart (im Druck).

Brera. Im Jahr 1796, als französische Truppen Mailand besetzten, wurde er als Zeichner an die Mailänder Münzprägeanstalt berufen. Diese Anstellung verdankte er der Fürsprache Francesco Melzi d'Erils, der in Napoleons Auftrag die 1797 gegründete „Cisalpinische Republik" (das neugeschaffene Staatsgebilde im Norden Italiens) regierte. Da Cattaneo die historische und künstlerische Bedeutung von Münzen und Medaillen kannte, war er ein Gegner der damaligen Praxis, alte Münzen, die nicht länger im Zahlungsverkehr verwendet wurden, einzuschmelzen und daraus neue zu prägen. Er regte vielmehr an, ein Institut zur Aufbewahrung und Untersuchung von Münzen und Medaillen zu gründen. Das von ihm entworfene „Münzkabinett" wurde im Jahr 1803 eröffnet. Er selbst wurde im Jahr 1808 zu dessen Konservator berufen; 1818 übernahm er die Leitung. Der Sitz des Münzkabinetts befand sich in dem prestigeträchtigen Palazzo di Brera, wo schon zu Maria Theresias Zeiten einige der wichtigsten Kultur- und Wissenschaftsinstitutionen Mailands angesiedelt waren, darunter die Accademia di Belle Arti, die öffentliche Bibliothek, der botanische Garten und das astronomische Observatorium.

Um die numismatische Sammlung wissenschaftlich zu flankieren, schuf Cattaneo eine Bibliothek, die sich ebenfalls rasch zu einem wichtigen Forschungsstandort entwickelte. Die Zeitschrift *Il Politecnico* beschrieb Gaetano Cattaneos Bibliothek 1841 wie folgt:

> In den Räumen [...] befinden sich 12 000 Bände zur Altertumswissenschaft, Geschichte, Literatur, zu den Schönen Künsten, Reisen und Brauchtum, zu antiken oder seltenen Sprachen. Es ist einer der Lieblingsorte für alle Menschen, die keine trivialen Studien betreiben, und es ist ein Tempel des Wissens, den jeder gebildete Fremde bei seiner Durchreise besucht. Hier pflegte Cattaneo knapp fünfundzwanzig Jahre lang eine literarische Gastfreundschaft.[13]

Es war eine Gastfreundschaft, die Stendhal – neben Jean-François Champollion und August Wilhelm Schlegel sicherlich der berühmteste Besucher der Bibliothek – kurioserweise als eine „typisch französische Höflichkeit"[14] bezeichnet hat. Die Bibliothek wurde selbstverständlich auch von lombardischen Literaten und Schriftstellern genutzt, darunter Carlo Porta, Tommaso Grossi, Giovanni Torti, Ermes Visconti di San Vito und Alessandro Manzoni. Bekanntlich hat Manzoni hier wichtige Anregungen erhalten und historische Informationen für sein eigenes literarisches Werk gesammelt.

Gaetano Cattaneo war umfassend gebildet und zudem ein geschickter Netzwerker. Für Heinrich Mylius war er ein treuer Freund und kluger Berater. Gemeinsam haben sie bei berühmten zeitgenössischen Künstlern wie Francesco Hayez (1791-1882) und Bertel Thorvaldsen (1770-1844) Werke für Mylius' Sammlung in Auftrag gegeben.

---

13 Todesanzeige für „Gaetano Cattaneo", *Il Politecnico. Repertorio mensile di studj applicati alla prosperità e coltura sociale* IV/2 (1841), S. 497f.

14 Stendhal, *Voyages en Italie*, hrsg. von V. Del Litto, Paris 1973, S. 333.

Der Großherzog in Mailand

Im Jahr 1817, als die Turbulenzen der napoleonischen Ära vorbei waren, beschloss Großherzog Carl August von Sachsen-Weimar-Eisenach, nach Mailand zu reisen. Er reiste nicht „offiziell" in politischer Mission, sondern als Privatmann, um die Stadt kennenzulernen und seine Kunstsammlung mit neuen Werken auszustatten. Gaetano Cattaneo übernahm auf Mylius' Empfehlung hin für den Großherzog die Rolle des Fremdenführers und vor allem die des Kunstberaters. Er war damals insbesondere mit dem Verkauf von Objekten aus dem Besitz von Giuseppe Bossi (1777-1815) befasst. Der Maler, Dichter und Gelehrte Bossi war zu Napoleons Zeiten eine bedeutende Persönlichkeit in Mailand gewesen. Die Situation nach Bossis Tod 1815 war kompliziert, da sich die Accademia di Brera, deren Direktor Cattaneo einige Jahre lang war, weigerte, den gesamten Nachlass *en bloc* zu kaufen, wie es die Erben forderten. Sie wollten die Zerstreuung der über tausend Objekte, darunter Zeichnungen, Gemälde und Bücher, verhindern. In dieser Situation schlug Cattaneo Großherzog Carl August vor, den Teil der Hinterlassenschaft zu erwerben, der sich mit Leonardo da Vinci beschäftigte. Dazu zählten, so Cattaneo, Entwürfe, Kartons und „alle Pausezeichnungen, die Bossi ausgegraben und erforscht hat, zusätzlich zu den drei Hauptkopien des ‚Abendmahls'".[15] Letztere hatte Bossi für eine Studie zu Leonardos berühmtem Gemälde verwendet. [Abbildung 9] Denn das Fresko im Refektorium von Santa Maria delle Grazie befand sich in einem so schlechten Zustand, dass die von Napoleon eingesetzte Verwaltung der Lombardei entschieden hatte, eine Kopie in Originalgröße anfertigen zu lassen.[16] Man hatte Giuseppe Bossi diese Aufgabe übertragen, und der Maler widmete sich in den Jahren 1807 bis 1810 beinahe ununterbrochen der Herstellung des Kartons im originalgetreuen Maßstab, der dann der geplanten Kopie als Vorlage dienen sollte. Bossi bewältigte die Herausforderung, indem er ältere Repliken, Stiche und zeitgenössische Beschreibungen hinzuzog, die ihm Aufschluss auch über die mittlerweile verblassten und stark beschädigten Teile des Gemäldes gaben. Nach Vollendung der Arbeit veröffentlichte er 1811 seine Materialsammlung unter dem Titel *Del Cenacolo di Leonardo da Vinci* (*Von Leonardo da Vincis Abendmahl*) inklusive eines gelehrten Kommentars. Diese Arbeit wurde breit rezipiert und galt damals (und gilt bis heute) als wichtige Etappe der Leonardo-Forschung, nicht zuletzt eben wegen ihres kunsthistorischen Kommentars, der „modern", also wissenschaftlich argumentierte und Leonardos Werk etwa durch Vergleichsstudien zu rekonstruieren versuchte.

Dank Mylius' finanzieller Rückendeckung erwarb Großherzog Carl August Giuseppe Bossis Materialsammlung. Der Abschluss des Geschäfts wurde mit der Prägung einer Medaille gefeiert,

15 Gaetano Cattaneo an Carl August, 18. Oktober 1817, in: Blank, *Weimar und Mailand*, S. 60.

16 Vgl. D. Trento, „Il Cenacolo di Bossi protolibro di storia dell'arte lombarda", in: L. Castelfranchi, R. Cassanelli, M. Ceriana (Hgg.), *Milano, Brera e Giuseppe Bossi nella Repubblica Cisalpina,* Mailand 1999, S. 177-206 und O. Cucciniello, „Giuseppe Bossi e la copia dell''Ultima Cena' di Leonardo", in: F. Mazzocca, F. Tasso, O. Cucciniello (Hgg.), *Bossi e Goethe: affinità elettive nel segno di Leonardo*, Mailand 2016, S. 107-131.

auf der drei Porträts zu sehen waren: Großherzog Carl August, Leonardo da Vinci und Giuseppe Bossi. Gaetano Cattaneo hatte die Vorlage gezeichnet; der berühmte Graveur Francesco Putinati fertigte die Gedenkmünze an.[17]

Goethe beschäftigt sich mit Leonardo da Vinci

Wenige Monate nach dieser Transaktion, Mitte November 1817, kamen die in Mailand erstandenen Werke nach Weimar. Sie wurden am großherzoglichen Hof in einer eigens dafür organisierten Ausstellung präsentiert; auch Goethe sah die Stücke bei dieser Gelegenheit. Die Zeichnungen und der Dokumentationsband von Giuseppe Bossi erneuerten sein Interesse an Leonardos *Abendmahl*, und er beschloss, einen Aufsatz darüber zu verfassen. Großherzog Carl August schrieb er:

> Das Werk des Bossi ist höchst interessant, würde aber ohne Ansicht der Lucidi und ohne Cattaneos Bemerkungen kaum verständlich, noch weniger brauchbar seyn. Eine große Anregung, über diese Gegenstände zu denken und sich das Verdienst eines der größten Meister die jemals gelebt zu vergegenwärtigen, ist freylich gegeben, und daß eine solche Gelegenheit nicht versäumt werde höchst zu wünschen.[18]

Um weitere Informationen zu erhalten, fragte Goethe bei Gaetano Cattaneo nach. Dessen Antwort ließ ihn allerdings ratlos zurück, da sich Cattaneo kritisch zu Bossis Untersuchungen äußerte[19], was Goethe mit den Worten kommentierte: „Diese Italiener sind seltsame Personen, hohle Enkomiasten in ihren öffentlichen Vorträgen, heimliche Detractoren wenn sie Gelegenheit finden."[20]

Tatsächlich hatte Cattaneo Bossis Talent zwar gelobt, den Maler aber nicht gerade hymnisch gefeiert. Sein Briefwechsel mit Goethe in dieser Angelegenheit[21] lässt erkennen, dass er um ein möglichst realistisches, objektives Urteil bemüht war mit durchaus auch kritischen Anmerkungen zu bestimmten Entscheidungen, die Bossi bei der Ausführung seiner Arbeit getroffen hatte. Auch äußerte er sich kritisch zu dessen Privatleben. Gleichwohl – Cattaneo zeigte sich gegenüber dem Weimarer Hof und gegenüber Goethe im Besonderen hilfsbereit und erwies sich als wertvolle Informationsquelle. Großzügig ließ er den Weimarern alle möglichen Veröffentlichungen und Studienmaterialien aus Italien zukommen.

17 Vgl. A. Turricchia, *Le medaglie di Francesco Putinati*, Rom 2002, S. 15f.

18 Goethe an Carl August, 24. November 1817, in: Blank, *Weimar und Mailand*, S. 69f.

19 Vgl. Gaetano Cattaneo an Goethe, 11. Februar 1818, in: Ebd., S. 92-102.

20 Goethe an Carl August, 3. April 1818, in: Ebd., S. 112.

21 Cattaneos biographisches Profil von Giuseppe Bossi sowie seine Korrespondenz mit Goethe in: Ebd.

1818 erschien Goethes Aufsatz mit dem Titel *Joseph Bossi über Leonard da Vinci's Abendmahl zu Mailand* in der Zeitschrift *Über Kunst und Alterthum*. [Abbildung 10] Der Autor selbst sandte Cattaneo ein Exemplar seines „petit traité sur la cène de Leonard et de Bossi" und schrieb dazu:

> Der Besuch des Herrn Mylius und seiner großartigen Frau war für uns eine erfreuliche Überraschung. Es ist gar nicht notwendig, dass ich Ihnen sage, dass wir voller Zuneigung und innerer Bewegung von Ihnen gesprochen haben.[22]

An jene Tage in Weimar, die Goethe in der Gesellschaft von Heinrich Mylius, Friederika Schnauß und dem jungen Julius Mylius verbrachte, erinnert ein wertvolles Zeugnis: Es ist ein Auszug aus Goethes Aufsatz über Giuseppe Bossi und Leonardos *Abendmahl*, mit der handschriftlichen Widmung des Autors: „Seiner werthen Freundinn Mylius geb. Schnauß zur Erinnerung glücklichen Wiedersehens Weimar 14 Juli 1818 Goethe".[23]

Goethes Aufsatz trug entscheidend dazu bei, Leonardos *Abendmahl* – das Meisterwerk, das einen Wendepunkt hin zur „modernen" Kunst markiert – im deutschen Sprachraum besser bekannt zu machen. Goethe pries Leonardos Genialität, die in seinen Augen auch darin zum Ausdruck kam, dass der Künstler den Speisesaal des Klosters (das Refektorium, für das das Fresko angefertigt wurde) und die Darstellung des letzten Abendmahls, von dem die Evangelien berichten, miteinander in Beziehung gesetzt hatte. Dies war Goethe zufolge mittels des außerordentlichen Realismus der Abendmahlsszene gelungen, der besonders in der Darstellung der Gemütszustände der Apostel zum Ausdruck kam. Für Goethe war evident, dass Leonardo beim Betrachter gleichermaßen Bewunderung für die eigene malerische Virtuosität wie religiöse Andacht hervorrufen wollte.[24]

Goethe liest Manzoni

Die Beziehung zwischen Goethe und Alessandro Manzoni ist gut erforscht, allerdings geht es in den Untersuchungen überwiegend um literarische Aspekte. Es lohnt sich aber auch, die Verbindung dieser beiden herausragenden Künstler im Kontext der Kontakte zwischen Mailand und Weimar zu betrachten.

---

22 Goethe an Cattaneo, 17. Juli 1818, in: Ebd., S. 126.

23 Die Abschrift der Widmung in R. Pavoni (Hrsg.), *„...rispettabilissimo Goethe...caro Hayez...adorato Thorvaldsen...". Gusto e cultura europea nelle raccolte d'arte di Enrico Mylius*, Venedig 1999, S. 87. Vgl. J. W. Goethe, „Joseph Bossi über Leonard da Vinci's Abendmahl zu Mailand", *Über Kunst und Alterthum* I/3 (1817 [1818]), S. 113-188. Die Originalausgabe mit Goethes Zueignung befindet sich in der Villa Vigoni.

24 Zu Leonardo da Vinci und Goethe vgl. Mazzocca, Tasso, Cucciniello, *Bossi e Goethe*.

Tatsächlich besteht der direkte Austausch zwischen ihnen nur in einem einzigen Brief.[25] Aber durch das besagte Netzwerk, in dem Mylius eine wichtige Rolle spielte, waren sie stets übereinander informiert und kommunizierten gewissermaßen durch die Vermittlung Dritter miteinander. Der Ton ihres Austauschs war erlesen, fast „höfisch". Es begegneten sich Personen der höheren Gesellschaft, zwar unterschiedlicher Nation und Konfession, aber mit ausgesuchter Höflichkeit. Stets wahrten sie eine „angemessene" Distanz, die zu Beiden passte. Der junge Mailänder Aristokrat Manzoni suchte sie ebenso wie der betagtere Minister Goethe.[26]

Die Korrespondenz zwischen Mylius, Gaetano Cattaneo und Großherzog Carl August, aber auch der Austausch mit Eckermann sowie Äußerungen gemeinsamer Bekannter (wie Carl Friedrich von Reinhards und des Weimarer Kanzlers Friedrich von Müller) zeugen vom anhaltenden Interesse auf beiden Seiten. Der Austausch lebte nicht zuletzt von der gemeinsam geteilten Überzeugung, für ein höheres, ideales Ziel zu arbeiten.[27] [Abbildung 11]

Zu einem ersten Kontakt zwischen dem berühmten, damals fast siebzigjährigen Goethe und dem 1785 geborenen Manzoni kam es in den letzten Monaten des Jahres 1818. Gaetano Cattaneo schickte einige Werke junger Mailänder Autoren nach Weimar. Er hielt die ausgewählten Texte für würdig, auch im Ausland zur Kenntnis genommen zu werden, wie er einige Monate zuvor in einem ausführlichen Bericht über die kulturelle Situation in der Lombardei festhielt, den er für Großherzog Carl August verfasst hatte. In Cattaneos Sendung nach Weimar befanden sich unter anderem drei Schriften des Philosophen und Literaten Ermes Visconti di San Vito (1784-1841) und eine Ausgabe der Zeitschrift *Il Conciliatore*, die Plattform sowohl für die „Romantiker" unter den jungen Italienern, als auch für deren weltanschauliche und literarische Gegenspieler aus Österreich und Mailand bildete. Zum Konvolut, das Cattaneo zusammenstellte, gehörte auch eine Ausgabe der *Inni sacri* (*Sakrale Hymnen*) von Alessandro Manzoni. Gut ein Jahr später schickte Cattaneo Goethe zudem Manzonis neuestes Werk, die Tragödie *Il conte di Carmagnola* (*Graf Carmagnola*). Er war überzeugt, auch dieses Schauspiel werde auf Goethes Interesse stoßen. Zunächst reagierte der Adressat jedoch nicht. Nachdem zwei Monate verstrichen waren, schritt auf Mylius' Drängen Großherzog Carl August selbst ein und mahnte Goethe in entschiedenem Ton:

---

25 Vgl. zu Manzonis Brief an Goethe und weiteren Dokumenten S. Bertolucci, G. Meda Riquier (Hgg.), *Alessandro Manzoni: carteggi letterari* (Edizione Nazionale ed Europea delle Opere di Alessandro Manzoni 29), Mailand 2010, S. 80-83, 315-325.

26 Wir folgen hier der Einschätzung von H. Rüdiger, „Interessamento di Goethe per Manzoni", in: Accademia Nazionale dei Lincei (Hrsg.), *Atti del convegno di studi manzoniani*, Rom 1974, S. 80.

27 H. Blank (*Weimar und Mailand*, 1992) hat erstmals wichtige Materialien zu Goethe und Manzoni publiziert, die sich im Weimarer Goethe- und Schiller-Archiv und im Landesarchiv Thüringen - Hauptstaatsarchiv Weimar befinden. Eine erweiterte Version und die entsprechenden Übersetzungen ins Italienische: Bertolucci, Meda Riquier, *Alessandro Manzoni: carteggi letterari*.

> M[ylus] erinnert, Cattaneo hätte dir geschrieben, mit einen Exemplar des Conte di Carmagnola von Manzoni begleitet, von welchen die dortigen Romantiker großes Aufsehen machten; er wünscht Antwort und eine Beurtheilung des Wercks von dir zu empfangen.[28]

Goethe antwortete umgehend:

> Einen Brief an Cattaneo hoffe ich diese Tage zu Stande zu bringen; es ist eine schwere Aufgabe. Die guten Romantiker, wozu dieser Freund auch gehört, verlangen, genau besehen, kein Urteil, sondern unbedingtes Lob, womit sie sich gegen ihre Widersacher verstärken können. Der Verfasser des Trauerspiels hat Talent, das Stück selbst Verdienst; dies aber zu entwickeln ist eine schwere Arbeit, die ich nicht übernehmen kann, besonders da man damit gewiß keinen Dank verdient. Ich werde mich daher mit einigen guten Worten aus der Sache zu ziehen suchen.[29]

Goethe war überzeugt, die Veröffentlichung seines positiven Urteils über Manzoni komme einer Stellungnahme zugunsten der Romantik und der Romantiker gleich, und er wünschte nicht, in der Großkontroverse „Klassiker" versus „Romantiker" instrumentalisiert zu werden. Zumal diese literarisch-ästhetische Auseinandersetzung in der habsburgisch regierten Lombardei zu einer Polemik auch auf politisch-weltanschaulicher Ebene geworden war. Strömungen, die den Romantikern nahestanden, drängten auf Erneuerung nicht nur in der Kunst, sondern auch im Staatswesen. Sie forderten größere politische Freiheit und sogar staatliche Unabhängigkeit. Ihre Gegenspieler blieben konservativen, philohabsburgischen Positionen treu.

Seinem anfänglichen Zögern zum Trotz entschloss sich Goethe dann aber doch, Manzonis Tragödie zu rezensieren. Bedauerlicherweise verfügen wir nicht über Quellen, die Aufschluss über die Gründe für seinen Sinneswandel geben könnten. Jedenfalls äußerte er sich in *Über Kunst und Alterthum*[30] im September 1820 geradezu enthusiastisch zu Manzonis Trauerspiel und verteidigte das Werk ein Jahr später, wiederum in *Über Kunst und Alterthum*, gegen Kritiken der englischen *Quarterly Review* und der Mailänder *Biblioteca Italiana*. Hatte er zunächst beabsichtigt, sich aus der Auseinandersetzung zwischen „Klassik" und „Romantik" herauszuhalten, bezog er nun, um Manzonis Willen, Position.[31]

Manzoni erfuhr selbstredend von Goethes Engagement, und er dankte dem großen Dichter im Januar 1821 mit einem ehrerbietigen, stilistisch fein ziselierten Schreiben. (Es ist übrigens der einzige Dankesbrief, den Manzoni je verfasst hat.) Bemerkenswert sind daran weniger die Dankesworte für Goethes Lob als vielmehr die Zusage, Goethes einzigen expliziten Kritikpunkt zu berücksichtigen. Dieser betraf allerdings einen zentralen Aspekt der

---

28 Carl August an Goethe, [Weimar] 27. März 1820, in: Blank, *Weimar und Mailand*, S. 190.

29 Goethe an den Großherzog Carl August, Weimar 28. März 1820, in: FA II, 9, S. 39.

30 Vgl. J. W. Goethe, „Il conte di Carmagnola. Tragedia di Alessandro Manzoni. Milano 1820", *Über Kunst und Alterthum* II/3 (1820), S. 35-65.

31 Vgl. Bertolucci, Meda Riquier, *Alessandro Manzoni: carteggi letterari*, S. 389-411.

literarischen Konstruktion: Manzoni unterschied in der Tragödie zwischen „realen" und „fiktiven" Figuren. Er erklärte in seinem Brief, dies sei „aus einer allzu skrupulösen Verpflichtung gegenüber der historischen Genauigkeit" geschehen, und er werde diesen Fehler in Zukunft zu vermeiden suchen.[32]

Im Jahr 1822 sandte Manzoni eine handgeschriebene Kopie seiner „Ode" zum Tode von Napoleon (der am 5. Mai 1821 auf Sankt Helena verstorben war) an den Hof des Großherzogs nach Weimar. Das Langgedicht trägt den Titel *Il Cinque Maggio* (*Der fünfte Mai*). Obwohl Manzoni das Gedicht bereits im Juli 1821 verfasst hatte, konnte es in der Lombardei nicht veröffentlicht werden, da die österreichische Zensur die Autorisierung verweigerte. Es wurde hingegen in Weimar sehr beifällig aufgenommen, wobei wiederum Mylius bei der Vermittlung die entscheidende Rolle spielte. Nachdem er eine Lesung der „Ode" gehört hatte, bat er seinen Freund Cattaneo um eine Abschrift. Ihm war es also zu verdanken, dass Manzonis „Ode" in Weimar überhaupt erhältlich war. Wahrscheinlich sandte Mylius seine Abschrift (oder eine Kopie derselben) mit der Bitte an den Großherzog, sie an Goethe weiterzuleiten.[33]

Letzterer berichtete dem Großherzog, er halte die Ode für hervorragend; sie sei typisch für Manzonis Stil. Er beschloss, sie ins Deutsche zu übertragen, und seine Übersetzung erschien im ersten Heft des Jahres 1823 von *Über Kunst und Alterthum*.[34] Sein Freund, der Jurist Joseph Sebastian Grüner (1780-1864) notierte:

> Goethe sprach: ‚Ich muß Ihnen doch die vortreffliche Ode Manzonis auf den Tod Napoleons vorlesen; ich habe versucht, so gut ich konnte, sie deutsch wieder zu geben. Welch ein Lesen! Er war wie in einem verklärten Zustande, dabei ganz ergriffen, das Feuer blitzte aus seinen Augen, die richtigste Betonung eines jeden Wortes und Ausdruckes ergriffen auch mich, und wie er zu Ende war, folgte eine Pause. Wir sahen einander an, ich konnte in seinem Antlitze, und er mochte in dem meinigen Begeisterung lesen. Sie sollen sie morgen haben, sagte er endlich; nicht wahr, Manzoni ist ein großer Dichter?'[35]

Auf den ersten Blick schienen Goethe und Manzoni im Urteil über Napoleon weit auseinander zu liegen: Goethe hatte Napoleon bewundert – Manzoni war distanziert geblieben, später sogar offen kritisch angesichts Napoleons kirchen- und papstfeindlicher Politik. Umgekehrt konnte Goethe nichts mit dem zeitgenössischen (durch Napoleons europäische Politik maßgeblich in Bewegung gesetzten) Drängen nach politischer Emanzipation und nationaler Einheit anfangen, während sich Manzoni nach Napoleons Tod verstärkt eben diesen Tendenzen und Zielen zuwandte. Es war also durchaus nicht selbstverständlich, dass die beiden Künstler in Bezug auf

32 Alessandro Manzoni a Goethe, Milano 23 gennaio 1821, in: Ebd., S. 316.

33 Vgl. ebd., S. 403f.

34 Vgl. ebd., S. 408-426.

35 [J. S. Grüner], *Briefwechsel und mündlicher Verkehr zwischen Goethe und dem Rathe Grüner*, Leipzig 1853, S. 406f.

Napoleon zu einem ähnlichen Urteil gelangen würden. Und doch zeugt Goethes Übersetzung von Manzonis Gedicht nicht nur von seiner Hochschätzung von dessen poetischer Qualität, sondern auch von einer gemeinsam geteilten Überzeugung: Es war die Anerkennung der universalen Dimension der Erfahrungen, die Europa in der napoleonischen Ära gemacht hatte. Sie galt es zu bewahren und weiter zu entwickeln, unter der Bedingung, dass es gelang, ihre inneren Widersprüche und imperialen Ambitionen zu überwinden. Mit Napoleons Tod konnte und sollte eine Friedensepoche beginnen, vorausgesetzt sie stand nicht im Zeichen von Unterdrückung und bloßer Restauration.

Goethes Übersetzung der „Ode“ führte jedenfalls dazu, dass Manzoni in weiten Kreisen des gebildeten Deutschland bekannt wurde.

1822 erhielt Goethe die Ausgabe eines weiteren Theaterstücks von Manzoni. Es handelte sich um die in der Langobardenzeit angesiedelte Tragödie *Adelchi*; der Band war als besonderes Geschenk an Goethe auf Wunsch des Autors in rotem und goldenem Maroquinleder eingebunden. Manzonis handgeschriebene Widmung zitierte Goethes *Egmont*: „Du bist mir nicht fremd. Dein Name wars der mir in meiner ersten Jugend gleich einem Stern des Himmels entgegen leuchtete. Wie oft hab ich nach dir gehorcht, gefragt!“[36]

Goethe reagierte erneut sehr positiv. Seinem Freund, dem Juristen Christoph Friedrich Ludwig Schultz (1781-1834), schrieb er am 9. Dezember 1822:

> Manzoni, dessen Ode auf Napoleons Tod Sie freuen wird, hat eine neue Tragödie *Adelchi* aus der longobardischen Geschichte geliefert und gerade des Zeitpunktes, wo Karl der Große bei dem Passe Chiusa gehindert wird nach Italien zu dringen. Das Stück ist ganz in Sinne und Geist des Grafen *Carmagnola*, nur noch reicher an Charakteren und Motiven. Es wird mir ein angenehmes Geschäft sein, auch diese Arbeit zu entwickeln; ach! warum kann man denn nicht einem deutschen Zeitgenossen den gleichen Liebesdienst erweisen.[37]

Angesichts seines sehr guten Eindrucks von Manzonis lyrischer und literarischer Begabung beschloss Goethe, dessen Werke (auf Italienisch) in Deutschland zu veröffentlichen. Er widmete sich diesem Vorhaben mit großer Hingabe. 1827 erschien der Band bei Carl Friedrich Ernst Frommann (Jena) unter dem Titel *Opere poetiche*. Diese Ausgabe war einschließlich der Titelseite komplett italienisch und umfasste die Tragödien *Il conte di Carmagnola* (*Graf Carmagnola*) und *Adelchi* sowie das Gedicht *In morte di Carlo Imbonati* (*Aus Anlass von Carlo Imbonatis Tod*), die fünf *Inni sacri* (*Sakrale Hymnen*) und die Ode *Il Cinque Maggio* (*Der fünfte Mai*). Hinzu kam eine ausführliche Einleitung auf Deutsch mit dem Titel *Theilnahme Goethe's an Manzoni*. Sie umfasste sämtliche bis dahin von Goethe veröffentlichte Texte über Manzoni plus einen noch unveröffentlichten Kommentar zu des-

36 J. W. Goethe, *Egmont*, in: FA I, 5, S. 545.

37 Goethe an C. F. L. Schultz, Weimar 9. Dezember 1822, in: FA II, 9, S. 312.

sen Tragödie *Adelchi*. Eine Koinzidenz besonderer Art liegt in dem Umstand, dass in dem Moment, da Goethe drei Bände dieser in Thüringen produzierten Ausgabe von Manzonis *Opere poetiche* an Manzoni selbst sowie an Cattaneo und Mylius nach Mailand schickte, Mylius ihm aus Mailand die drei Bände der *Promessi sposi* (*Die Brautleute*) zusandte, Manzonis großem historischen Roman.[38]

Goethe war sofort klar, dass er ein Meisterwerk in Händen hielt. „Manzonis Roman [...] [überflügelt alles], was wir in dieser Art kennen",[39] lautete sein Kommentar. Allein die berühmten Kapitel des Romans über die Pest in Mailand missbilligte er, getreu seiner Abneigung gegenüber authentischen historischen Ereignissen, die zu einer Komponente der Erzählung gemacht wurden, welche doch der künstlerischen Phantasie entsprang. Er sah in einer solchen Komposition eine ungebührliche Einmischung der Realität. Goethes Freund, der Literat Adolf Friedrich Karl Streckfuss, verfasste auf Goethes Anregung hin eine Besprechung der *Promessi sposi* in *Über Kunst und Alterthum*. In Anlehnung an Goethes Verdikt bezeichnete er die historischen Passagen in Manzonis Roman sogar als „Auswuchs".[40]

Goethes Kritik entsprach, wie gesagt, dem Urteil, das er bereits zu *Il conte di Carmagnola* geäußert hatte. Manzonis literarischer Kunstgriff, das fiktive Geschehen und den historisch verbürgten Kontext aufeinander zu beziehen, missfiel ihm. Im Fall der *Promessi sposi* kam hinzu, dass Goethe sehr wohl bewusst war, dass die möglichst „wahrheitsgetreue" Rekonstruktion des historischen Ambientes im Roman dem Geist der literarischen Moderne entsprach. Er selbst blieb trotzdem bei der Ablehnung dessen, was ihm als bloße deskriptive Wiederholung des geschichtlich Gewesenen erschien: „Beschreibung von Krieg, Hungersnot und Pestilenz, welche Dinge schon an sich widrwärtiger Art sind und die nun durch das umständliche Detail einer trockenen chronikhaften Schilderung unerträglich werden."[41]

Die Öffentlichkeit in Deutschland nahm Manzonis historischen Roman sehr positiv auf. Fast zeitgleich, Ende 1827 und Anfang 1828, kamen in Berlin und Dresden zwei deutsche Übersetzungen auf den Markt. Manzoni war dank Goethe im ganzen Land bekannt. Die Übersetzungen ins Deutsche waren die erste Übersetzung überhaupt, die französische Ausgabe erschien erst später (trotz Manzonis Nähe zur frankophonen Kultur). Manzonis rasche, breite Rezeption im deutschen Sprachraum verdankte sich Goethes positivem Urteil sowie der Tatsache, dass sich dieser persönlich um die Übersetzungen kümmerte. Angesichts seiner akribischen Mitwirkung kann man wohl davon ausgehen, dass die Streichungen der ungeliebten historischen Passagen in den deutschen Ausgaben ebenfalls auf ihn zurückgehen.

---

38 Vgl. Bertolucci, Meda Riquier, *Alessandro Manzoni: carteggi letterari*, S. 439-490.

39 Goethe mit Eckermann, 18. Juli 1827, in: Blank, *Weimar und Mailand*, S. 341.

40 Vgl. [A. F. Streckfuss], „Manzoni's Roman: Die Verlobten", *Über Kunst und Alterthum* VI/2 (1828), S. 252-259.

41 Goethe mit Eckermann, 23. Juli 1827, in: Blank, *Weimar und Mailand*, S. 347.

Der Austausch, der sich um die beiden Autoren bildete, betraf wichtige Themen, die über rein ästhetische Debatten hinausgingen: Es ging um die Beziehung zwischen Literatur und Geschichte, die Erarbeitung einer neuen Theorie der Ästhetik sowie einer neuen Definition literarischer Gattungen, um die Frage nach den Möglichkeiten und Varianten von literarischen Übersetzungen, um die Idee einer „Weltliteratur", die damals in Reichweite schien, um die Suche nach einem neuen Gleichgewicht zwischen Klassik und Romantik und um die Auseinandersetzung mit dem kontrovers bewerteten Erbe der untergegangenen napoleonischen Epoche.

Das waren Kernanliegen nicht nur der Kunst im 19. Jahrhundert. Dass es zwischen Goethe und Manzoni darüber zu einer Art Dialog kam (obwohl sie sich nie persönlich begegnet sind) verdankte sich dem Netzwerk um Figuren wie Gaetano Cattaneo, Großherzog Carl August und Heinrich Mylius. Mylius war in dieser Hinsicht unzweifelhaft ein Mann der Moderne. Er war überzeugt, dass sich Vernetzung und Austausch kulturell und wirtschaftlich „auszahlten". So wie seine Firma mit kluger Logistik für den einträglichen Warenverkehr sorgte, so sollten seinem Wunsch nach auch Ideen, Kunst und Literatur zirkulieren. Es galt, Kenntnisse, Wissen und Sensibilität für das Neue, das Ungewohnte zu fördern. Die Vermittlung zwischen der italienischen und der deutschen Kultur war ihm dabei ein besonderes Anliegen.

Weitere deutsch-italienische Kulturbeziehungen

Das deutsch-italienische Netzwerk, das um prominente Figuren wie Goethe und seinen generösen Förderer, Großherzog Carl August, dank Mylius' diskretem Wirken hinter den Kulissen entstanden war, erweiterte sich im Laufe der 1820er Jahre. Zu den literarischen Verbindungen kam die bildende Kunst hinzu. Auch hier erwies sich Mylius als die treibende Kraft des stetig wachsenden Kreises. [Abbildung 12] Im Jahr 1824 wurden bei der jährlich stattfindenden „Ausstellung der Schönen Künste" der Accademia di Brera in Mailand (die die wichtigste Ausstellung zeitgenössischer Kunst in Italien war) zwei Seite an Seite gehängte Gemälde mit interessanten Entstehungsgeschichten gezeigt. Simon Moritz von Bethmann und Heinrich Mylius hatten sie in Auftrag gegeben, und sie stießen beim gebildeten, kosmopolitischen Publikum der Mailänder Schau auf großes Interesse. Die Werke stammten von zwei Künstlern, die damals bei Sammlern und Fachleuten sehr beliebt waren: Pelagio Palagi (1775-1860), ein älterer, den ästhetischen Traditionen in Treue verbundener Maler, und Francesco Hayez (1791-1882), ein junger, moderner „Aufsteiger". Ihre beiden Gemälde zeigten historische Themen: *Gustav Adolf von Schweden* (Pelagio Palagi) und *Graf Carmagnola* (Francesco Hayez). [Abbildungen 13, 14]

Um den Publikumserfolg des Jahres 1824 besser einschätzen zu können, lohnt sich der Blick auf die Ausstellung, die vier Jahre zuvor am gleichen Ort gezeigt worden war. 1820 waren beide Maler ebenfalls in der Accademia di Brera vertreten gewesen mit den Werken *Matteo Visconti*

(Pelagio Palagi) und *Pietro Rossi* (Francesco Hayez). Die beiden Gemälde hatten seinerzeit eine kritische Debatte ausgelöst, die dazu beitrug, der „historischen Romantik“ den Weg zu bereiten. Die „historische Romantik“ galt als Zweig der Malerei, die vor dem Horizont bürgerlich-nationaler Ambitionen säkulare Themen im hohen Ton idealisierter Vaterlandsliebe vorstellte (it. „pittura civile“). Der Literatur- und Kunstkritiker Giuseppe Sacchi (1804-1891), auf den der Begriff „pittura civile“ zurückgeht, forderte 1830, diese Malerei müsse historische Themen so behandeln, dass sich daraus Lehren für die Gegenwart ableiten ließen. Es gälte, „die großherzigen Taten unserer Vorfahren zu malen. Durch ihre Vorbilder kann unser Geist zur Tugend geführt werden, indem Ereignisse aus der Vergangenheit dargestellt werden, die den passenden historischen Rahmen für das zeitgenössische Empfinden unseres Jahrhunderts bereitstellen.“[42]

Kunst sollte explizit zu einer Instanz der Interpretation der zeitgenössischen Gesellschaft und deren Realität werden. Es galt, die Darstellung abstrakter Idealtugenden durch die Darstellung der konkreten Ideale der Gegenwart zu ersetzen, die ihrerseits in historischen Inszenierungen präsentiert und beglaubigt wurden. Die geschichtlichen Ereignisse, vorzugsweise Ereignisse dessen, was man als „nationale“ Geschichte adressierte, bildeten den Darstellungsmodus für Botschaften, die sich an die eigene Zeit richteten.

In diesem Zusammenhang ist ein Urteil des deutschen Kunstkritikers Ludwig Schorn (1793-1842) erhellend. Schorn räumte der historischen Malerei der Lombardei in der Zeitschrift *Kunst-Blatt* viel Platz ein. Die neue italienische Kunstrichtung schien ihm auch für Deutschland vorbildlich zu sein:

> Die beyden jetzigen Meister im historischen Fach, Palagi und Hayez, wählen ihre Gegenstände mehr aus der italienischen Geschichte des Mittelalters, und sind dadurch unmittelbar zum Studium historischer und individueller Charakteristik genötigt, da Gemälde solcher Art nur durch einen gründlichen historischen Styl sich von den jetzt so häufigen und beliebten Genre-Gemälden absondern können. Der Theilnahme des vaterländischen Publicums sind diese Künstler auf ihrem Wege und mit dem, was sie erreichen, versichert, und es wäre zu wünschen, daß auch von unsern deutschen Künstlern die ältere vaterländische Geschichte häufiger bearbeitet würde.[43]

Es ist anzunehmen, dass es einer Auftragsarbeit für eine beim Publikum beliebte Ausstellung wie diejenige der Accademia di Brera bedurfte, um dem Programm der „pittura civile“ Popularität zu verleihen. So ließ sich eine politische Botschaft kommunizieren. Die Auftraggeber wählten das Motiv und akzentuierten dessen patriotische Bedeutung.

Zu den ersten Auftraggebern von Gemälden im Sinne der patriotischen „historischen Romantik“ zählten Francesco Teodoro Arese und Heinrich Mylius. Die beiden Männer waren befreundet, nicht

42 Auf Giuseppe Sacchi geht die Definition der „pittura civile“ zurück G. Sacchi, „Visita allo studio di Hayez (1830)“, in: F. Mazzocca (Hrsg.), *Scritti d'arte del primo Ottocento*, Mailand / Neapel 1988, S. 138f.

43 L. Schorn, „Nachrichten aus Mailand. Oktober 1822“, *Kunst-Blatt* 97 (1822), S. 385.

zuletzt, da sie politisch ähnliche Überzeugungen hegten. Ende des Jahres 1820 beschlossen sie, Gemälde in Auftrag zu geben, die diese Überzeugungen anhand leicht deciffrierbarer historischer Episoden illustrieren und für die Gegenwart nachvollziehbar machen sollten. Arese beauftragte Francesco Hayez, den *Grafen Carmagnola* zu malen; Heinrich Mylius beauftragte Pelagio Palagi, ein Thema zu behandeln, das deutlich schwieriger als *Graf Carmagnola* war, weil es gewissermaßen aus einem anderen Kulturkreis stammte. Tatsächlich wünschte sich Mylius ein spektakuläres Motiv: den Schwedenkönig Gustav Adolf in einem bedeutenden historischen Moment. Die Darstellung hieß auf Italienisch: *Gustavo Adolfo Re di Svezia, che prima di partire per la guerra di religione riceve dall'Assemblea degli Stati generali il giuramento di fedeltà alla propria figlia Cristina di anni 5*; auf Deutsch: *Gustav Adolf von Schweden, dem die Stände in Anwesenheit seiner fünfjährigen Tochter Christina die Treue schwören, bevor er in den Krieg zieht.*

Francesco Teodoro Arese wollte mit dem Sujet des *Grafen Carmagnola*, das er Manzonis gleichnamigen Trauerspiel entlehnte, in dieselbe patriotisch-idealistische Richtung weisen, wie sie zuvor Francesco Hayez' Gemälde *Pietro Rossi* (1820) mit großer Suggestivkraft vermittelt hatte. Das Bild handelte von dem mutigen Kämpfer Pietro Rossi (einer Heldengestalt des Mittelalters), der sich heroisch von der innigen Bindung an seine Familie lossagt, um seine „Patria", das Vaterland, gegen die Eroberer zu verteidigen.

Zwischen Areses Auftrag für das Gemälde *Graf Carmagnola* und dessen Ausführung durch Hayez lag nicht einmal ein Jahr. Tatsächlich ließ Arese die letzten Raten für das Bild auszahlen, als er bereits im berühmt-berüchtigten österreichischen Gefängnis zu Spielberg (in Mähren) einsaß. Er war wegen seiner Beteiligung an den antihabsburgischen Aufständen im März des Jahres 1821 inhaftiert worden. Immerhin wurde der *Graf Carmagnola* während Areses Kerkerhaft mit großem Erfolg in der Mailänder Ausstellung von 1821 präsentiert.

Mylius hingegen hatte ein Thema gewählt, das eher, wenn man so will, nordeuropäischen Erwartungen an politische Symbolik im Bild entsprach: Schwedens König Gustav Adolf, der verehrte Streiter für das protestantische Bekenntnis. Es sollte der Moment verewigt werden, da die Stände dem Monarchen und seiner Tochter Christina, die zugleich seine designierte Nachfolgerin war, die Treue schwören, unmittelbar bevor der König in den Krieg zieht, in dem er sein Leben lassen wird. Friedrich Schiller hat in seiner *Geschichte des dreißigjährigen Kriegs* diesen Moment wie folgt beschrieben:

> Er nahm hier seine vierjährige Tochter Christina, die in der Wiege schon zu seiner Nachfolgerin erklärt war, auf die Arme, zeigte sie den Ständen als ihre künftige Beherrscherin, ließ ihr auf den Fall, daß er selbst nimmer wiederkehrte den Eid der Treue erneuern, und darauf die Verordnung ablesen, wie es während seiner Abwesenheit oder der Minderjährigkeit seiner Tochter mit der Regentschaft des Reichs gehalten werden sollte. In Thränen zerfloß die ganze Versammlung und der König selbst brauchte Zeit, um zu seiner Abschiedsrede an die Stände die nöthige Fassung zu erhalten.[44]

---

44 F. Schiller, *Geschichte des dreißigjährigen Kriegs*, Frankfurt / Leipzig 1792, S. 174.

Ein Brief vom 28. April 1821, den Mylius an Großherzog Carl August richtete,[45] nahm zwar nicht explizit Bezug auf Pelagio Palagis *Gustav Adolf*, liefert aber wichtige Hinweise zu Mylius' Deutung der eigenen Gegenwart durch das Brennglas historischer, idealistisch aufgeladener Episoden. In dem Brief analysierte Mylius die politischen Ereignisse der zurückliegenden Monate. Er versuchte zu erklären, worin die Schwäche der italienischen Unabhängigkeitsbestrebungen bestand. Seiner Ansicht nach war der Geist der Freiheit in Italien kaum ausgeprägt; er hielt die Menschen für egoistisch, ohne Opferbereitschaft für die öffentliche Sache. Italien sei verwöhnt, im Gegensatz zu den Deutschen, die ebenfalls in Unterdrückung lebten. Möglicherweise war es genau diese Antithese, die Mylius' Entscheidung zugunsten des gewählten Motivs beeinflusst hat. Das *Gustav Adolf*-Gemälde feierte alle jene Eigenschaften, die Mylius zufolge dem zeitgenössischen Italien fehlten. *Graf Carmagnola* war zwar ein edelmütiger Held, aber er stand allein, auf verlorenem Posten und konnte den Lauf der Dinge nicht ändern. Die *Gustav Adolf*-Szene hingegen feierte den starken Willen, die Energie und Entschiedenheit des Hauptprotagonisten und vor allem die Geschlossenheit des sozialen Körpers.

Das Publikum reagierte allerdings nicht in der Weise auf das Gemälde, die sich Mylius wohl gewünscht hatte. Dazu mag beigetragen haben, dass zwischen Mylius' Auftrag an Palagi (im Dezember 1820) und der tatsächlichen Ausführung des Werks drei Jahre verstrichen. Das Gemälde besaß daher keinen direkten Bezug mehr zum Zeitgeschehen (dessen dramatischer Moment die Aufstände von 1821 gewesen waren) und verlor an Aussagekraft. Hinzu kam, dass Mylius bei der Wahl des Motivs zwar seiner eigenen Überzeugung entsprochen hatte, wahre Kunst sei nicht an nationale Grenzen gebunden; aber genau eine solche Einordnung in den patriotischen Kontext forderte die nationalbürgerliche Historienmalerei. Um rezipiert werden und populäre Wirkung entfalten zu können, mussten die Sujets der Geschichte des „Volkes“ entstammen, an das sich das Kunstwerk richtete.

Soweit zur *Vorgeschichte* der Ausstellung von 1824.

In jenem Jahr hing, wie gesagt, neben dem *Gustav Adolf*, den Mylius 1820 bei Pelagio Palagi in Auftrag gegeben hatte, eine zweite Version des *Graf Carmagnola*, die ebenfalls von Francesco Hayez stammte. Ihr Auftraggeber war der Frankfurter Bankier und Kunstsammler Simon Moritz von Bethmann. 1822 hatte von Bethmann Mailand besucht und beschlossen, dort besonders angesehenen Künstlern Aufträge zu erteilen. Ausschlaggebend war auch hier Mylius' Fürsprache. Von Bethmann beauftragte Hayez und Palagi, zwei Gemälde für seine Frankfurter Sammlung anzufertigen. Aus dem Briefwechsel zwischen von Bethmann und Mylius[46] geht hervor, dass beide Männer mit der Debatte um die Modernität der „nationalbürgerlichen Malerei“ vertraut waren. In Mylius' Begleitung besuchte von Bethmann Francesco Teodoro Areses Palais, wo sich die erste Ver-

45 Dieser Brief und andere Briefe, die Bezug auf den Auftrag des Gemäldes *Gustav Adolf* nehmen, finden sich in: Pavoni, „*...rispettabilissimo Goethe...*“, S. 165-198.

46 Vgl. die Dokumente in ebd., S. 167-174. (Dok. 6-16).

sion des *Graf Carmagnola* von Francesco Hayez befand. Was von Bethmann zusätzlich zu seinem Gefallen an dem Bild positiv einnahm, war der Umstand, dass damals dank Goethes Engagement Manzonis gleichnamige Tragödie an Popularität gewann. Davon haben wir oben gesprochen. Von Bethmann beauftragte also Francesco Hayez, eine Kopie des *Grafen Carmagnola* nach Manzonis Trauerspiel anzufertigen – schließlich hatte das Original bei seiner Ausstellung 1821 großen Erfolg gehabt. Auch in dieser Transaktion erwies sich Mylius als unermüdlicher Förderer des deutsch-italienischen Kulturaustauschs. Ihm verdankte sich Simon Moritz von Bethmanns Interesse an dem Manzoni-Thema und an dessen Bearbeitung durch Francesco Hayez.

Und er sorgte dafür, dass Hayez' zweite Version des *Graf Carmagnola* ein weiteres Mal ausgestellt wurde, als eine Art Hommage an seinen Freund Arese, der sich immer noch in Haft befand.

Ebenfalls dank Heinrich Mylius' Vermittlung war von Bethmann auch bei Pelagio Palagi vorstellig geworden. Er erhoffte sich von Palagi ein Gemälde mit einer vergleichbaren patriotischen Episode, diesmal aber aus der deutschen Geschichte. Das war kein leichtes Unterfangen. Mylius' vertrauter Ratgeber Gaetano Cattaneo machte verschiedene Vorschläge, darunter drei Szenen aus Goethes *Götz von Berlichingen* (Sujet „Rebellion gegen den Unterdrücker") und gut sieben Szenen aus Werken von Schiller (*Maria Stuart*, *Wallenstein*, *Die Verschwörung des Fiesco zu Genua*, *Die Jungfrau von Orléans* und *Wilhelm Tell*),[47] jedoch ohne Erfolg. So wurde 1824 nur Hayez' zweite Version des *Graf Carmagnola* ausgestellt und anschließend nach Deutschland in von Bethmanns Kunstsammlung gebracht. Der neue Auftrag an Palagi hingegen blieb ohne Ergebnis. Mylius wandte sich zwar direkt an Goethe, mit der Bitte, dieser möge über ein mögliches Motiv für ein Gemälde von Pelagio Palagi nachdenken, welches neben den *Graf Carmagnola* von Francesco Hayez – der auf Manzonis Tragödie beruhte – gehängt werden solle. Bevor aber irgendetwas in diese Richtung unternommen werden konnte, verstarb von Bethmann (1826). Sein Wunsch, Palagi möge für ihn ein patriotisches Sujet aus der deutschen Geschichte malen, blieb unerfüllt. Die Idee, zwei Gemälde gewissermaßen im „Zwiegespräch" zu erleben, die thematisch durch Goethe und durch Manzoni hätten inspiriert sein sollen, wurde nicht verwirklicht.

Es wäre ein gewagtes Unterfangen, die Reichweite von Mylius' deutsch-italienischer Kulturvermittlung genau bestimmen zu wollen. Mylius bewegte sich auf vielen Gebieten; die Zahl der Künstler und Schriftsteller, mit denen er den Kontakt pflegte, war groß. Er sorgte 1826 dafür, dass die Weimarer Maler Adolph Kaiser (1804-1861) und Friedrich Preller (1804-1878) zu den Kursen der Accademia di Belle Arti di Brera in Mailand zugelassen wurden, obwohl eigentlich „Ausländer" damals dort keinen Zugang hatten. Er setzte sich mit den Übersetzern deutschsprachiger Werke ins Italienische in Verbindung. Er unterstützte Gaetano Cattaneo und den Generaldirektor des Erziehungswesens des Königreichs Italien Giovanni Scopoli (1774-1854) bei der Planung ihrer Reise nach Deutschland, deren Zweck darin bestand, das

47 Vgl. Gaetano Cattaneo a Georg Mylius, Milano 8 aprile 1824, in: Ebd., S. 169f. (Dok. 9).

lombardische Bildungssystem zu verbessern, indem es unter anderem mit den deutschen Systemen verglichen wurde. Der damals hochberühmte Dichter Andrea Maffei (1798-1885) stattete Mylius in der Einleitung zu seiner italienischen Fassung des *Faust* einen ehrerbietigen Dank ab. Er schrieb, er danke

> Heinrich Mylius, der denjenigen in ehrenvoller Erinnerung bleibt, die Tugend und weise Wohltätigkeit schätzen. Er hat mich 1830 ermuntert, Goethes *Faust* in Italien bekannt zu machen; Mylius war auf die Freundschaft mit Goethe sehr stolz.[48]

48 J. W. Goethe, *Fausto*, übers. von A. Maffei, Florenz 1869, S. LXXXIII.

Kapitel 2

Heinrich Mylius: Handel und Unternehmen

Welche waren die Beweggründe für Heinrich Mylius' Umzug nach Mailand? Was machte die lombardische Hauptstadt Ende des 18. Jahrhunderts für einen jungen Kaufmann aus Frankfurt attraktiv?

Um die Mitte des 18. Jahrhunderts, nach den Spanischen und den Habsburgischen Erbfolgekriegen, gehörten der westliche und der zentrale Teil der Lombardei zum Herrschaftsgebiet der Habsburger. Damals befand sich die Region im Umbruch. Kaiserin Maria Theresia setzte Reformen durch, die die Verwaltung grundlegend änderten und die Regelungen und Strukturen aus der Zeit der spanischen Herrschaft beseitigten. Auf diese Weise erlebte die Lombardei einen nachhaltigen Modernisierungsschub. Tatsächlich war die traditionelle Verwaltung nicht mehr im Stande gewesen, der Krise des lombardischen Wirtschaftssystems effektiv zu begegnen. Produktion und Handel, zwei bedeutende Wirtschaftssektoren in der gesamten Region, waren ursprünglich die Garanten der ökonomischen Entwicklung und des lombardischen Wohlstands gewesen. Aber sie waren um die Mitte des 18. Jahrhunderts eingebrochen; der Warenverkehr war drastisch zurückgegangen. Auch Wien verlangte zunächst höhere Steuern; auf der Lombardei lasteten gewaltige Abgaben. Verwaltet wurde die Lombardei durch österreichische Gouverneure, die im Auftrag der Kaiserin ein amtliches Grundstücksverzeichnis (Kataster) anlegten und die Bodenrenditen sowie die Landwirtschaftsverträge katalogisierten. Die landesweiten Ausschreibungen für den Öffentlichen Dienst wurden eingestellt, sämtliche Personalentscheidungen wurden in Wien getroffen. Auf allen Ebenen fand eine Umstrukturierung der Verwaltungsorgane statt. Um Produktion und Handel zu fördern, wurden ebenfalls Neuerungen eingeführt, die von der Abschaffung des Binnenzolls über die Beseitigung der Zünfte zur nun möglichen Arbeitsplatzmobilität reichten. Auf diese Weise wurden die Bedingungen für einen immer größeren Zustrom von Arbeitern aus ländlichen Gebieten in die Stadtzentren geschaffen, wo sich die Spinnereien und Webereien der Seidenproduktion befanden. So standen den Werksbesitzern genügend Arbeitskräfte zur Verfügung, um die Manufakturen zu erweitern und die handwerklichen Herstellungsverfahren in serielle, protoindustrielle Produktionsprozesse umzuwandeln. Die Resultate stellten sich rasch ein und wirkten sich positiv auf die Wirtschaft aus.[1]

Zu Mailands Entwicklung in den 1780er Jahren bieten Johann Jakob Volkmanns *Historisch-kritische Nachrichten von Italien*, ein damals populärer Reiseführer, hilfreiche Informationen. Volkmanns Italienbeschreibung befand sich auch unter Goethes Büchern bei dessen Reise durch Italien. Volkmanns *Historisch-kritische Nachrichten* gehen ausführlich auf die zentrale Rolle von Textilproduktion und Tuchhandel in der Lombardei ein. Der Autor behandelt un-

---

1 Für eine historisch-wirtschaftliche Einordnung der hier behandelten Zeitspanne in der Lombardei, vgl. F. Della Peruta, „Politica e società lombarde", in: Ders. (Hrsg.), *La Lombardia delle riforme*, Mailand 1987, S. 7-44.

ter anderem den Einfluss der Mailänder Kaufleute auf den regionalen Textilpreis und auf die französischen und englischen Märkte. Insgesamt nehmen bei Volkmann die Informationen zu Handel und Produktion in Mailand und in der lombardischen Wirtschaft einen erheblichen Raum ein.[2]

Eine Art offizielle Anerkennung der Bedeutung dieser Branchen bildete der kaiserliche Erlass vom 24. Juli 1786, durch den die „Handelskammern" etabliert wurden. Der Text des Erlasses schloss mit den Worten: „Es ist von größtem Interesse, bei dieser Gelegenheit sowie bei anderen Gelegenheiten einen Stand hervorzuheben, der sich um den Staat besonders verdient gemacht hat."[3] In jeder größeren Stadt der Region wurden nun „Handelskammern" gegründet, die in kurzer Zeit und für viele Jahre eine bedeutende Säule der Wirtschaft in der gesamten Lombardei bildeten.

Zur wichtigsten Handelskammer, die ihren Sitz in Mailand hatte, gehörten zwölf Mitglieder: In den ersten Rat wurden neben den führenden Bankiers, Händlern, Seiden- und Textilproduzenten der Stadt auch Johann Adam Kramer, Textilunternehmer aus Essenheim bei Frankfurt am Main, und Francesco Pensa berufen.[4] Die Familie Pensa war seit der Mitte des 18. Jahrhunderts in der Lombardei mit einem großen Tuchherstellungsbetrieb präsent.[5] Es gab zwei bedeutende Niederlassungen: eine mit mehr als hundert Webstühlen und 600 Arbeitern, die Samt und andere wertvolle Textilien herstellte und wegen deren Qualität, die der französischen gleichkam, einen exzellenten Ruf genoss. Die andere Dependance diente der Herstellung von bedrucktem Leinen, mit Goldfäden durchzogener Seide, Taschentüchern und Strümpfen.[6] Die Cousins Andrea und Francesco Pensa besaßen mit ihrem Teilhaber Domenico Lorla die wichtigste vorindustrielle Firma dieser Zeit in der Lombardei; sie bewiesen Handelsgeschick, indem sie Filialen im Ausland (in Deutschland, Holland und Großbritannien) gründeten. Dort konnten Söhne und Neffen die Geschäftspraxis, die Kenntnisse und Kontakte, die Sprachen und überhaupt eine konkrete Vorstellung von internationalem Handel erwerben.[7]

2 Vgl. J. J. Volkmann, *Historisch-kritische Nachrichten von Italien: welche eine genaue Beschreibung dieses Landes, der Sitten und Gebräuche, der Regierungsform, Handlung, Oekonomie, des Zustandes der Wissenschaften, und insonderheit der Werke der Kunst, nebst einer Beurtheilung derselben enthalten*, Band 1, Leipzig 1777, S. 311f.

3 C.-L. Richard, J. J. Giraud, *Biblioteca sacra ovvero Dizionario universale delle scienze ecclesiastiche*, Band 3 (Beilage), Mailand 1838, S. 290.

4 Vgl. S. Levati, S. Morosini, G. Paletta, *Le élite camerali 1786-1926: il contributo della camera di Commercio alla formazione della classe dirigente milanese* (Quaderni dell'Archivio Storico 2), Mailand 2011, S. 7ff.

5 Die Informationen zur Familie Pensa in: B. Caizzi, *Industria, commercio e banca in Lombardia nel 18 secolo*, Mailand 1968, S. 105f., 112-115, 145f.

6 Vgl. Volkmann, *Historisch-kritische Nachrichten von Italien*, S. 313f.

7 Vgl. F. Alemani, „Inzago di piazza in piazza", *Storia in Martesana* 8 (2014), S. 172f.

In diesem für die ökonomische Entwicklung günstigen Moment kam auch Heinrich Mylius vermutlich das erste Mal in die Lombardei. 1788 war er noch keine zwanzig Jahre alt.[8] Unterstützt wurde er auf seiner Reise wahrscheinlich durch die besagte einflussreiche Familie Pensa. Jedenfalls berichtet eine in der Familie Mylius kolportierte Erzählung, der junge Heinrich habe nach der Überquerung der Alpen am Comer See in Loveno bei Menaggio im Haus der befreundeten Frankfurter Familie Pensa Quartier genommen.[9] [Abbildung 15] Man kann also vermuten, dass eine freundschaftliche Beziehung zwischen den Familien Pensa und Mylius schon vor Heinrich Mylius' Ankunft in Italien bestand und dass es zwischen den Textil- und Seidenproduzenten Pensa und den Kaufleuten Mylius in Frankfurt wohl auch enge Handelsbeziehungen gab.[10]

Heinrich Mylius' Reise in die Lombardei entsprach nicht der „Kavalierstour", wie sie damals für junge „Herren von Stand" üblich war. Sie folgte vielmehr den Vorgaben der geschäftlichen Strategie seiner Familie, die Miteignerin der noch jungen Firma „Mylius & Aldebert" war. Man setzte auf Expansion und internationale Kooperation. Das Unternehmen war 1786 in Frankfurt am Main von Johann Jakob Mylius, Heinrichs älterem Bruder, und dem Schwager Isaac Aldebert, dem zweiten Ehemann von Heinrichs Schwester Catharina Elisabeth, gegründet worden. Die Erweiterung zielte zum einen in Richtung Manchester und London, zum anderen in Richtung Süden, nach Mailand.[11] Isaac Aldebert scheint in

8 Vgl. F. Baasner, „Heinrich Mylius (1769-1854): Unternehmer, Mäzen, Patriarch", in: Ders. (Hrsg.), *Die Mylius-Vigoni. Deutsche und Italiener im 19. und 20. Jahrhundert*, Tübingen 1992, S. 9-28. Heinrich Mylius' Ankunftsjahr in Italien lässt sich nicht genau bestimmen; die Angaben schwanken zwischen dem Ende der 1780er Jahre und dem Beginn der 1790er Jahre. Vgl. auch M. Poettinger, „Internazionalizzazione ed innovazione tecnologica nella Milano ottocentesca, gli imprenditori tedeschi Kramer e Mylius", in: G. Alfani (Hrsg.), *Il ruolo economico della famiglia*, Rom 2007, S. 335.

9 Informationen zu Mylius' Beziehung zu den Pensa finden wir in drei verschiedenen Texten: Vgl. P. Ranci Ortigosa De Corte, *Milano 1848: un ragazzo alle Cinque Giornate*, Mailand 1990 (das Manuskript dieser Aufzeichnungen der Familiengeschichte stammt aus dem 19. Jahrhundert); Mylius' Testament, das Gaetano Pensas Kinder als Erben einer beträchtlichen Geldsumme einsetzte, s. S. 153f., 163; J. Rumpf-Fleck, „Heinrich Mylius. Ein Mittler zwischen Weimar und Italien", in: Frankfurter Goethe-Museum (Hrsg.), *Goethe-Kalender auf das Jahr 1942*, Leipzig 1942, S. 192. Das Haus der Familie Pensa in Loveno existiert noch heute und wird „Villa Belfaggio" genannt.

10 Zur Familie Pensa in Frankfurt am Main vgl. J. Augel, *Italienische Einwanderung und Wirtschaftstätigkeit in rheinischen Städten des 17. und 18. Jahrhunderts*, Bonn 1971, S. 248. Die wenigen Quellen bestätigen den Besitz der Pensa in Loveno und die Freundschaft zwischen den Familien Pensa und Mylius. Auch einige Abschnitte der Briefe von Heinrich Mylius an Gaetano Cattaneo weisen in diese Richtung. (Mailand, Biblioteca Nazionale Braidense MANZ.B.XXXIII.139) „[...] werdet Ihr ganz einfach die Gelegenheit haben, die Familie Pensa zu sehen, denn um nach Loveno zu gelangen, scheint sie dieses Mal die Straße von Canzo nehmen zu wollen [...]" (27. September 1822) und „[...] Bricht hier morgen Andrea Pensa Richtung Loveno auf [...]" (4. November 1833).

11 Die Informationen zu Heinrich Mylius' Tätigkeiten stammen aus A. Moioli, „Enrico Mylius negoziante e banchiere", in: Pavoni, „*...rispettabilissimo Goethe...*", S. 29-37; vgl. auch Poettinger, „Internazionalizzazione ed innovazione"; Dies., *Deutsche Unternehmer im Mailand des neunzehnten Jahrhunderts. Netzwerke, soziales Kapital und Industrialisierung*, Mailand 2012; Dies., „Crisis and Merchant Networks in the nineteenth century: The Case of German Networks in Lombardy", *The Historical Review/La Revue Historique* 10 (2013), S. 11-31.

dieser Anfangszeit vornehmlich in England tätig gewesen zu sein, während sich der junge Heinrich Mylius um die Mailänder Geschäfte kümmerte. Dank seines großen Engagements und unternehmerischen Geschicks gelang im Lauf der Jahre der Ausbau der Firmenaktivitäten, von der Lombardei aus in ganz Italien, mit Standorten in Genua, Triest, Senigallia, Rom und Messina. Als der Handel mit Kolonialwaren dazukam, erstreckten sich die geschäftlichen Verbindungen über den gesamten mediterranen Raum bis in den Indischen Ozean nach Sansibar.

Mylius' beruflicher Werdegang liest sich wie eine einzigartige Erfolgsgeschichte. In den Jahren 1793/1794 schloss sich den beiden Firmengründern ein wichtiger, wohlhabender, international agierender Teilhaber an, der Tuchhändler Carl Cornelius Souchay.[12] Damals war Heinrich Mylius zunehmend in der lombardischen Hauptstadt präsent. In einem Dokument aus dem Jahr 1803, das sich im Historischen Archiv der Handelskammer in Mailand befindet, wird Heinrich Mylius als Teilhaber der Firma bezeichnet.[13] [Abbildung 16] In den Jahren 1804 bis 1806 kaufte er in der Gemeinde Sesto San Giovanni nach und nach eine Reihe von Grundstücken, auf denen sich Gebäude befanden, die er dann zu einem Landsitz um- und ausbauen ließ.[14] Im Jahr 1808 erstand er in der Via Clerici im Zentrum Mailands ein elegantes Haus in vornehmer Lage, wenige Schritte von der „Scala" und vom Dom ent-

12 Drei Jahre später verließ Souchay die Firma, blieb jedoch in engem Kontakt zu Mylius & Aldebert. Zu den Beziehungen zwischen Souchay und der Familie Mylius vgl. Usselmann, „...ernste Musik liebend..." (im Druck).

13 Das besagte Dokument (*La Ditta Enrico Mylius e Comp. presenta il Mandato di Procura conferito al Sig.r Emilio Zorn per la rappresentanza della ditta stessa*) befindet sich im „Archivio Storico della Camera di Commercio di Milano" („Historisches Archiv der Handelskammer Mailand"), *Documenti Dimessi, Notificazioni Generali n. 1195.*

14 In Mylius' Villa in Sesto San Giovanni war die Gesellschaftsdame Adelaide Calderara (1804-1883) häufig zu Gast. Der Bildhauer Pietro Tenerani (1789-1869), der zu Antonio Canovas Schule gehörte, hat sie als *Psyche* porträtiert; die Literaten und Dichter Pietro Giordani (1774-1848) und Vincenzo Monti (1754-1828) haben ihre Schönheit besungen. Adelaide Calderara stellte wahrscheinlich in den 1820er Jahren dem Ehepaar Mylius berühmte Persönlichkeiten vor, darunter den Astronomen Barnaba Oriani (1752-1832), der von 1776 bis 1817 erster Astronom und dann Direktor des „Astronomischen Observatorium Brera" war, und den besagten Dichter Monti. Um Vincenzo Monti zu ehren, wurde Mylius Förderer und Schatzmeister des Ausschusses, der ein Bronzedenkmal für den Dichter in der oberen Loggia des Brera-Palais in Mailand errichten ließ. Dieses Denkmal basierte auf einer Zeichnung von Pelagio Palagi und wurde von dem Bildhauer Abbondio Sangiorgio ausgeführt (vgl. „Monumento di Vicenzo Monti", *Gazzetta di Milano* 214 (1829), S. 844 und „Annunzii Varii", *Giornale di Belle Arti e Tecnologia* I/8 (1833), S. 434). Die Villa und der Park in Sesto San Giovanni gingen 1854, nach Heinrich Mylius' Tod, an seinen Neffen Georg Melchior über und von diesem an Georg Melchiors zweite Frau Sophie Vonwiller; mit deren Tod 1895 endete das Eigentum der Familie Mylius an dem Haus in Sesto San Giovanni. Im Jahr 1921 wurde die Mylius-Villa Sitz der Gemeinde von Sesto San Giovanni, die sie im Jahr 1928 endgültig erstand und einige bauliche Veränderungen daran vornahm. Heute existiert noch der Park, der allerdings deutlich kleiner als die ursprüngliche Anlage ist. Zur Mylius-Villa in Sesto San Giovanni vgl. auch S. Bertolucci, „Milano, Sesto San Giovanni, Loveno: per una storia ragionata del collezionismo di Enrico Mylius", in: G. Oldrini, A. Venturelli (Hgg.), *La tradizione rinnovata. Da Enrico Mylius alla Sesto San Giovanni del futuro*, Loveno 2006, S. 177-181.

fernt.[15] [Abbildungen 17, 18] Dieses Haus diente seither als Geschäftssitz und als privater Wohnsitz. [Abbildung 19] Im Jahr darauf wurde Mylius zum stellvertretenden Handelsrichter ernannt und kurz darauf als Mitglied an das Handels- und Wechselgericht berufen.

Im Jahr 1811 machte sich Mylius selbständig; er löste sich von „Mylius & Aldebert" und gründete unter eigenem Namen eine Firma mit Sitz in Mailand. 1814 schloss er den Kauf der Seidenspinnerei in dem kleinen Ort Boffalora am Fluss Tessin westlich von Mailand ab, und zur selben Zeit begann seine lange, erfolgreiche Geschäftsbeziehung mit einem der bedeutendsten Bankiers Frankfurts, Simon Moritz von Bethmann, von dem oben im Zusammenhang mit Mylius' Engagement für die Schönen Künste bereits die Rede war. Diese beiden Schritte – der Kauf der Manufaktur in Boffalora und der Kontakt zu von Bethmann – lassen sich als Beweis für Mylius' wirtschaftlichen Erfolg lesen. Er konnte es sich leisten und hielt es für angezeigt, in den Bereichen der Seidenproduktion und des Bankwesens zu expandieren, die in jenen Jahren stark miteinander vernetzt waren.

Im Jahr 1818 vergrößerte sich die Firma mit dem Beitritt zweier neuer Teilhaber, Johann Hektor Steinhaußer und Georg Friedrich Doerr. Das Unternehmen nannte sich nun „Enrico Mylius e Comp.". [Abbildung 20] Im Jahr 1820 wurde der zweite Geschäftssitz in Genua eröffnet, und 1825 traten Mylius' Sohn Julius und sein Neffe Georg Melchior als Teilhaber ein. Im selben Jahr gründete Julius mit acht weiteren Gesellschaftern die erste italienische Versicherungsgesellschaft (Schutz vor Brandschäden und Lebensversicherung) in Mailand.[16] Unter deren Mitgliedern befanden sich neben Mylius' Firma „sieben der größten Bankhäuser und Seidenmanufakturen der Stadt"[17]. Im Jahr 1834 wurde Mylius zum Mitglied der beratenden Kommission für Handel,

15 Das besagte Gebäude wurde durch die Bombardierung Mailands im Zweiten Weltkrieg zerstört; ursprünglich befand es sich in der Via Clerici auf der Höhe der Häuser, die heute die Hausnummern 4 bis 10 tragen. Zu Mylius' Zeiten lautete die Adresse Contrada dei Clerici, Nr. 1768, gegenüber dem „Palazzo Clerici", der aus dem 18. Jahrhundert stammte. Eine auf 1806 datierte Ansicht (*Casa Clerici*, Archivio Storico Civico, Fondo Ornato fabbriche, I° serie, cart. 33 c. 417), die der Architekt Pietro Gilardoni (ein Schüler des berühmten Leopoldo Pollack) angefertigt hat, zeigt einen schlichten Bau in elegantem neoklassizistischem Stil, dessen Fassade im unteren Stockwerk im Rustiko-Stil gestaltet ist, während die Fenster der beiden oberen Stockwerke mit feinen Steinrahmen verziert sind. Der Palazzo wurde von Agnese Mylius im Jahr 1927 der Stadt Genf vermacht und 1935 verkauft, nachdem sechs Jahre zuvor alle Möbel und Kunstgegenstände versteigert worden waren (vgl. *Vendita all'asta (per successione ereditaria) di tutte le collezioni d'arte del Museo Mylius*, Mailand 1929). Zum Stadtpalais der Mylius siehe auch Bertolucci, „Milano, Sesto San Giovanni, Loveno", S. 166f. In den Jahren des Verkaufs des Hauses und seines Inhalts verschwand auch das Mylius-Archiv, das vermutlich teilweise durch die Bomben zerstört worden war und teilweise verloren gegangen ist, vgl. Baasner, „Heinrich Mylius (1769-1854)", S. 11. Die architektonische Ähnlichkeit zwischen dem Mailänder Haus und der Villa Mylius-Vigoni in Loveno, die von Heinrich Mylius im Jahr 1829 gemeinsam mit dem Architekten Gaetano Besia umgestaltet wurde, ist bemerkenswert. Beide Fassaden zierte auf Höhe des Erdgeschosses ein Bossenwerk; die Fenster waren von Faschen umrahmt. Die Fensterfaschen der Villa Mylius-Vigoni in Loveno wurden allerdings später übermalt.

16 Vgl. D. Bigazzi (Hrsg.), *Gli archivi d'impresa nell'area milanese: censimento descrittivo*, Mailand 1990, S. 16.

17 Moioli, „Enrico Mylius negoziante e banchiere", S. 35.

Industrie und Landwirtschaft der Mailänder Regierung ernannt; sein Name taucht in der lombardischen Delegation auf, die den Eisenbahnbau zwischen Mailand und Venedig finanziell unterstützte. Zwei Jahre später trat ein weiterer Neffe von Mylius, Heinrich Mylius Mennet, der nach Mailand ausgewandert war, in die Firma ein, zuerst als Mitarbeiter, später als Teilhaber. Im Jahr 1838 wurde Mylius zum Vizepräsidenten der Handelskammer in Mailand gewählt, und in denselben Monaten verlieh ihm Kaiser Ferdinand I. (1793-1875) den Titel eines „Ritters des kaiserlich-österreichischen Ordens der Eisernen Krone".

Von 1844 bis 1846 war Mylius das erste evangelische Mitglied des Mailänder Gemeinderats.[18] Daneben wurde er im Jahr 1850 zum außerordentlichen Berater der Accademia di Belle Arti di Brera in Mailand ernannt. Sein Beitrag zur wirtschaftlichen Entwicklung der Lombardei war herausragend, wobei er viele Unternehmungen gemeinsam mit seinem Landsmann Johann Adam Kramer anpackte, der ebenfalls Ende des 18. Jahrhunderts nach Mailand gekommen war. Mylius und Kramer förderten Innovationen und neue Technologien; sie zeichneten sich durch große Geschicklichkeit in Finanzdingen sowie beim Aufbau eines europäischen Netzwerks des modernen, vor allem technischen Wissens aus. Beider Ideal war die freie Zirkulation der neuen Ideen. Darauf gründete ihr Beitrag zum sozialen und kulturellen Fortschritt der Gesellschaft, in der sie lebten.[19]

Später, Ende der 1830er und zu Beginn der 1840er Jahre begann Mylius, sich aus der operativen Geschäftsführung zurückzuziehen, und überließ die Verantwortung seinen beiden Neffen. Sein öffentliches Ansehen war inzwischen dank seiner Präsenz in den bürgerlichen Repräsentativorganen, seines intensiven sozialen Engagements im Vereinswesen, in der Wohltätigkeit, im kulturellem Mäzenatentum und bei der Förderung von Wissenschaft und Technik groß. Mylius war ein hochgeschätzter Mailänder Bürger (beziehungsweise kaiserlicher Untertan).[20]

Der berühmte Mailänder Intellektuelle Carlo Cattaneo (1801-1869) hat lange mit Mylius zusammengearbeitet. In seiner Rekonstruktion des Mailänder Aufstands im Jahr 1848 gegen die habsburgische Regierung berichtet Cattaneo auch von Mylius' Auftritt und legt Zeugnis von dessen Integrität und von dem Respekt ab, den der bereits betagte Herr über alle politischen Grenzen hinweg genoss:[21]

> Ich besuchte damals meinen Freund Herrn Mylius, der ins Rathaus einberufen worden war; es schien, als wolle er sich als gebürtiger Deutscher, der allseits hoch geschätzt wurde und beliebt war, als Vermittler der Forderungen der Mailänder gegenüber der Regierung anbieten. Aber in der Stadt herrschte schon ein zu großer Aufruhr. Seine Ehefrau wollte ihn nicht gehen lassen. Ich bot mich an, ihn zu begleiten und wieder zurückzubringen. Im Rathaus war niemand mehr [...]. Der Aufstand hatte bereits begonnen; die Trikolore wehte überall; die österreichischen Einheiten beobachteten

18 Vgl. Usselmann, „...ernste Musik liebend..." (im Druck). Im Jahr 1848 war er erneut Mitglied des Gemeinderats, vgl. Pirola (Hrsg.), *Guida statistica della Provincia di Milano*, Mailand 1848, S. 80.

19 Vgl. Poettinger, *Internazionalizzazione ed innovazione tecnologica*, S. 304f.

20 Vgl. ebd., S. 305.

21 Siehe Kapitel 4.

> alles mit teilnahmslosem Entsetzen. Man schrie den Männern, die sich aus den Fenstern lehnten, zu, ihr Platz sei auf der Straße. Ich sah junge Männer bewaffnet mit Stöcken, Pistolen, Säbeln [...] Die Durchfahrt war versperrt; die Wächter waren entwaffnet worden; Blut war geflossen. Ich beeilte mich, meinen alten Freund nach Hause zu bringen.[22]

Mylius war, wie hier auch Cattaneo betont, in Mailand hoch angesehen, ja, er wurde regelrecht verehrt, da er einen großen Teil seines Vermögens in philanthropische Initiativen, insbesondere zur Bildung und Ausbildung junger Menschen, investierte. Dieses Engagement verstärkte er noch nach dem frühzeitigen Tod seines Sohnes Julius im Jahr 1830.

Der Sohn: Julius Mylius

Es gibt nicht viele Gemälde, die eine wichtige sozialgeschichtliche Etappe illustrieren und zugleich eine bezeichnende Episode aus dem Leben eines einzelnen Menschen darstellen. Ein solches Gemälde ist Giovanni Migliaras *Filanda Mylius a Boffalora* (*Mylius' Seidenspinnerei in Boffalora*, 1828), das zur Kunstsammlung der Villa Vigoni gehört. Das Bild beschreibt mit der Darstellung der Webstühle, an denen Arbeiterinnen sitzen, eine historische Phase der frühindustriellen Tuchproduktion am Beispiel der Manufaktur von Boffalora; und es zeigt Julius Mylius in dem Moment, da er diese Spinnerei besucht. [Abbildung 21] In dem Gemälde treffen also die industriegeschichtliche Darstellung und die Illustration eines privaten Einzelschicksals zusammen. Auf diese Weise betont der Maler nicht zuletzt den zentralen Stellenwert von „Arbeit" in Julius' Biographie, in praktischer wie in ideeller Hinsicht.

Insgesamt sind nur wenige Informationen zu Julius' Leben überliefert, aber es gibt zumindest einige bildliche Darstellungen: eine *silhouette*, die ihn zusammen mit seinen Eltern zeigt, eine Kohlezeichnung von Joseph Karl Stieler und ein Miniaturbildnis von Julius im Alter von 26 Jahren, das dem Porträtisten Carlo Bruni zugeschrieben wird.[23] Alle anderen Darstellungen entstanden nach Julius' Tod und stützten sich auf eben jene Miniatur.[24] [Abbildungen 22, 23]

Julius war der einzige Sohn der Ehe von Heinrich Mylius und Friederika Schnauß. Er wurde am 13. Juni 1800 in Mailand geboren und im Gedenken an den Sieg der Franzosen über die Österreicher in Marengo am Tag nach seiner Geburt auf den Namen Julius Napoleon getauft.[25]

---

22 C. Cattaneo, „L'insurrection de Milan en 1848" (IV Fassung), [ÜdA] in: Ders., *Tutte le opere. Scritti dal 1848 al 1852*, Band 4, hrsg. von L. Ambrosoli, Mailand 1967, S. 357f.

23 Diese Arbeiten befinden sich in der Villa Vigoni.

24 Die wichtigsten Werke, die nach Julius' Tod entstanden, sind die Marmorbüste des Bildhauers Pompeo Marchesi im „Tempelchen" im Park der Villa Mylius-Vigoni in Loveno (1830) und die Lithographie von Francesco Hayez (ca. 1830).

25 Informationen zu Julius Mylius in: A. H. Medicus, *Rede am Grabe des Herrn Julius Mylius aus Mayland gehalten zu Triest den 28. April*, Triest 1830, S. 24-27.

Wir wissen, dass Julius von frühester Kindheit an von einem Privatlehrer im Haus seiner Eltern unterrichtet wurde. Ab seinem vierzehnten Lebensjahr besuchte er die berühmte „Höhere Bürgerschule“ in Elberfeld, ein privates Bildungsinstitut unter der Leitung des Aufklärers und Pädagogen Johann Friedrich Wilberg (1766-1846). Diese Schule richtete sich an die Söhne der „höheren Stände“. Statt Latein und Griechisch wurden dort neue Sprachen, Mathematik für den wirtschaftlich-kommerziellen Gebrauch und angewandte Wissenschaften („Realien“) unterrichtet.[26] Nach seiner Schulzeit 1818 absolvierte Julius Mylius, wie es damals für Kaufleute üblich war, eine Lehrzeit in England, Italien und Deutschland und kehrte wohl 1825 nach Mailand zurück. Er hatte seiner Familie und deren Geschäftspartnern seine Fähigkeiten und seine Intelligenz bewiesen und galt als vertrauenswürdig und tüchtig.[27]

Es ist eher unwahrscheinlich, dass Heinrich Mylius bereits beim Abschluss des Kaufs der Seidenspinnerei in Boffalora 1814 (für die bemerkenswert hohe Summe von 90.000 Lire) an die Nachfolgeregelung für sein Unternehmen und an Julius' künftige Rolle darin gedacht hat.[28] Wahrscheinlicher ist, dass die Investition Teil seiner Expansionsstrategie war, die darauf abzielte, dem Handel die Produktion in einem großen Werk an die Seite zu stellen. Die Seidenspinnerei von Boffalora lag in der Nähe von Mailand am schiffbaren Kanal *Naviglio Grande*. Man verfügte also über Wasser, das zur Herstellung der Rohseide erforderlich war, und ebenso über einen schnellen, effizienten Transportweg für das zu verarbeitende Material und die hergestellten Waren.

Womit Mylius nicht gerechnet hatte und was seine Geschäfte kurzzeitig in Bedrängnis brachte, war das Ende der napoleonischen Epoche. Das politische und ökonomische System, das ihm fünfzehn Jahre lang Geschäftserfolg und reiche Einkünfte garantiert hatte, brach zusammen. Unvermutet kehrte das *Ancien Régime* zurück, die Lombardei und Venetien wurden 1814 gemäß Metternichs Plan als Königreich Lombardo-Venetien Teil des Habsburgerreiches. Die Rückschläge für die lombardischen Manufakturen waren enorm. Die Seide, die in der Lombardei auf einfachem technischem Niveau hergestellt wurde, musste sich jetzt der Konkurrenz aus den östlichen Territorien des Reiches stellen. Wien war fünfzig Jahre zuvor auf die Bedürfnisse der lombardischen Produzenten eingegangen, zeigte sich nun jedoch hart und unversöhnlich.

26 Mit diesen Worten erinnerte Schulleiter Wilberg in seinen Memoiren an Julius Mylius: „Gemeiniglich veranstaltete eine solche Sammlung ein vorzüglicher Jüngling, Julius Mylius aus Mailand, der aber auch immer in Gewißheit der Billigung seiner vortrefflichen Eltern den größten Beitrag lieferte. (Es ist wohl kaum möglich, daß ein Vater von seinem gut gearteten Sohne mehr geliebt werde, als Wilberg von dem trefflichen Jüngling geliebt wurde. Der ernste Bote, der Tod, rief den treuen Forscher nach Wahrheit, den denkenden, äußerst thätigen Bürger, den geliebten Sohn, einige Wochen nach seiner Verehlichung von der Erde, in Triest, am 26. April 1830.)“ J. F. Wilberg, *Erinnerungen aus meinem Leben, nebst Bemerkungen über Erziehung, Unterricht, und verwandte Gegenstände*, Essen 1836, S. 129.

27 Vgl. Enrico Mylius a Gaetano Cattaneo, Milano 22 ottobre 1821, in: Pavoni, „*...rispettabilissimo Goethe...*“, S. 167. (Dok. 5).

28 Vgl. Moioli, „Enrico Mylius negoziante e banchiere“, S. 32.

Man war nicht länger bereit, der Lombardei entgegenzukommen, die sich in den Augen der Österreicher der Untreue schuldig gemacht und die Franzosen als „Befreier" begrüßt hatte. Diese repressive Einstellung verstärkte sich noch nach den Aufständen von 1820/1821 und der Aufdeckung von Umsturzplänen der Geheimbünde.

Heinrich Mylius zog aus den militärischen Geschehnissen und aus der neuen politischen Situation als guter Geschäftsmann seine eigenen Schlüsse. Es schien ihm dringend notwendig, die Seidenspinnerei in Boffalora zu modernisieren, die Produktionsprozesse zu industrialisieren, effizienter zu gestalten und Qualität wie Quantität der Produkte zu verbessern. Dies waren die Jahre der sogenannten „ersten industriellen Revolution" – eine Zeit der Pioniere, in der neue Techniken nicht erworben, sondern erfunden, geplant und ausprobiert wurden. Neben Kapital waren Wissen, Dynamik und Kompetenz, innovative Neugierde und eine Zukunftsvision erforderlich. Julius Mylius übernahm die Verantwortung für den Betrieb in Boffalora und führte das Werk zu großem Erfolg. 1827 beschreibt Francesco Gera in der Fachzeitschrift *Annali universali di tecnologia economica* die Spinnerei, die 1826 umgebaut wurde, folgendermaßen:

> Es handelt sich um ein großartiges Verfahren, das aus vielen kleinen Heizöfen besteht. Es dient bei lauwarmer Temperatur und mit Hilfe von Winden, die vom Wasser bewegt werden, dem Abhaspeln der Seidenkokons. Dieses Verfahren wurde von Herrn Julius Mylius teilweise selbst erfunden und perfektioniert. Schon früher hatte man das Abhaspeln der Seide bei kalter Temperatur erwogen,[29] es gab allerdings in der Durchführung noch erhebliche Mängel; doch die Kenntnis dieser Praxis, die Kokons bei niedriger Temperatur abzuwickeln, ging nicht verloren, und mit ihr ließ sich eine deutlich bessere und jenseits der Alpen sehr begehrte Seide herstellen; und Herr Mylius, der Sohn, hat aufs Beste dieses Verfahren in der von ihm erbauten ruhigen und gut strukturierten Spinnerei in Boffalora optimiert. Ein großer Kessel in einer Ecke des Gebäudes, in welchem das Wasser mit wenig Brennstoff – meist mit Torf – erhitzt wird, leitet dieses Wasser an andere Kessel weiter, unter denen mit sehr geringer Flamme die Temperatur konstant gehalten wird. In ihnen bewegen sich die Kokons und werden so auf das Abhaspeln vorbereitet. Die Kokons werden dann in zwei weitere Kessel oder Brennpfannen mit kaltem Wasser umgelagert, in denen schließlich das Abhaspeln des Fadens vollzogen wird. Der Mechanismus, bei dem die Winden mit Hilfe eines freien Rades, welches sich im fließenden Wasser befindet, bewegt werden, ist ebenfalls beeindruckend. Dieses Rad kann von der einzelnen Spinnerin verlangsamt oder gebremst werden, ohne dabei die Arbeit der anderen Winden zu stören oder zu unterbrechen: sie drehen sich immer weiter.[30] [Abbildung 24 a/b]

29 Vgl. F.-A. Gera, *Saggio sulla trattura della seta*, Mailand 1829, S. 30. Es sei festgehalten, dass Julius Mylius diese Methode zur Bearbeitung der Seide mit kaltem oder niedrig temperiertem Wasser nicht erfunden hat. Diese Methode war bereits zuvor ausprobiert worden. Julius perfektionierte sie und machte sie ökonomisch erschwinglich, da man nun weniger Brennmaterial für die erforderliche Wassertemperatur in den Arbeitsbecken benötigte.

30 F.-A. Gera, „Oggetti di arti chimiche e meccaniche coronati nella solenne distribuzione dei premi del 1827", *Annali universali di tecnologia economica* II/5 (1827), S. 56f. Die Heizöfen zur Herstellung der gewünschten Temperatur für die Seidenverarbeitung, die Julius Mylius hatte anfertigen lassen, wurden 1826 vom K.u.K. Institut für Wissenschaften und Künste in Mailand (I.R. Istituto di Scienze, Lettere ed Arti) ausgezeichnet, vgl. A. Cesaris, „Discorso [...] letto in occasione della solenne distribuzione die premi d'industria seguita il giorno 4 ottobre 1826", *Biblioteca italiana ossia giornale di letteratura scienze ed arti* XLIV/11 (1826), S. 266.

Die alte Seidenspinnerei wurde dank Julius' Initiative und Weitblick in eine derart moderne, vorbildliche Anlage umgewandelt, dass der preußische Regierungsrat Wilhelm von Türk nach einer Reise durch Norditalien 1827 für die preußische Regierung in der Nähe von Potsdam eine Spinnerei errichten ließ, die Mylius' Werk technisch nachgebaut war.[31]

Migliaras Gemälde der Seidenspinnerei, das wir oben erwähnt haben, vermittelt eine gute Vorstellung von Mylius' Anlage; es ist für Italien die erste bekannte Darstellung einer Fabrik beziehungsweise eines industrialisierten Arbeitsprozesses. Das Bild zeigt die Frauen an ihren Arbeitsplätzen – es waren ausnahmslos Frauen, die diese Tätigkeit verrichteten, denn in den Seidenspinnereien waren kleine Hände und schmale Finger nötig, um die kostbaren Seidenfäden aus den Kokons zu lösen. Das saubere, helle Ambiente und die ruhige Atmosphäre lassen auf die Verbesserungen der Technik, die Julius Mylius entwickelt hatte, schließen. Es wurde nicht länger mit kochendem Wasser gearbeitet, was stets zu großer Hektik geführt und Verletzungen bei den Arbeiterinnen verursacht hatte. Diese epochalen Innovationen, die sich in der Folgezeit in Italien und Deutschland durchsetzten, waren der Grund dafür, dass Julius Mylius am 5. November 1827 zum Ehrenmitglied des „Vereins zur Beförderung des Gewerbefleißes in Preußen"[32] ernannt wurde. Bei diesem „Verein" handelte es sich um eine maßgebliche Einrichtung des Peter Christian Wilhelm Beuth (1781-1853), des preußischen Beamten, Mitglied des preußischen Staatsrats, der sich um die Gewerbeförderung in Preußen so außerordentlich verdient gemacht hat. Der von ihm gegründete Verein verlieh Preise für die besten technischen „Patente", war aktiv in der Verbreitung neuester Produktionstechniken und förderte Seminare zu den angewandten Wissenschaften.

31 Vgl. Moioli, „Enrico Mylius negoziante e banchiere", S. 35; vgl. auch ebd., Dokument 21, S. 176.

32 Vgl. „Namensverzeichnis der Mitglieder am 31. Dezember 1827", in: E. L. Schubarth (Hrsg.), *Verhandlungen des Vereins zur Beförderung des Gewerbefleißes in Preußen*, Berlin 1828, S. 7.

Kapitel 3

Empfindungen und Erinnerungen

Im Jahr 1829 fand Heinrich Mylius den idealen Ort für seine „villeggiatura“, wie der oft mehrmonatige Sommeraufenthalt fern der Stadt genannt wurde. Er kaufte ein Bauernhaus am Südhang von Loveno oberhalb von Menaggio. Er wollte das schlichte Gebäude zu einer Villa umbauen lassen. Sein Interesse galt nicht den bei der europäischen Hautevolee beliebten Orten am See, wie Blevio, Tremezzo und Bellagio, und da sich Julius Mylius mit wachsendem Erfolg um die Seidenspinnerei in Boffalora kümmerte, konnte sich der Vater aus dem aktiven Geschäft ein wenig zurückziehen. Die einfache, beschauliche Lebensweise in Loveno sagte ihm zu, zumal ihm der kleine „Borgo“ dank der Gastfreundschaft der Familie Pensa vertraut war.[1]

Das von Ackerland umgebene Grundstück war nur zu Fuß erreichbar; der Weg war beschwerlich. Das war zwar umständlich, aber man wurde mehr als entschädigt durch den überwältigenden Blick über den See, durch das frische Morgenlicht und das geradezu unwirkliche Abendlicht, das Zusammenspiel von hohen Bergen und tiefen Gewässern. Das atemberaubende Panorama machten das Anwesen zu einem „Wohlfühlort“. Es unterschied sich sowohl von dem Palais im Zentrum von Mailand, welches zugleich Wohn- und Firmensitz war, als auch von der Mylius-Villa außerhalb Mailands in Sesto San Giovanni, die ungefähr eine halbe Stunde Fahrt mit der Kutsche vom Mailänder Palais entfernt lag.

Auch für Julius Mylius wäre der Landsitz in Loveno der ideale Ort für den Sommeraufenthalt mit der Familie gewesen, die er gründen wollte. Er hegte ernste Absichten gegenüber einer jungen Frau, die er durch die befreundete Familie Pensa kennengelernt hatte. [Abbildungen 25, 26]

Julius' und Luigias Liebesgeschichte

Julius Mylius war, wie gesagt, der einzige Sohn von Heinrich Mylius und Friederika Schnauß. Die junge Luigia Vitali, die er zu ehelichen gedachte, hat er vermutlich in den 1820er Jahren kennengelernt.

Julius war ein talentierter Kaufmann im Seidengeschäft, er war wohlhabend, in der Mailänder „besseren Gesellschaft“ gut integriert, aber auch international bestens vernetzt.

Luigia war schön und charakterstark. Sie stammte mütterlicherseits aus einer der angesehensten Mailänder Adelsfamilien, der Familie Arese. Die väterliche Seite der Vitali gehörte

1 Vgl. Rüppell, *Una cronaca ottocentesca,* S. 4f.

zum „niederen“ lombardischen Adel, der als gebildet und patriotisch galt. Seit 1825 war Luigia durch den Tod ihres Vaters Halbwaise. [Abbildungen 27, 28]

Julius und Luigia lernten sich dank der freundschaftlichen Verbindungen der Familien Vitali und Pensa kennen. Es war eine Begegnung in politisch turbulenten Zeiten, die gekennzeichnet waren durch die Spannung zwischen nationalen Emanzipationsbestrebungen auf italienischer Seite und deren repressiver Abwehr seitens der österreichischen Regierung.

Zu der rührenden Geschichte der Liebe zwischen Luigia und Julius liegen kaum schriftliche Dokumente vor, aber wir verfügen über eine Reihe von Quellen, die die strikte Ablehnung dieser Beziehung durch Luigias Mutter, Maria Arese Vitali, festhalten. Die Haltung der Mutter führte zu einer Aufsehen erregenden öffentlichen Auseinandersetzung, mit erheblichem Einfluss auf das Leben sämtlicher beteiligter Personen.

Als Luigia begann, mit Julius Heiratspläne zu schmieden, war sie zwanzig Jahre alt, nach österreichischem Gesetz also minderjährig.[2] Ihre Mutter lehnte die Verbindung mit Julius ab: In ihren Augen sprach gegen den Bräutigam in spe, dass er evangelisch und „nur bürgerlich“ war. Außerdem machte sie geltend, Luigia sei bereits einem anderen Anwärter versprochen.

Angesichts des mütterlichen Widerstands entschied sich Luigia, gegen die eigene Mutter vor Gericht zu ziehen.

Das Kaiserlich-Königliche Zivilgericht erster Instanz in Mailand forderte Maria Arese Vitali am 3. August 1829 auf, am 22. des Monats vor Gericht zu erscheinen.[3]

Zuvor hatte Madame Arese versucht, die Angelegenheit auf anderem Wege zu regeln. Sie hatte sich an den Erzbischof von Mailand, Karl Kajetan von Gaisruck, gewandt und ihn um eine Stellungnahme gebeten. Der Erzbischof hatte sich gegen die eheliche Verbindung ausgesprochen. Aber Luigia hatte sich davon nicht umstimmen lassen. So kam es zum Prozess.

Vor Gericht äußerte sich Maria Arese Vitali wie folgt:

> Herr Mylius [...] hat eingesehen, daß er sich in einer solch heiklen Angelegenheit, wie es die Ehe einer katholischen Minderjährigen mit einem Protestanten ist, an die Vorgabe der kirchlichen Autorität halten müsse, um ein ruhiges Gewissen zu haben. Er hat erklärt, er wolle diesbezüglich dem folgen, was Seine Eminenz, der Erzbischof dieser Stadt, in der Angelegenheit äußern würde. Nachdem dieser die Antragstellerin gehört hatte, hielt er die Hochzeit,

2 Vgl. die Dokumente zur gerichtlichen Auseinandersetzung zwischen Mutter und Tochter: Historisches Archiv der Villa Vigoni (=ASVV), Doc. fam., *Luigia Vitali processo/atti nuziali*, B.CV.IV.

3 Vgl. *Comparsa della Sig.ra Donna Luigia Vitali pel 24 agosto, ore nove antimeridiane [1829]*, ASVV Doc. fam. B.CV.IV.14.

> um die es hier geht, für nicht ratsam. Die Antragstellerin war der Ansicht, Herr Mylius müsse sich dem Urteil einer solchen Autorität beugen, aber als Mylius erkannte, daß der Erzbischof nicht mit seiner Ansicht übereinstimmte, beschloß er möglicherweise, sich an das Gericht zu wenden, um den Dissens zu überwinden [...].[4]

Der Prozess um die Genehmigung der Ehe zwischen Luigia und Julius ist (über die private Liebesgeschichte hinaus) ein Indikator für den gewandelten Zeitgeist. Die jungen Leute hielten es für ihr „gutes Recht", sich über Klassen- und Konfessionsschranken hinwegzusetzen. Maria Arese dagegen lehnte die „modernen" Sitten ab; für sie war der konfessionelle Faktor wichtig. Das damals gültige österreichische Bürgerliche Gesetzbuch verbot die Heirat zwischen Christen und Nichtchristen, nicht aber eine Ehe zwischen Katholiken und „Nichtkatholiken". Das Gesetzbuch enthielt lediglich Regelungen zur Kindererziehung. Vor diesem Hintergrund entschied das Gericht, nachdem es beide Parteien angehört hatte, in erster Instanz am 17. September 1829 zu Luigias Gunsten und erlaubte ihre Vermählung mit dem „Nichtkatholiken" Julius Mylius.[5]

Für die Familie Arese kam dieses Urteil unerwartet; sie war schockiert. Da sich Maria Arese und Luigias Vormund weigerten, das Urteil anzuerkennen, sah sich das Gericht gezwungen, einen anderen Angehörigen zu benennen, der sich für Luigia um den Abschluss der Eheverträge kümmern sollte. Die Wahl fiel auf den Bruder der Mutter, Francesco Teodoro Arese, der ein bekannter, nationalpatriotisch denkender Intellektueller war. Francesco Arese hielt Luigias und Julius' Ehe für unproblematisch, zumal er die Rechtschaffenheit der Familie Mylius schätzte.

Am 21. September wurden in Anwesenheit des jungen Paars und im Beisein von besagtem Francesco Teodoro Arese und Heinrich Mylius die Eheverträge unterzeichnet. Sie betrafen die ökonomischen Bedingungen der Verbindung und sollten Luigias „Würde" garantieren.[6] Denn dank der finanziellen Unterstützung durch ihren Onkel Francesco Arese und durch ihren Bräutigam Julius Mylius würde Luigia ohne Mitgift heiraten können. Ihr wurde vertraglich ein Betrag zugesichert, der demjenigen entsprach, den ihre Schwester Margherita zur Hochzeit erhalten hatte. Dieser Vorgang war bemerkenswert, denn er stellte sicher, dass Luigia weder sozial noch finanziell wegen des Widerstands ihrer Herkunftsfamilie Schaden nahm. Heinrich Mylius verpflichtete sich vertraglich, Luigia eine Rendite zukommen zu lassen, die ihr auch in dem Fall, dass sie Julius nicht heiraten würden, ausgezahlt werden sollte.

Die administrativen Instanzen bewilligten die Eheverträge, doch Maria Arese ging in Berufung.[7] Sie brachte schwerwiegende Argumente vor: Ihre Tochter sei „von einer Leidenschaft gelenkt,

---

4 G. Meda Riquier, „Astrea und die Parzen. Die Geschichte von Giulio und Luigia", in: *Villa Vigoni Comunicazioni / Mitteilungen* II/2 (1998), S. 53 (Übersetzung: C. Liermann Traniello); Original: *Deposizione Luigia Vitali, [s.d.]*, ASVV Doc. fam. B.CV.IV.22.

5 Vgl. *Decreto dell'I. R. Tribunale Civile di Iª Istanza, 17.7bre.1829*, ASVV Doc. fam. B.CV.IV.17.

6 Vgl. *Capitoli Nuziali della Sig.ra D.ª Luigia Vitali, 1829.21.7bre*, ASVV Doc. fam. B.CV.IV.1.

7 Vgl. *Decreto dell'I. R. Tribunale Civile di Iª Istanza, 26.7bre.1829*, ASVV Doc. fam. B.CV.IV.17.

der sie alles opfert und hinter der alles andere zurücksteht;" Luigia sei „aufgebracht durch die vernünftigen Einwände der Eltern und entgegne ihnen mit hartnäckigem Widerstand." Laut Maria Arese war die junge Frau nicht in der Lage, ein vernünftiges Urteil zu fällen: „Ach, die Leidenschaft regiert, und welche größere Gefahr besteht für eine Tochter, die dem Abgott des Herzens nichts abschlagen kann?" Die Mutter fürchtete Luigias psychische Abhängigkeit: „Wer eine solch absolute und übermächtige Herrschaft über die Seele der Gattin ausübt, kann alles verlangen und alles erhalten."[8]

Das Berufungsgesuch wurde rasch abgelehnt, auch dank der entschiedenen Unterstützung Luigias durch ihren Onkel. Aber Maria Arese gab nicht nach und wandte sich erneut an das Gericht, diesmal mit einer anderen Argumentationsstrategie. Sie wollte Zeit gewinnen und bat um Aufschub des Urteils, mit der Begründung, Luigia sei noch zu jung und unerfahren, um eine Ehe einzugehen.

Dieser neue Vorstoß schien zunächst erfolgreich zu sein. Das Gericht entschied zum ersten Mal zugunsten der Mutter. Aber Luigia gab nicht nach. Sie hatte sich für die Ehe mit Julius entschieden und war willens, den gerichtlichen Streit fortzusetzen. Nicht zuletzt die finanzielle Unabhängigkeit, die Heinrich Mylius ihr garantiert hatte, ermöglichte ihr diesen Schritt. In der Revision wurde zu ihren Gunsten entschieden. Am 31. Dezember 1829 erhielt sie die lang ersehnte Heiratsgenehmigung.[9] An ihrer Seite stand Julius, „glücklich diese Hindernisse auf gesetzlichem Wege mit einer Festigkeit, mit einer Standhaftigkeit, wie nur das Bewußtseyn reiner edler Absichten sie gewährt",[10] überwunden zu haben.

Nun sollte die Hochzeit endlich stattfinden. Da der „Skandal" der gerichtlichen Auseinandersetzung in Mailand Spuren hinterlassen hatte, und da aufgrund der kirchlichen Entscheidung eine religiöse Zeremonie vor Ort nicht möglich war, beschloss man, nach Triest auszuweichen, denn in Triest waren gemischt-konfessionelle Eheschließungen administrativ weniger aufwendig. Außerdem unterhielt die Familie Mylius Geschäftsverbindungen nach Triest. Luigia und ihre Schwiegermutter in spe, Friederika Schnauß, reisten im Januar des Jahres 1830 nach Triest, um die Hochzeitsvorbereitungen zu treffen. Julius erwartete sie dort bereits, vermutlich weil er geschäftlich in Triest zu tun hatte.

Im Februar zeigten sich bei ihm plötzlich erste Anzeichen einer schweren Erkrankung. Hohes Fieber und Schmerzen wechselten mit Phasen scheinbarer Genesung. Auch die besten Ärzte, die sofort zu Rate gezogen wurden, konnten nicht helfen; ihre Therapieversuche gingen nicht über die damals üblichen Aderlässe hinaus. Julius schien sich zu erholen, doch am 14. März

8 Meda Riquier, „Astrea und die Parzen", S. 55; Original: *Ricorso di Maria Arese vedova Vitali all'I. R. Tribunale Civile di I^a Istanza, 1.8bre.1829*, ASVV Doc. fam. B.CV.IV.25.

9 Vgl. *Decreto dell'I. R. Tribunale Civile di I^a Istanza, 31.Xbre.1829*, ASVV Doc. fam. B.CV.IV.27.

10 Medicus, *Rede am Grabe des Herrn Julius Mylius*, S. 7.

verschlechterte sich sein Zustand dramatisch. Heinrich Mylius wurde aus Mailand herbeigerufen. Er erkannte den Ernst der Lage; Julius war kaum noch bei Bewusstsein und lag im Sterben. Der eigenen Trauer zum Trotz agierte Mylius mit Weitblick: Es galt, Luigia in dieser fatalen Situation sozial abzusichern. So organisierte er in einem Moment, da Julius bei Bewusstsein war, die Eheschließung. Eine wichtige zeitgenössische Quelle berichtet, Julius habe mit letzter Kraft, aber bei völliger geistiger Klarheit Abschied genommen und seinen Eltern Luigia an Kindes statt anvertraut.[11] Am 26. April 1830 verstarb Julius, seine junge Frau, nun seine Witwe, blieb, seinem Wunsch entsprechend, bei Heinrich und Friederika Mylius.

Der Landsitz in Loveno: Familie und Öffentlichkeit[12]

Heinrich und Friederika Mylius waren sich einig, irgendwie weitermachen, neu anfangen und mit dem Leben ohne ihren Sohn umgehen zu müssen. Sie hielten sich vor allem an den Erinnerungen fest; da waren zudem die Familie und natürlich Luigia, die ihnen seit ihrer Hochzeit mit Julius, aber eigentlich bereits während der turbulenten Zeit des Prozesses sehr ans Herz gewachsen war.

Heinrich Mylius wandte sich nun verstärkt der Kunst zu, in der Überzeugung, Kunst besitze die Fähigkeit, Gefühle auszudrücken und hervorzurufen. Er nutzte die Kunst als Ausdrucksmittel, als „Sprache", um seinem Trauer- und Verarbeitungsprozess eine materielle Gestalt zu geben und ihn zugleich über das rein individuell Private hinauszuheben und zu verewigen. Eine Zeit lang war er sich unschlüssig, wie dieser Wunsch realisiert werden könne; dann beschloss er, seinen Besitz in Loveno, die Villa und den Park, zu einer Gedenkstätte für Julius umgestalten zu lassen. Über einen Zeitraum von gut zehn Jahren entstand eine Anlage, die sich durch eigenwillige Ikonographie und schöpferische Symbolik auszeichnet. Hinter diesem Vorhaben stand anfangs das Bedürfnis, einen geradezu physischen Kontakt zu seinem Sohn herzustellen. Mit der Zeit wurden die spirituellen und philosophischen Verweise komplexer, aber sie traten auch kohärenter zueinander in Beziehung; es entfaltete sich ein Gesamtkonzept der Sinnstiftung, nach welcher alle menschlichen Empfindungen letztlich unter der dominierenden Hingabe an die göttliche Fügung und Vorsehung ihren Platz finden.

Julius' Grab befand sich in Triest, wo er gestorben war. Den Vater muss es besonders geschmerzt haben, ihn dort zurückzulassen. Einige Jahre nach Julius' Tod, im Jahr 1835, beschloss Mylius,

11 Vgl. Rüppell, *Una cronaca ottocentesca*, S. 5. Zur Hochzeitsfeier selbst vgl. Meda Riquier, „Astrea und die Parzen", S. 52-57.

12 Im Folgenden werden die Aufträge für Kunstwerke und deren Ankäufe für die Villa in Loveno beschrieben. Der Einfachheit halber und auf Grund der Quellenlage nennen wir stets Heinrich Mylius als Auftraggeber. Angesichts der engen Beziehung, die ihn mit seiner Ehefrau verband, kann man aber davon ausgehen, dass die Eheleute die Entscheidungen gemeinsam getroffen haben.

den Ort, wo sein Sohn begraben lag, gewissermaßen zu sich zu holen: Er beauftragte den Maler Giovanni Migliara (von dem auch das berühmte Gemälde der *Seidenspinnerei von Boffalora* stammte, von dem oben die Rede war) mit einer Darstellung des Friedhofs in Triest. Auf dem Gemälde, das sich in der Villa Mylius-Vigoni befindet, sind am Grab das trauernde Elternpaar und Luigia zu sehen.[13] [Abbildung 29]

Aber Mylius' eigentlicher Wunsch ging dahin, einen Ort zu schaffen, der ausschließlich Julius gewidmet war. Unmittelbar nach dessen Tod begann er mit der Planung für die Neugestaltung des Parks in Loveno. Er erteilte dem Mailänder Architekten Gaetano Besia den Auftrag für ein Kenotaph zum Gedenken an Julius, das zentral im Park gelegen sein sollte, an gut sichtbarer Stelle.[14] Nach knapp einem Jahr war der Bau fertig, nachdem zuvor Erde abgetragen und felsiger Grund entfernt worden waren.[15] Das Bauwerk war klassizistisch gehalten, mit schlichten, eleganten Linien. Um dieses „Tempelchen" (wie das Kenotaph in der Familie genannt wurde) zu erreichen, musste man einen kleinen Hügel erklimmen. Der Anstieg war ein kurzer Spaziergang, den Mylius während seiner Aufenthalte in Loveno häufig unternahm, auch noch, als Julius' Leichnam 1851 auf den nahegelegenen Friedhof oberhalb der Pfarrkirche von Loveno überführt worden war.[16] [Abbildung 30]

Im Jahr 1832 wurde im Inneren des „Tempelchens" ein Marmorrelief angebracht, das der berühmte Bildhauer Pompeo Marchesi angefertigt hatte: *Morte di Giulio Mylius* (*Julius Mylius' Tod*). Es „ist eine wahrheitsgetreue Darstellung einer der letzten Handlungen des dem Tode nahen Sohnes", so beschreibt es Eduard Rüppell. Auf dem Sterbebett spricht Julius Mylius: „Theure Aeltern! wenn ihr in mir gar bald einen liebenden Sohn verlieren werdet, so nehme ich das Bewustsein mit, euch in meiner Gattin eine zärtliche Tochter zum Troste und zur Ausübung kindlicher Pflichten zu hinterlassen, an der ihr Freude erleben sollt!"[17] Die künstlerische Ausführung geht höchstwahrscheinlich auf Mylius' Anweisung zurück, die Szene „anachronistisch" darzustellen, sprich: das Tableau in ein klassisch-antikes Ambiente zu versetzen. So entsprach es seinem am Klassizismus des späten 18. Jahrhunderts geschul-

13 Das Gemälde trägt den Titel *Il Cimitero evangelico di Trieste con la tomba di Giulio Mylius* (*Der evangelische Friedhof in Triest mit Julius Mylius' Grab*) (Öl auf Leinwand, 1835).

14 Besia war auch für den Umbau der Villa (1829/1830) verantwortlich. So wie sie sich heute präsentiert, ist sie sein Werk.

15 „Was das Monument betrifft, wird das eines der ersten Themen sein, die wir bei meiner Rückkehr besprechen. [...] Ich hatte einige Gespräche darüber in den letzten Tagen mit meinem Freund Rüppell, während wir an meinem Haus entlang gingen, um den richtigen Platz für das Monument zu finden." Enrico Mylius a Gaetano Cattaneo, Loveno 19 novembre 1830, in: Pavoni, „*...rispettabilissimo Goethe...*", S. 177f. (Dok. 24).

16 Vgl. „Heinrich Mylius", *Didaskalia: Blätter für Geist, Gemüth und Publicität* 105 (1854), [S. 3]. Ein kleines Ölgemälde des Malers Federico Moja (1842), das sich in der Kleinen Bibliothek der Villa Mylius-Vigoni befindet, stellt Heinrich und Friederika Mylius in der Rückenansicht dar, während sie zum „Tempelchen" hinaufsteigen.

17 Rüppell, *Una cronaca ottocentesca*, S. 5. Vgl. auch *Didaskalia* 105.

ten Geschmack; weniger empfänglich war er für die Moderne im Stil des 19. Jahrhunderts. Dennoch weist das Marmorrelief auch „romantische“ Motive auf; die Figuren sind identifizierbar; es handelt sich um wirklichkeitsgetreue Porträts; die vier Protagonisten sind deutlich erkennbar. Die Wirkung der Szene verdankt sich nicht zuletzt der Körperhaltung der Figuren, die innig miteinander verbunden sind und den jungen, sterbenden Julius in eine Umarmung einzuschließen scheinen. [Abbildung 31]

Im selben Jahr wurde an der Außenwand des „Tempelchens“, die zur Seeseite hin zeigt, eine Gedenktafel mit einer Inschrift von Gaetano Cattaneo und Alessandro Manzoni, die Mylius außerordentlich schätzte, angebracht. Der Text der Inschrift lautet:

Durch die ruhige Erinnerung an ein erlittenes Unglück,
Wird der Schmerz nicht getilgt, sondern aufgelöst
In eine wohlthuende Empfindung.[18]

Der tröstliche Gedanke, dass sich Trauer im Laufe der Zeit dank der *Erinnerung* zu einem positiven Gefühl verwandeln kann, wurde maßgebend für Mylius' weitere Planung. Bei den trauernden Eltern setzte sich mehr und mehr der Gedanke durch, für Julius müsse in Loveno ein „Erinnerungsort“ geschaffen werden.[19] [Abbildung 32]

Tatsächlich kam 1836 ein zweiten Marmorrelief im „Tempelchen“ hinzu: die berühmte *Nemesis* von Bertel Thorvaldsen.

Dank der Korrespondenz zwischen Heinrich Mylius, Bertel Thorvaldsen, Gaetano Cattaneo und Carl Kolb, der damals Württembergischer Konsul beim Heiligen Stuhl war und zwischen dem Auftraggeber und dem Bildhauer vermittelte, ist die Entstehungsgeschichte der Skulptur gut dokumentiert.[20] Aus den Briefen lässt sich erkennen, dass Mylius eine sehr genaue Vorstellung von dem Sujet hatte, das er dargestellt sehen wollte. Die Grundlage seiner Idee bildeten Johann Gottfried Herders Arbeiten zur Figur der *Nemesis Adrastea*.[21] Herder folgend stellte sich Mylius darunter eine Göttin vor, die (anders als es die landesläufige Deutung der „Nemesis“ als „Rache“ besagt) kein „Werkzeug eines rächenden Schicksals“ war, sondern eine Gottheit, die mit ihrem Einfluss „die Endbestimmung aller menschlichen Handlungen“ regelte und die mit unsichtbarer, aber machtvoller Hand jede Sache unparteiisch und fair bewertete.[22] Die Idee des göttlichen Gesetzes, das gerecht das menschliche Schicksal lenkt, ent-

18 Rüppell, *Una cronaca ottocentesca*, S. 6. Vgl. auch *Didaskalia* 105, [S. 3].

19 Vgl. Bertolucci, Meda Riquier, *Alessandro Manzoni: carteggi letterari*, S. 80-83.

20 Die entsprechenden Briefe wurden veröffentlicht im Anhang von: Pavoni, „*...rispettabilissimo Goethe...*“, S. 178-183. (Dok. 27-33).

21 Johann Gottfried Herder hatte als Pfarrer in Weimar 1799 Heinrich Mylius und Friederika Schnauß getraut.

22 Rüppell, *Una cronaca ottocentesca*, S. 5f.

sprach bei Herder wie bei Mylius dem Wunsch, alles Geschehen nicht nur nach immanenter Rationalität zu erklären, sondern eine transzendente, heilige Dimension anzurufen, welche die Beziehung zwischen göttlicher Vorsehung und menschlichem Wollen und Handeln zu klären half. [Abbildung 33]

Das „Tempelchen" bot auf diese Weise mit den beiden komplementär angelegten Reliefs einen einzigartigen Raum der Sinnstiftung zur Verarbeitung von Julius' Tod. Die Kunstwerke standen stilistisch in klarem Kontrast zueinander: auf der einen Seite Marchesis romantisches Abschieds- und Todes-Pathos im Gewand einer klassizistischen Szene; gegenüber Thorvaldsens Allegorie, die *Nemesis Adrastea*, ein raffiniertes philosophisch-theologisches Konzept, verrätselt und bedeutungsschwer. Dramatisch wurde auf diese Weise der Übergang vom sehr realen Erlebnis des Verlusts hin zu der Erkenntnis inszeniert, dass ein so tragisches Ereignis wie der Tod eines Sohnes letztlich nur durch Vertrauen auf den göttlichen Ratschluss erträglich ist. Das wiedererlangte Gleichgewicht zwischen der realen und der metaphysischen Welt fand seine gelungene Darstellung und moralische Synthese in dem Kenotaph.

Trotzdem schien Mylius diese Komposition noch nicht ausreichend. In seiner unausgesetzten Beschäftigung mit der Vergangenheit entwickelte er die Vorstellung, ein Statuenensemble könne dazu dienen, die widerstreitenden Empfindungen, die er seit Julius' Tod hegte, besser zu ordnen, zu strukturieren. Auf diese Weise könnten seine Erfahrungen auch anderen nützlich sein oder zumindest diejenigen zum Nachdenken anregen, die diesen besonderen Erinnerungsort offen und sensibel aufsuchten.[23]

Über Mylius' Gemütsverfassung sind wir durch einen Essay seines Freundes Eduard Rüppell unterrichtet. Der aus Frankfurt stammende Rüppell, von dem zuvor bereits die Rede war, war ein bedeutender Entdeckungsreisender und „Naturforscher", der sich mehrfach in der Villa Mylius-Vigoni aufhielt. Er schrieb über Mylius' Skulpturensammlung:

> Die verschiedenen Marmorstatuen [...], welche in diesem Saale und dem anstossenden Zimmer aufgestellt sind, bilden gewissermassen eine Reihenfolge, deren Auswahl dem Nachdenkenden zu Betrachtungen Veranlassung giebt.[24]

Das Übertreten der Schwelle des Mylius'schen Hauses kam einer Reise gleich: Man gelangte an einen physischen, irdischen Ort und begegnete zugleich einer religiös-spirituellen Sphäre, die eine ganz spezifische Botschaft vermitteln sollte.[25]

---

23 Vgl. ebd., S. 8.

24 Ebd.

25 Die Statuen befinden sich in der Villa Mylius-Vigoni in Loveno; bis auf die *Eva, die von der Schlange versucht wird* (heute im Palazzo Clerici, Mailand) und den *David als Psalmensänger* (heute in der Accademia di Brera, Mailand).

Am Anfang dieses Parcours, in dem Raum links vom Eingang der Villa, befand sich die erste Statue. [Abbildung 34] Sie stellte eine *Eva* dar und war das Werk des Bildhauers Cincinnato Baruzzi (1796-1878), auf das Heinrich Mylius zufällig gestoßen war, als 1837 im Rahmen der Kunstausstellung der Accademia di Brera in Mailand Thorvaldsens *Nemesis* gezeigt wurde, die erst kurz zuvor aus Rom, wo Thorvaldsen sein Atelier hatte, geliefert worden war.[26] Die *Nemesis* war allerdings gar nicht die Hauptattraktion der Ausstellung, obwohl ihr Auftraggeber Mylius das erwartet hatte. Eine andere Marmorstatue wurde, wie eine zeitgenössische Pressestimme vermeldete, „besonders gelobt und war ständig von zahlreichen Bewunderern umringt". Die Statue, die einen solch außergewöhnlichen Erfolg beim Publikum und bei der Presse erzielte,[27] trug den Titel *Eva tentata dal serpente* (*Eva, die von der Schlange versucht wird*). Cincinnato Baruzzi, der vielleicht bekannteste Schüler von Antonio Canova, hatte die Statue geschaffen, und Graf Alberico Bolognini Attendolo hatte sie erstanden.[28] Für die Besucher war wahrscheinlich besonders die Qualität der Ausführung, die an Canova anknüpfte, beeindruckend.[29]

Für Heinrich Mylius bestand der Reiz des Kunstwerks vermutlich in einem anderen Aspekt, nämlich in der Ikonographie und dem Sinngehalt der dargestellten Geschichte. Diese Geschichte folgte nicht allgemein der biblischen Genesis-Erzählung, sondern einem der bekanntesten Langgedichte der englischen Literatur des 17. Jahrhunderts: John Miltons *Paradise Lost* (*Das verlorene Paradies*).[30] Mylius kannte das Werk des englischen Dichters. Er war bei Klopstock, Schiller und Goethe auf den Namen Milton gestoßen und hatte das Gedicht auch selbst gelesen. Er besaß davon sogar zwei Originalausgaben sowie eine italienische Fassung.[31] In seinen Augen bestand eine Verbindung zwischen dem zentralen Thema des Gedichts, das um die Theodizee kreist, also um die Rechtfertigung der Allmacht und Güte Gottes im Angesicht von Leid und

---

26 Vgl. hierzu T. Besing, G. Meda, S. Bertolucci, „'L'eccellente uomo'. Enrico Mylius: Committenza, mecenatismo e mediazione culturale", in: Pavoni, „*...rispettabilissimo Goethe...*", S. 53-63.

27 „Esposizione di Belle Arti in Milano nel 1837", *Giornale agrario lombardo-veneto con appendice letteraria* 8 (1837), S. 126.

28 Ein Nachfahre des Käufers, Gian Giacomo Bolognini Attendolo, schenkte die Skulptur 1863 der Stadt Mailand. Sie ist heute in der Galleria d'Arte Moderna in Mailand zu sehen. Eine spätere Version der *Eva, die von der Schlange versucht wird* wurde auf dem Grab des Bildhauers in der Kartause von Bologna aufgestellt. Vgl. A. Mampieri, *Cincinnato Baruzzi (1796-1878)*, Bologna 2014, S. 193.

29 „Die Statue, die wirklich für Furore sorgt, ist eine Eva, die von der Schlange versucht wird, von Baruzzi, die von Bolognini gekauft wurde." (Massimo d'Azeglio al fratello Roberto, in: *Massimo d'Azeglio Epistolario (1819-1866)*, Band 1, hrsg. von G. Virlogeux, Turin 1987, S. 275).

30 „Zu ihren Füßen, zwischen Blumen und Gräsern, umkreist die trügerische Schlange die Eva. Die Schlange ist mit ihrem biegsamen Körper um einen Baumstamm geschlungen, an dem der fatale Apfel hängt, und sie rollt sich vorne mit einem lieblichen Engelsblick aus (so beschreibt es uns Milton)." I. Fumagalli, „Esposizione di Belle Arti nell'I. R. Palazzo di Brera", *Biblioteca Italiana* 75 (1837), S. 435f.

31 Diese drei Ausgaben (die beiden englischen, London, For the Company, 1731 und Albion Press 1804 mit dem Exlibris von Heinrich Mylius, und die italienische in der Übersetzung von Lazzaro Papi, Lucca 1829) befinden sich in der Bibliothek der Villa Mylius-Vigoni in Loveno.

Ungerechtigkeit, und seiner eigenen Situation, die vom Verlust des einzigen Kindes gezeichnet war. Ein Kernsatz in *Das verlorene Paradies* (deutsche Übersetzung) lautet: „Gott kann euch drum nicht strafen; und gerecht Verbleibt er dann, denn wär' er dieses nicht, Wär' er nicht Gott mehr."[32] Für Baruzzis *Eva, die von der Schlange versucht wird* bildet dieser Satz das Leitmotiv; das dargestellte Momentum der Statue besteht in eben dieser Aussage. Für Mylius lag darin eine Botschaft, mit deren Hilfe er sein eigenes Leben und das Schicksal seiner Familie deuten konnte. Mit den Mitteln der Kunst, so sah er es, ließen sich die ideellen und religiösen Einsichten und Überzeugungen materialiter darstellen, zu denen er im Laufe der Jahre gelangt war. Zugleich erinnerte ihn Baruzzis Skulptur aber auch daran, dass sein eigenes gläubiges Gottvertrauen durch den Schicksalsschlag für kurze Zeit brüchig geworden war.

1840 wurde die Eva-Statue nach Loveno gebracht und in dem Raum aufgestellt, der an den großen Saal (heute „Statuensaal") angrenzt. Dieser Raum wurde nun *Raum der Eva (Milton, Paradise Lost)*[33] genannt. In der Familientradition war es offenbar wichtig, die Erinnerung an die Beziehung zwischen der Skulptur und der literarischen Quelle zu bewahren. Ohne den Verweis auf Miltons *Verlorenes Paradies* blieb das Skulpturenensemble, dessen Anfang die Eva bildete, unverständlich. Diese Eva-Statue war die erste Station des inneren Weges der Einkehr und Erkenntnis.

Mylius entschied, weitere Skulpturen aus diesem Themenkreis in Auftrag zu geben.[34] In seiner Villa am Comer See verwirklichte er in den Folgejahren den Plan, mittels einer Figurengruppe den moralisch-religiösen Lernprozess zu versinnbildlichen, den er durchschritten hatte. Teils gab er Werke in Auftrag; teils erwarb er Kopien von Statuen, deren Botschaft ihn ansprach. Alle diese Kunstwerke wurden nahe beieinander positioniert. Im Jahr 1842 fertigte Pompeo Marchesi eine neue Version seines *Cristo fanciullo docente* (*Christus lehrt als Jüngling im Tempel*) an, den er 1833 für Paolo Tosio geschaffen hatte. [Abbildung 35] Diese lebensgroße Skulptur wurde ebenso wie eine Reihe weiterer Statuen im großen Saal (heute, wie gesagt, „Statuensaal") aufgestellt, der dadurch eine Art spirituelles Theater bildete. Die Fenster gaben den Blick frei auf den Park und das erhöht liegende „Tempelchen", so dass der reale Hintergrund jederzeit ideell aufgeladen war. Marchesis Statue war am Eingang platziert, und zwar so, dass sie vom Nebenraum, in dem sich die *Eva* befand, aber auch von allen Türen im Erdgeschoss her zu sehen war.[35] Marchesi zeigte Jesus, der im Tempel lehrt, als Heranwachsenden. Die Handhaltung des jungen

32 J. Milton, *Das verlorene Paradies*, Leipzig [o. J.], S. 220.

33 Vgl. C. Cantù, „Como e la sua provincia", in*: Grande illustrazione del Lombardo-Veneto ossia Storia delle città, dei borghi, comuni, castelli...*, Band 3, Mailand 1858, S. 1193 und vgl. eine auf Vorder- und Rückseite beschriebene, großformatige Texttafel, datierbar auf circa 1855 (ASVV P.M.03).

34 Mylius hatte für das „Tempelchen" ein Relief mit „realistischem" Narrativ gewählt und eines mit mythologischer Thematik. Für die Skulpturen, die er in der Villa aufstellen ließ, wählte er ausschließlich religiöse Themen. Dies könnte ein Indiz dafür sein, dass die Religion insgesamt für ihn an Bedeutung gewann und er in religiösen Exempla und Deutungsmustern eine Hilfestellung für das Verständnis der göttlichen Vorsehung fand, die ihm einleuchtete.

35 Diese Skulptur ist die einzige, die sich auch heute noch an ihrem ursprünglichen Platz befindet.

Christus ist Lehr- und Segensgestus zugleich. Der Betrachter erkennt den trotz seiner Jugend weisen (Gottes-)Sohn, aber er sieht auch den verlorenen Sohn, der sich nach Gottes Ratschluss von seinen Eltern entfernt hat, um einem anderen Weg als dem ihren zu folgen, und den die Eltern verzweifelt suchen. Marias Frage, „Mein Kind, warum hast du uns das getan? Siehe, dein Vater und ich haben dich mit Schmerzen gesucht" (Lk 2, 48), ist Mylius' eigene große Frage nach dem *Warum*. Die Gottesmutter spricht den Schmerz aus, den Julius' Mutter empfindet. Die emotionale Bewegung der Eltern, von der das Evangelium berichtet, bildet einen markanten Kontrast zu dem in sich ruhenden, fast heiter wirkenden Jungen, den Marchesi präsentiert. Der Klassizismus des Künstlers erweist sich hier als starkes Stilmittel, um Jesu Gelassenheit und die gläubige Annahme des vorgezeichneten Wegs zu veranschaulichen.

Eine weitere Statue ist Democrito Gandolfis *Madre di Mosè* (*Die Mutter des Moses*) aus dem Jahr 1845. [Abbildung 36] Auch hier trifft man auf den Ausdruck des Schmerzes einer Mutter, die ihr Kind weggeben muss und die doch im Vertrauen auf Gottes Güte den Blick zum Himmel richtet. Mylius entschied sich also erneut für eine Trennungsszene. Die Mutter des Moses vollzieht eine verzweifelte Geste; sie muss das Weidenkörbchen loslassen. Aber gerade diese Geste führt zur Rettung des Kindes, das nicht stirbt, sondern gefunden und aufgezogen wird. Das Leitmotiv der Statuen des großen Saals der Villa Mylius-Vigoni bildete also gewissermaßen die Wandlung der Liebe: Liebe kann und muss sich verändern und den äußeren Gegebenheiten anpassen, aber sie verliert nicht an Intensität.

Neben Gandolfis *Mutter des Moses* stand die Statue der *Ruth*, ein Werk des Schweizer Bildhauers Heinrich Maximilian Imhof aus dem Jahr 1848. Auch sie gehörte zu dem Figurenensemble unter dem besagten Leitmotiv. Ruth ist nach dem Buch Exodus die „tugendsame"[36]. Sie steht mit ihrer Bereitschaft, nach dem Tod ihres Ehemannes bei der betagten Schwiegermutter zu bleiben, für liebevolle Zuneigung, wie sie Luigia in der Realität verkörperte. [Abbildung 37]

Den Abschluss des spirituell-ästhetischen Parcours bildete Gaetano Manfredinis *Davide il Salmista* (*David als Psalmensänger*). [Abbildung 38] Dieses Werk stellte das Gegenstück zu Baruzzis *Eva* dar. Der *David* verkörperte für Mylius jene „wohlthuende Empfindung", von der die am Kenotaph angebrachte Inschrift sprach. Als Mylius dieses Werk in Auftrag gab, war er 80 Jahre alt, für damalige Verhältnisse ein ungewöhnlich hohes Alter. Es schien ihm an der Zeit, das Skulpturen-Projekt abzuschließen. Seinem Freund, dem Maler Giovanni Servi, schrieb er im Oktober 1848:

> Schon zu lange und mit großer Freude ist in mir die Idee des Psalmensängers gereift, um sie jetzt plötzlich aufgeben zu können [...] Wir haben uns schon darüber ausgetauscht, dass ich nicht den jungen Psalmensänger möchte, [...] sondern den ergrauten König, der von der Gnade singt, vor Gefahren in seinem Leben beschützt worden zu sein [...].[37]

36 Buch Ruth, Kapitel 3, Vers 11-12.

37 Enrico Mylius a Giovanni Servi, Loveno 7 ottobre 1848, in: Pavoni, „...*rispettabilissimo Goethe...*", S. 193f. (Dok. 47).

Explizit wünschte er sich mithin ein ungewöhnliches Motiv aus der David-Erzählung: nicht das populäre Motiv des jungen Siegers über Goliath, sondern eines, dem er sich im hohen Alter stärker verbunden fühlte. Der blinde König David wendet den Blick seiner Seele gen Himmel und stimmt den Lobgesang an. Von den Glaubenszweifeln, die im *Eva*-Motiv thematisiert waren, hatte der Weg Mylius am Ende seines Lebens zu tiefem Vertrauen geführt. Dem Betrachter wurde keine Interpretation an die Hand gegeben, das schien nicht notwendig; aber eine gut lesbare Inschrift, welche auf der Lyra des Königs eingraviert war, zitierte: „Lobe den Herrn, meine Seele, und vergiss nicht, was er dir Gutes getan hat.“[38] Mit dieser Anrufung schloss der ästhetisch-symbolische Weg, die intime, spirituelle Sinnsuche; „ein heiliger und unsterblicher Trost“[39] war erreicht.

Im „Tempelchen“ standen und stehen bis heute die Büsten von Heinrich und Julius Mylius nebeneinander. Sie stammen ebenfalls von Pompeo Marchesi, der ihnen portraithaft realistische Züge verliehen hat. [Abbildung 39] Sie bildeten eine Art Telamon und Rahmen für die gesamte Konzeption des „Tempelchens“, und ihre zentrale Rolle wurde durch die Rauminszenierung noch unterstrichen, da die Skulpturen im Gegenlicht vor den Fenstern einen dramatischen Effekt erzeugten. [Abbildung 40]

Die Veranschaulichung des Themas „Verlust und wiedergewonnenes Vertrauen“ endete jedoch nicht mit der Gestaltung des Statuensaals. Im angrenzenden Raum fanden sich weitere, ergänzende Elemente der großen moralischen Erzählung in der Sprache der Kunst. Da gab es die Gipskopie einer Statue, die Friedrich Schiller zeigte.[40] Bertel Thorvaldsen hatte sie Mylius geschenkt. Dann befand sich dort die kleinformatige Marmorkopie von Pompeo Marchesis monumentalem Goethe-Denkmal.[41] Zu dem Kontext gehörte auch ein Gemälde, das *Lucia* zeigte,

38 Psalm 103, Vers 2.

39 Diese Formulierung stammt aus einem Artikel über Heinrich Mylius in: „Pubblici corsi di scienze applicate e di tecnologia in Milano“, *Rivista Europea, giornale di scienze morali, letteratura ed arti* I/5 (1847), S. 84.

40 Es handelt sich um die Vorarbeit (mit einer Höhe von 80cm) für das Bronzedenkmal zu Ehren Schillers, das 1839 in Stuttgart enthüllt wurde. Von dem Stuttgarter Denkmal unterscheidet sich die Arbeit, die Mylius besaß, nur in einigen wenigen Details. Laut Eduard Rüppell (*Una cronaca ottocentesca*, S. 9) erhielt Mylius das Werk als persönliches Geschenk von Bertel Thorvaldsen. 1980 schenkte Ignazio Vigoni es der Dänischen Botschaft in Rom, wo es sich heute befindet. Vgl. Pavoni, „*...rispettabilissimo Goethe...*“, S. 138f.

41 Es handelt sich um eine kleine Kopie (cm 48 x 12 x 29) des Denkmals zu Goethes Ehren, das Pompeo Marchesi 1838 im Auftrag von Heinrich Mylius, Marquard Seufferheld und Eduard Rüppell angefertigt hatte. Die drei Auftraggeber schenkten die Skulptur der Stadt Frankfurt am Main. Das Monument war die erste öffentliche Würdigung Goethes in seiner Geburtsstadt. Es wurde im Jahr 1840 vor dem Eingang der neu errichteten Stadtbibliothek aufgestellt. Der Bildhauer hatte für die Auftraggeber des Projekts drei Repliken in kleinem Format geschaffen. In der Villa Vigoni befindet sich das Exemplar, das Heinrich Mylius gehörte. Das Goethe-Denkmal in Frankfurt wurde im Januar 1944 durch Bomben zerstört. Ein wertvolles Geschenk machte Heinrich Mylius 1834 der Frankfurter Bibliothek: eine illustrierte Ausgabe von Dante Alighieris *Göttlicher Komödie* aus dem 14. Jahrhundert. (Universitätsbibliothek, Ms. lat. qu. 57 (Ausst. 33), Johann Wolfgang Goethe-Universität Frankfurt).

die Heldin aus Alessandro Manzonis Roman *Promessi Sposi* (*Die Brautleute*).[42] Und schließlich sollte eine Kopie des Herder-Denkmals hinzukommen, das der Bildhauer Ludwig Schaller angefertigt hatte.[43] Schwierigkeiten mit dem Transport haben diesen Plan aber vereitelt.

Auch dieses Ensemble sollte mehr sein als nur eine Hommage an vier bedeutende Persönlichkeiten: Es sollte eine zugleich künstlerische, philosophische und theologische Botschaft vermitteln und die Geschichte einer moralischen und emotionalen Entwicklung erzählen. [Abbildung 41]

Mylius hatte damit sein Vorhaben vollendet. Eigentlich war die Villa am Comer See für Julius und Luigia und die Kinder, die aus ihrer Verbindung hervorgehen sollten, bestimmt gewesen. Daran erinnerte später Eduard Rüppell in seiner „Chronik": Die Villa sei ursprünglich erworben worden, schrieb er, um dem „Familienleben in diesem schönen Landsitz einen neuen Reiz"[44] zu geben. Nach Julius' Tod verwandelte sie sich in einen Ort, der einen neuen Blick auf das Leben ermöglichen sollte. Das Schicksal hatte einen Weg genommen, den die menschliche Planung nicht vorgesehen hatte. Bei allem Gram hat Heinrich Mylius den neuen Weg akzeptiert und selbst gestaltet, indem er aus der Villa buchstäblich ein „Denkmal" machte: eine Stätte des Gedenkens. Er hinterließ Luigia den Besitz in Loveno, damit sie dieses Erinnerungserbe fortsetzen könne.[45]

Ab dem Jahr 1847 gab Mylius zudem einige öffentliche Arbeiten für die Gemeinde Loveno in Auftrag: einen Brunnen, den Friedhof oberhalb der Pfarrkirche, eine Brücke über den Fluss

42 Hierbei handelte es sich um eine Kopie von Eliseo Salas Gemälde der Lucia Mondella, der weiblichen Hauptfigur in Manzonis Roman.

43 Der Bildhauer Ludwig Schaller hatte in Gips ein Denkmal für Johann Gottfried Herder aus Anlass der Feier zu dessen einhundertstem Geburtstag im Jahr 1844 hergestellt. Heinrich Mylius steuerte eine große Summe bei (für die entsprechenden Recherchen und Informationen sei an dieser Stelle Herrn Dr. Riederer, dem Leiter des Weimarer Stadtarchivs, herzlich gedankt). Auf Grund von Unstimmigkeiten wurde die Statue in Weimar tatsächlich erst am Sonntag, dem 25. August 1850, eingeweiht, mit einer religiösen Zeremonie und einem Festzug, der von Chorgesang untermalt wurde. Die Stücke stammten von Franz Liszt, der sich zu der Komposition durch Herders *Der entfesselte Prometheus* hatte inspirieren lassen. Vgl.[E. Förster], „Die Herderstatue und das Herderfest in Weimar", *Deutsches Kunstblatt Stuttgart: Zeitschrift für bildende Kunst, Baukunst* 42 (1850), S. 329-332. Es erwies sich aber als so schwierig, ein Monument mit so gewaltigen Ausmaßen und in Gips gefertigt nach Loveno zu transportieren, dass man das Projekt verwarf. Vgl. Rüppell, *Una cronaca ottocentesca*, S. 9f.

44 Rüppell, *Una cronaca ottocentesca*, S. 4.

45 Mylius' spirituelles Vermächtnis ist ablesbar an dem letzten von ihm in Auftrag gegebenen Kunstwerk. Es handelt sich um die Skulpturengruppe „Igea al Lario" („Hygieia am Comer See") von Giosuè Argenti (1819-1901). 1855 war die Statue in der Accademia di Brera zu sehen, bevor sie im Park der Villa Mylius-Vigoni aufgestellt wurde. Die Skulptur zeigt idealisiert Luigia und ihre vier Kinder [Giulio (1837-1926), Enrichetta (1842-1897), Giuseppe (1846-1914) und Teresa (1851-1932)]. Luigia wird als Göttin der Gesundheit und Fruchtbarkeit („Hygiene") dargestellt, die ihre Kinder nährt.

Senagra und eine befestigte, befahrbare Straße.[46] Die erste dieser Initiativen reagierte auf den besonders im Winter oft dramatischen Wassermangel. Die technische Lösung bestand nun darin, einen Bach, der durch Mylius' Grundstück floss, zu einem Brunnen in der Nähe der Pfarrkirche San Lorenzo und Agnese zu leiten.[47] Vier Jahre später begannen die Bauarbeiten für den Friedhof, den Giovanni Servi[48] entworfen und Gaetano Besia ausgeführt hat. [Abbildung 42] Es entstand ein Ort von sakraler Würde, den man von Westen her durch ein Peristyl mit vier dorischen Säulen betritt, die ein Giebel überwölbt. An der nördlichen Seite lag die Beerdigungskapelle der Familie Mylius. Dorthin wurde 1851 der Leichnam des Sohnes überführt. Es fehlte in der Anlage des Friedhofs die damals obligatorische Trennung zwischen dem evangelischen und dem katholischen Abschnitt. Man kann in dieser Ökumene den Beweis für eine Glaubenshaltung sehen, die das Trennende zwischen den christlichen Konfessionen für überwunden hielt. Interessanterweise gab es seitens der Bewohner von Loveno keinen Widerspruch.

Insgesamt kosteten die Arbeiten 4959 Lire, wovon Mylius 3033 übernahm. Die dankbaren Bewohner des Ortes ehrten den großzügigen Wohltäter mit einer Gedenktafel, die noch heute rechts vom Eingang zu sehen ist. Die Inschrift lautet im klassischen Versmaß:

Sohn und Gast dieser schönen Gegend
Wenn dich Mitgefühl mit den Verstorbenen bewegt
Lobe
Die an der Errichtung und Gestaltung dieses Friedhofs
Beteiligten Wohltäter
Begonnen im Jahr 1850 und beendet im Jahr 1851
Lobe den Namen
Des Rats Heinrich Mylius
Der großzügig erhebliche Spenden gegeben hat
Für ehrenvolle Aufgaben,
Und erinnere die Nachkommen an ihn mit Zuneigung
Erzähle ihnen auch
Von anderen nicht geringen Wohltaten
Welche die Gemeinschaft in Erinnerung und Dankbarkeit
Auch ohne Inschrift
den ganzen Tag feiert

46 Vgl. O. Selvafolta, „Loveno di Menaggio: Amenissima balza di pittoreschi prospetti", in: Pavoni, „...*rispettabilissimo Goethe...*", S. 44f.

47 Der Brunnen befindet sich auch heute noch an seinem ursprünglichen Ort. Ein Fragment der Inschrift in Erinnerung an den Wohltäter ist erhalten „[...] komm zur Quelle / [...] unser Mylius / [...] in MCCCXLI[II]".

48 Vgl. Giovanni Servi a Bernhard von Lindenau, Milano 19 dicembre 1852, in: Pavoni, „...*rispettabilissimo Goethe...*", S. 196f. (Dok. 51).

Die Straßenbauprojekte, die Menaggio mit Loveno und Nobiallo verbanden, und der Bau der Brücke über das Tal der Senagra wurden zu Beginn des Jahres 1854 fertiggestellt. [Abbildung 43] Speziell bei der Straße handelte es sich um ein beachtliches Projekt, sowohl hinsichtlich der Kosten als auch der technischen Ausführung. So entstand die mehrere Kilometer lange befestigte Bergstraße einschließlich einer gepflasterten Brücke mit drei Bögen (die sich heute noch unterhalb der neuen Brücke befinden), befahrbar für Kutschen und Wagen, die seitlich von einer Trockenmauer eingefasst war.[49] Die Projektaufsicht übernahm der Architekt Giuseppe Balzaretti, der in den Folgejahren auch für die Gestaltung des Parks der Villa Mylius-Vigoni zuständig war. All diese Projekte verschafften den lokalen Handwerkern und Arbeitern Aufträge; der Transport wurde modernisiert und vereinfacht; nun konnten Orte erreicht werden, die sich zuvor in ihrer Abgeschiedenheit seit Generationen nicht verändert hatten.

Auch in diesem Fall brachten die dankbaren Bürger eine Gedenktafel an, und zwar im tiefer gelegenen Ortsteil von Loveno.

Dem großzügigen Wohltäter
Herrn Cavaliere Heinrich Mylius
Der den Armen im traurigen Winter Arbeit schenkte
Und durch das Gefühl, sich auf einer Ebene und gleichzeitig in den Bergen zu befinden,
neue malerische Aussichten bot
Grundbesitzer und Sommerurlauber in Loveno
sind dankbar für die neuen Wohltaten
p.p.
MDCCCLIII

Ignazio Vigoni, Luigias zweiter Ehemann

Wie ging Luigias Geschichte weiter? Die junge Frau war mutig gewesen; sie hatte erfolgreich gegen die Konventionen gekämpft und lebte nach Julius' Tod bei ihren Schwiegereltern. In

49 Auch die Bewohner von Menaggio, von dem der kleine „borgo" Loveno damals unabhängig war, brachten eine Gedenktafel an. Die Inschrift lautet: „1853 / Dem philanthropischen Genie / Dem Herrn Cavaliere Heinrich Mylius / bekannt für tugendhafte Wohltaten / Der diese Straße für das gemeine Volk aus eigener Tasche / bauen ließ / haben dankbar und anerkennend die Bewohner von Menaggio / In ewiger Erinnerung diese Gedenktafel / angebracht." Zur feierlichen Eröffnung der Straße schrieb der aus Como stammende Dichter Giovanni Rezzonico (1789-1875) eine Ode mit dem Titel „Während der Feierlichkeiten / die die Bewohner von Loveno und Menaggio widmeten / dem wohltätigen Herrn Cavaliere / Heinrich Mylius / zur Eröffnung der neuen Straße, die von ihm in Auftrag gegeben wurde / in den besagten Gemeinden." in: G. Rezzonico, *Poesie varie*, Mailand 1854, S. 96f.

dieser neuen Lebenssituation machte ihr Francesco Arese[50] den Hof, ein Cousin ersten Grades. Als Arese aus politischen Gründen Italien verlassen und in die Schweiz fliehen musste, sorgten Heinrich und Friederika Mylius dafür, dass Luigia ihn dort treffen konnte. Eine historische Kuriosität am Rande ist, dass sich Arese in der Schweiz zusammen mit seinem Freund Louis Napoleon Bonaparte, dem späteren Kaiser Napoleon III., aufhielt. Aber nicht Arese erhielt Luigia zur Frau, sondern ein gewisser Ignazio Vigoni (sen.), der mit Francesco Arese und mit der Familie Vitali (Luigias Herkunftsfamilie) befreundet war. Er war zunächst auserkoren, als Bote zwischen Francesco Arese und Luigia zu fungieren – aber der Bote verliebte sich selbst in die junge Witwe, und diese erwiderte seine Liebe.[51]

Ignazio Vigoni entstammte einer Mailänder Unternehmerfamilie, die zwischen der Mitte des 17. Jahrhunderts und der Mitte des 18. Jahrhunderts im Buch- und Partiturendruck aktiv war. Im Jahr 1756 erstand sie einen großen Landbesitz in der Nähe von Lodi, und im Jahr 1772 wurde die Familie in das Register des lombardischen Adels aufgenommen und erhielt die Erlaubnis, ein eigenes Wappen zu führen. Zu Ignazio Vigoni (sen.) sind nur wenige Informationen überliefert. Er hatte an der Universität Pavia Rechtswissenschaften studiert. Es gibt Indizien dafür, dass er zu Heinrich Mylius bereits in Verbindung stand, bevor er Luigia kennenlernte.[52] Aufgrund seiner liberalen, patriotischen Einstellung gehörte er zu den aristokratisch-großbürgerlichen Kreisen in Mailand, die sich für Italiens „Risorgimento" einsetzten, für politische und kulturelle Modernisierung, welche nach Überzeugung Vieler zur nationalen Einigung führen sollte. Auch die Familien Arese und Vitali zählten zu diesen reformorientierten Zirkeln.[53]

Ignazio Vigoni und Luigia heirateten in Mailand im Jahr 1835. Von diesem Zeitpunkt an arbeitete Ignazio eng mit Heinrich Mylius zusammen: Er kümmerte sich um die Spinnerei in Boffalora und stand ab 1853 an Mylius' Seite als Referent und Vizepräsident der „Gesellschaft zur Förderung von Kunstgewerbe und Handwerk". Mit Mylius zusammen wirkte er als Berater der „Commissione enologica italiana" („Italienische Weinkunde-Kommission")[54], und er war Mitglied der „Commissione incaricata della Direzione ed Amministrazione Centrale degli Asili di carità per l'Infanzia di Milano" („Mailänder Kommission für die zentrale Leitung und Verwaltung der karitativen Kindergärten")[55]. [Abbildung 44]

---

50 Francesco Benedetto Arese Lucini (Mailand 1805 – Florenz 1881) war der Neffe des oben erwähnten Francesco Teodoro Arese, Luigias Onkel. Als junger Mann engagierte sich Francesco Benedetto in der italienischen Nationalbewegung; später wurde er Mitglied des königlichen Senats, erst in Piemont-Sardinien, dann im geeinten Königreich Italien.

51 Vgl. Ranci Ortigosa De Corte, *Milano 1848*, S. 159f.

52 Vgl. *Certificato dell'Università di Pavia*, ASVV, Documenti Ignazio Vigoni sen., C.Var.1.

53 Für diese und weitere Informationen zu Ignazio Vigoni vgl. R. Jakoby, „Verluste und Kontinuität der deutsch-italienischen Familientradition in der zweiten Hälfte des 19. Jahrhunderts", in: Baasner, *Die Mylius-Vigoni*, S. 36-40.

54 Vgl. „II. circolare della sezione centrale milanese della Commissione enologica italiana", *Rivista Europea, giornale di scienze morali, letteratura ed arti* II/1 (1844), S. 577.

55 Vgl. I. R. Stamperia (Hrsg.), *Manuale del Regno Lombardo-Veneto*, Mailand 1848, S. 304.

Kapitel 4

Ein Mensch, der stets das Gute im Sinn hat

„Einen Menschen, der stets das Gute im Sinn hat", nannte der aus Mailand stammende Maler Agostino Caironi Heinrich Mylius. Caironi gewann 1859 den Preis für das beste Fresko, den die Accademia di Belle Arti di Brera damals ausgelobt hatte und der in dem besagten Jahr 1859 dem Initiator und Stifter des Brera-Kunst-Preises, dem fünf Jahre zuvor verstorbenen Heinrich Mylius, gewidmet war.[1]

Tatsächlich war die Erinnerung an Mylius' Wirken in Mailand lebendig geblieben; man erinnerte sich an sein Engagement für sozial Schwächere, seinen Einsatz für Bildung und Ausbildung, an seine Versuche, den drängenden Ansprüchen der Zeit gerecht zu werden. Caironi, der den Wohltäter mit einem Gemälde ehren sollte, entschied sich für eine Allegorie, um Mylius' Berufung darzustellen, zur Verbesserung der Gesellschaft beizutragen. Sein Bild zeigt Mylius, der erhöht auf einem steinernen Thron sitzt. In die Stufen, die zu dem Thron hinaufführen, sind die Namen von vier Städten eingraviert, die von Mylius' Großzügigkeit besonders profitiert hatten: Mailand, Triest, Weimar und Frankfurt:

> Heinrich [...], der stets das Gute im Sinn hatte, befindet sich in erhöhter Position im Mittelpunkt der Szene; die Allegorie der Wohltätigkeit zeigt ihm sowohl die Notleidenden als auch die städtischen Einrichtungen, deren großer Unterstützer und Gründer er war. Beide Gruppen rechts und links von ihm stellen städtische Institutionen dar, die den Geehrten ehrfürchtig und dankbar betrachten: auf der linken Seite sind das Säuglingsheim, die Kindergärten, die Chemieschule und die Altenpflegeheime dargestellt, auf der anderen Seite die Freskomalerei, die Historische Landschaftsmalerei, die Grundschulen sowie die Erziehungs- und Blindeninstitute.[2] [Abbildung 45]

Auf diese Weise erwies sich der Wettbewerb von 1859 als publikumswirksame öffentliche Anerkennung der mylius'schen Wohltätigkeit durch die Stadt Mailand und ihre renommierte Kunstakademie. Der Wettbewerb wurde mit der Ausführung des prämierten Freskos in einer Lünette der oberen Loggia des Ehrenhofs des Palazzo di Brera abgeschlossen.[3]

---

1 In den Jahren 1850 und 1853 wurden dank Heinrich Mylius zwei Preise an die Schüler der Accademia di Belle Arti verliehen: Ein Preis wurde in der Kategorie „Freskomalerei" verliehen; der zweite in der Kategorie „Ölmalerei mit *Tieren, historischen Landschaften und Genres*". Die Finanzierung erfolgte durch Auszahlung einer großen Summe von Anleihen, die der Stadt Mailand gespendet wurden. Vgl. S. Bertolucci, G. Meda Riquier, „Il ciclo di affreschi del cortile d'onore del Palazzo di Brera", *Milano pareva deserta... 1848-1859. L'invenzione della patria, Il Risorgimento* 13 (1999), S. 229-242.

2 Ebd., S. 238.

3 Der Zentralfriedhof von Mailand ist gewissermaßen das „Pantheon" der prominenten Bürger der Stadt. Hier sind unter anderen Alessandro Manzoni, Carlo Cattaneo und Francesco Hayez begraben. In der „Ehrenhalle" dieses Friedhofs, in der man diejenigen namentlich nannte, die des öffentlichen Andenkens als besonders würdig erachtet wurden, erscheint auch Heinrich Mylius' Name auf der langen Liste der Wohltäter der Stadt.

Eine wichtige Quelle für die Rekonstruktion des kulturellen und ethischen Kontexts von Heinrich Mylius' Wohltätigkeit ist sein Testament, das im vorliegenden Buch erstmalig veröffentlicht wird.[4] Noch ein weiteres Dokument ist aufschlussreich: Dabei handelt es sich um ein unfertiges Schriftstück, möglicherweise eine Aktennotiz, geschrieben mit Füllfederhalter auf schlichtem Papier, aber ohne Unterschrift, wobei die Handschrift selbst auf Ignazio Vigoni (sen.) hinweisen könnte. Auf der Rückseite in der unteren linken Ecke steht das Datum „26. Dezember 1842". Das war zwölf Jahre vor Mylius' Tod. Der Text fasst nicht nur dessen Wirken für das Gemeinwohl zusammen, sondern skizziert gewissermaßen auch Heinrich Mylius' moralisches Profil. Vorgestellt werden eine außergewöhnliche Person und ihre guten Taten. Im Einzelnen werden die Gründe für den Dank und die Anerkennung der Zeitgenossen aufgelistet. Der Verfasser des Dokuments unterteilt die Wohltätigkeit „unseres hervorragenden Mitbürgers des Herrn Heinrich Mylius [...]" in vier Kategorien:

> Die Errichtung einer öffentlichen, kostenlosen Schule in Triest, die er für Euch nach dem bitteren Verlust seines einzigen Sohnes gründete
>
> Die Einrichtung jährlicher Spenden für die Gemeinde Sesto di Monza [Sesto San Giovanni], in der er einige Grundstücke besitzt
>
> Eine jährliche Rendite von über 400 [österreichischen] Lire, als ein Geschenk an Kindergärten, und ein Kapital von 20000 [österreichischen] Lire für die Eröffnung eines neuen Kindergartens im bevölkerungsreichen Bezirk von Porta Comasina
>
> Eine jährliche Rendite von 50 [Mailänder] Lire für die Förderkasse, eine von 4065 [österreichischen] Lire für die Ausstattung der Chemieschule und ein Kapital von 12 [tausend] [österreichischen] Lire für die Erstausstattung dieses schönen Instituts.[5]

Die Angaben werden durch andere zeitgenössische Quellen gestützt. So bestätigt der Wirtschaftswissenschaftler und Politiker Antonio Allievi den ersten Punkt. Allievi war seit 1853 Referent in der von Mylius gegründeten und lange Zeit geleiteten „Società d'Incoraggiamento d'Arti e Mestieri" („Gesellschaft zur Förderung von Kunstgewerbe und Handwerk", SIAM). In einer öffentlichen Rede betonte er Mylius' entscheidende Rolle bei der Schaffung protestantischer Grundschulen in Triest; Mylius war einer der ersten Geldgeber dieser Bildungseinrichtungen.[6]

Tatsächlich war das Klima, das die Einrichtung öffentlicher Schulen begleitete, für die Anliegen der Protestanten nicht gerade günstig. Am 17. Februar 1835 eröffneten Reformierte und

---

4 Siehe ab S. 147.

5 [I. Vigoni sen.], *Beneficenza di E. Mylius*, ASVV A.EM.XVIII.4.

6 Allievi (1824-1896) war ein Anhänger der liberalen Ideen von Gian Domenico Romagnosi und Carlo Cattaneo. Die Rede, die er zu Heinrich Mylius' Tod hielt, findet sich in „Commemorazione di Enrico Mylius", *Crepuscolo. Rivista settimanale di scienze, lettere, arti, industria e commercio* V/18 (1854), S. 280-283.

Lutheraner eine Schule in Triest. Schon 1855 bot diese Schule Grund- und Mittelschulkurse sowie einen zweijährigen Kurs in „Technik und Handelswesen". Die Schule wurde von über 400 Schülern besucht, von diesen waren 113 Lutheraner und 141 Katholiken.[7]

Auch für den zweiten Punkt der Liste von Mylius' guten Taten, die der Anonymus zusammengestellt hat, lässt sich ein weiterer Beleg finden: Mylius hatte 1817 zugunsten der Bevölkerung von Sesto San Giovanni angeordnet, dass der Gemeinde eine kontinuierliche Zuwendung in Form der jährlichen Bezahlung einer Hebamme zugutekommen solle, die den Bäuerinnen kostenlos ihre Hilfe anbieten sollte.[8] In dem kleinen Ort, der damals noch im ländlichen Gebiet, einige Kilometer vor den Toren Mailands lag, hatte Mylius zwanzig Jahre zuvor ein Grundstück erworben.[9] Viele Jahre später, im Jahr 1842, entschied er, das der Rendite zugrundeliegende Kapital erheblich zu erhöhen, um auf diese Weise einer größeren Anzahl von Familien diese Unterstützung, um die er sich persönlich kümmerte, zu ermöglichen. Er legte außerdem fest, dass nach seinem Tod der jeweilige Priester vor Ort die Verteilung der Beträge übernehmen solle.[10]

Mylius' Förderung von und seine konkreten finanziellen Aufwendungen für Kindergärten und Grundschulen in Mailand sind deutlich besser dokumentiert. Es sei daran erinnert, dass es damals tatsächlich „Kindergärten" oder „Kinderschulen" gab: Anstalten für Waisen und Kinder aus kinderreichen, minderbemittelten Familien, in denen die Eltern oft den ganzen Tag unterwegs waren. Diese Anlaufstellen waren unentbehrlich für die Vermittlung einer ersten Erziehung und Bildung, aber diese reichte nur bis zum siebten Lebensjahr. Danach kehrten die Kinder meist auf die Straße zurück, wo sie auf Druck ihrer Familien kleinere Arbeiten verrichteten, die aber letztlich wenig einbrachten. Wegen dieses Zwangs zur Arbeit konnten die Kinder oftmals die sogenannten „Grundschulen" nicht mehr besuchen, die bis zum zehnten Lebensjahr reichten. Damit verloren sie in der Regel auch noch das bescheidene Bildungsgut, das sie in den „Kinderschulen" erworben hatten.

Mylius finanzierte Kindergärten und eben solche „Grundschulen". Im Jahr 1843 kaufte er, mit zwei üppigen Zuwendungen von je 50.000 Lire, „ein weitläufiges Wohnhaus [...] damit die Erziehung der armen Kinder bis zu deren 10. Lebensjahr ausgeweitet werde; tatsächlich eröffnete er neben dem Kindergarten eine Grundschule."[11] Hier gründete er zusammen mit Erziehern, Ärzten und Priestern 1850 angesichts der hohen Geburtenrate in dem bevölkerungsreichen

---

7 Zur Geschichte der evangelischen Schulen in Triest siehe auch U. Bert, *Il Protestantesimo a Trieste: spunti storici*, Torre Pellice 1979, S. 29.

8 Vgl. *Gazzetta di Milano* 283 (1817), S. 1117.

9 Vgl. Kapitel 1.

10 Vgl. Pirola, *Guida statistica della Provincia di Milano*, S. 323f.

11 [Ignazio Prinetti], *Relazione compilata per cura di una commissione stata eletta dalla Società d'incoraggiamento delle Scienze, Lettere ed Arti, intorno alla pia casa degli esposti, ai ricoveri dei bambini lattanti, agli asili di carità per l'infanzia, ed ai conservatorj per la puerizia di Milano*, Mailand 1853, S. 143.

Viertel „Porta Comasina" im Norden Mailands auch das „Pio Istituto di maternità e dei Ricoveri per bambini lattanti e slattati" („Barmherziges Institut für Mutterschaft und Heim für Säuglinge und Kleinkinder"). Diese Betreuungsinstitution war das erste Zentrum dieser Art in Mailand (und es existiert noch heute).

Mylius gründete zudem in der SIAM eine Expertenkommission, die sich mit den Säuglingsheimen befassen sollte.[12] Sein Engagement erschöpfte sich also nicht in großzügigen Zuwendungen. Er förderte eben auch den Austausch von Fachleuten über geeignete, moderne Formen der Caritas. Weitere Projekte kamen hinzu. Ein Mailänder Chronist aus der Zeit um die Jahrhundertwende berichtet, Mylius habe Mittel zur Verfügung gestellt, damit „den Kindern von Mechanikern und Eisenbahnern auch die Funktionsweisen kleiner Dampfmaschinen beigebracht werden konnten, die sie dann zusammenbauten, zerlegten und in Gang setzten."

Darüber hinaus finanzierte Mylius nach Auskunft des besagten Mailänder Geschichtsschreibers „zahlreiche spezialisierte Werkstätten von Typographen, Drechslern, Schustern, Mechanikern", damit für jedes Kind von klein auf Bildungswege offen standen, die praktische und theoretische Inhalte vermittelten.[13] Zwischen dem sechsten und dem zehnten Lebensjahr erhielten die Kinder „eine Grundausbildung mit Fachkenntnissen, die ihnen beispielsweise Kompetenzen in der Buchhaltung von kleinen Handelsgeschäften vermittelten, so dass sie dank besser qualifizierter Arbeit ihre Familien unterstützten konnten."[14] Darüber hinaus gab es „eine Suppenküche und Kleidung" für alle Kinder.

Der vierte Punkt des Dokuments, dessen Verfasser wir leider nicht kennen, betrifft Mylius' wichtigstes Projekt, für das er einen beachtlichen Teil seines Vermögens ausgab. Im Jahr 1838 rief er Mailänder Kaufleute und Unternehmer zusammen, um sie davon zu überzeugen, die „Gesellschaft zur Förderung von Kunstgewerbe und Handwerk" zu unterstützen, die er zwecks Förderung von Produktion und Industrie gründen wollte. [Abbildung 46] Es ist gut möglich, dass Mylius dabei das Modell der „Polytechnischen Gesellschaft" vor Augen stand, die 1816 von zweiundzwanzig wohlhabenden Bürgern der Stadt Frankfurt gegründet worden war. (Zu ihnen zählte auch Mylius' Geschäftspartner und Freund, der oben genannte Bankier Simon Moritz von Bethmann.) Im Jahr 1822 entstand in Mylius' Geburtsstadt ein weiteres Institut, das die „Polytechnische Gesellschaft" flankierte: die „Frankfurter Sparkasse", die Arbeitern und Gewerbetreibenden Geldanlagen ermöglichte. Zu den Gründern der Sparkasse zählte auch Heinrich Mylius' Bruder Johann Jakob Mylius.

---

12 Vgl. D. Boati, R. Cavallo, G. Uberti (Hgg.), *Una vita per l'infanzia: Il Pio Istituto di Maternità di Milano: una esperienza di 150 anni*, Mailand 2017, S. 49.

13 Ebd., S. 147.

14 L. E. Rossi, *Milano benefica e previdente: cenni storici e statistici sulle istituzioni di beneficenza e di previdenza*, Mailand 1906, S. 35f.

Die Arbeit der „Polytechnischen Gesellschaft" bestand hauptsächlich in Bildungsprogrammen: In diesem Anliegen trafen bürgerliches Verantwortungsbewusstsein und das „öffentliche Interesse" zusammen. Man identifizierte sich mit dem Gemeinwohl und wollte die Stadt fördern, die wegen der napoleonischen Kriege wirtschaftlich schwere Zeiten durchmachte. So verlieh die „Polytechnische Gesellschaft" tüchtigen jungen Leuten Preise und kümmerte sich um die Ausbildung von Arbeitern, zum Beispiel durch die Möglichkeit, kostenlos an Spezialisierungskursen in technischen Fächern teilzunehmen. Man erkor Johann Wolfgang Goethe zum Ehrenmitglied und Schutzherrn der „Gesellschaft".

Der bereits erwähnte „Verein zur Beförderung des Gewerbefleißes in Preußen" war für Mylius ein weiterer Bezugspunkt unter den Institutionen in Deutschland mit ähnlichen Zielen wie „seine" SIAM sie vertrat. Der preußische „Verein" belohnte die besten technischen Patente mit einem Geldpreis und verbreitete technisch-wissenschaftliche, produktionsrelevante Kenntnisse durch öffentliche Tagungen und die Veröffentlichung von Fachliteratur. Auch in den Anfängen der SIAM standen Preisverleihungen im Vordergrund, die technische Erfindungen und Verbesserungen der Manufakturen und der Handwerksbetriebe in allen möglichen Produktionsbereichen prämierten. Der Hauptzweck solcher Auszeichnungen bestand darin, eine Kultur des fairen Wettbewerbs zu fördern: Initiative und Kompetenz, aber auch Rechtschaffenheit und Anstand sollten belohnt werden. Mylius und die Kaufleute und Unternehmer, die er um sich scharte, um den Erfolg seines Projekts sicherzustellen, waren sich bewusst, in einer Zeit nicht nur technischer Umbrüche zu leben. „Der beste Weg, die Wirtschaft zu fördern, liegt darin, sie durch Bildung zu unterstützen", lautete ein „typisches" Mylius-Programm. „Um Handwerkern und Technikern Bildung zu vermitteln, muss man sie miteinander und mit Wissenschaftlern in Kontakt bringen, und so eine Verbindung aus Praxis und Theorie bilden." [15]

Die Jahre, die auf die Gründung der SIAM folgten, standen im Zeichen des Aufbaus und der Konsolidierung. Sie verdankten sich Mylius' Pioniergeist, seiner erheblichen finanziellen Unterstützung, seinem Organisationstalent und nicht zuletzt der Ernennung eines hauptamtlichen Direktors. Berufen wurde Carlo Cattaneo (1801-1869), ein politisch engagierter Philosoph und Theoretiker der Moderne, der sich auch für Fortschritte in der konkreten Praxis einsetzte, in Produktionsprozessen ebenso wie in sozialen Belangen. Cattaneo war einer der prominentesten Befürworter von Innovation und von wissenschaftlichem, politischem und kulturellem Fortschritt in der Lombardei. Mit Mylius zusammen sorgte er dafür, dass die SIAM ab 1844 Lehrgänge für Fachspezialisierungen organisierte. Der erste systematisch durchstrukturierte Zweig der angehenden Fachhochschulen unter dem Dach der SIAM war der Zweig der Industriechemie. Ihr Leiter war der angesehene Chemiker Antonio (de) Kramer (1806-1853). [Abbildung 47] Ihre Gründung verdankte sich (wie eine Gedenktafel vermerkte) Julius Mylius' letztem Willen. Auf diese Weise sollte der Name des Frühverstorbenen

15 E. Mylius, „Rapporto annuale del Presidente della Società d'Incoraggiamento delle Arti e de'Mestieri dell'anno 1842", in: C. G. Lacaita (Hrsg.), *L'intelligenza produttiva: imprenditori, tecnici e operai nella Società d'incoraggiamento d'arti e mestieri di Milano (1838-1988)*, Mailand 1990, S. 39.

im Zusammenhang mit einer großen mäzenatisch-unternehmerischen Pionierleistung im Gedächtnis erhalten bleiben.[16] Weitere Schulzweige kamen hinzu: angewandte Physik („Industriephysik"), mechanische Geometrie, Seidenherstellungs- und verarbeitungsverfahren, zuletzt die Schule für Maschinentechnik. Die SIAM war organisiert als kostenlose, „polytechnische" Fachhochschule, in der technisches Know-how und Kunsthandwerk („angewandte Kunst") in Praxis und Theorie gelehrt wurden. Sie stand jedermann offen.

Die SIAM, so lässt sich mit Fug und Recht sagen, markierte einen Wendepunkt im Bildungs- und Ausbildungswesen, nicht nur für Mailand und die Lombardei, sondern für ganz Italien (das ja damals als geeinter Nationalstaat noch nicht existierte!). Sie ermöglichte auch jenen sozialen Schichten den Zugang zur Bildung, die sich traditionell davon ausgeschlossen sahen. Sie bewies, dass technisches Fachwissen modern, fortschrittlich, anschlussfähig und einträglich war.

Tatsächlich war ihr Erfolg bemerkenswert. Die Zahl der Auszubildenden stieg rasant, die Schulstruktur wurde alsbald um zahlreiche Werkstätten, eine Bibliothek und ein technologisches Museum erweitert. Im Jahr 1863 machte sich eine Gruppe von Dozenten der Schule für Maschinentechnik selbstständig, und gründete die (heute hochrenommierte) „Polytechnische Hochschule" von Mailand, das „Politecnico". Auch die SIAM selbst folgt als Berufsschule heute noch ihrem Gründungsauftrag.[17]

Carlo Cattaneo berichtete 1845 im Rahmen der jährlichen Verleihungen von Diplomen und Preisen vor dem Kuratorium der SIAM, der Direktion und einem großen Publikum von den Aktivitäten der Institution. Er sagte:

> Aber erlauben Sie, [...] dass ich Sie daran erinnere, dass sich Größe und Blüte dieser Stiftung bisher dem Herrn Rat Mylius und dem Herrn Prof. De Kramer verdanken; diese Stiftung verdanken wir zwei Familien, die in diesem Land nur ihre geliebte Wahlheimat haben; und daher wird das, was sie geleistet haben, für uns zur Verpflichtung - eine Pflicht, die nicht endet, bevor wir, die wir seit Generationen in diesem Land leben, nicht ebensolches für eben dieses Land getan haben.[18]

Anerkennung und Dank sprachen aus Cattaneos Worten. Ein Jahr zuvor hatte Heinrich Mylius selbst anlässlich der Eröffnung der SIAM gesagt:

---

16 Über der Inschrift befindet sich ein Marmorrelief von Heinrich Mylius' Profil. Die Inschrift lautet: „Für Herrn Heinrich Mylius / da er lange Zeit wohnhaft in Mailand war und noch mehr da er eine Mailänder Seele besaß / der diese Schule für Industriechemie im Jahr MDCCCXLIV gründete / um den letzten Willen des Sohnes Julius zu erfüllen / dass mit solcher Wohltätigkeit / der so teure Name verbunden werde / Die Società d'Incoraggiamento / Vermittler der Dankbarkeit der Bürger". Marmorrelief und Inschrift befinden sich im Eingangsbereich der SIAM in Mailand.

17 Zur heutigen Tätigkeit der SIAM vgl. die Website: www.siam1838.it.

18 C. Cattaneo, „Rapporto all'assemblea privata dei socj promotori del 28 dicembre 1845", in: Ders., *L'innovazione come leva dello sviluppo. Scritti e discorsi per la Società d'Incoraggiamento d'Arti e Mestieri*, hrsg. von C. G. Lacaita, Florenz 2001, S. 78.

> Ein persönliches Vertrauen erfreut uns, meine Herren, und ist uns ein Ansporn: Dass unser gemeinsames Werk, diese Institution, für allezeit auf würdige Weise das Ziel erreichen kann, für welches sie errichtet wurde, dem Gemeinwohl zu dienen und die Fürsprache und Sympathien derjenigen zu erlangen, die eine Liebe für das Schöne, für das Gute und für das Wahre empfinden. Ihr unermüdliches Werk wird ans Ziel führen, meine Herren. Ich sage diese Worte mit tiefempfundener Rührung. Das ist mein Wunsch und meine Bitte. Wenn mein Alter und meine schwindenden Kräfte mich zwingen, die mir anvertraute Aufgabe in fähigere Hände zu legen, werden die Erinnerung an Eure Aufnahme, das Vertrauen darauf, dass diese Institution durch Eure Liebe zu ihr überlebt, und das Gute, für das sie steht, ein besonders schöner und wohltuender Trost für mich sein.[19]

Die von Mylius gegründete SIAM war, wie gesagt, das wichtigste technisch-wissenschaftliche Institut in Mailand und der Lombardei im 19. Jahrhundert. Denn auch in den Folgejahren spielte die „Gesellschaft" eine herausragende Rolle als Motor des Wirtschaftswachstums im Zusammenspiel mit technischem, kulturellem und sozialem Fortschritt.

Aber Mylius' Engagement erschöpfte sich nicht in der Gründung und Finanzierung der SIAM. Das oben zitierte zeitgenössische Dokument, dessen Autor möglicherweise Ignazio Vigoni (sen.) war, vermerkt:

> Dies sind [...] die Summen, die er zugunsten des Gemeinwohls in diesem Land spendete. Mir ist allerdings auch bekannt, dass er außerdem große Summen für die Unterstützung und Gründung von wohltätigen Einrichtungen in seiner Geburtsstadt Frankfurt verteilte.[20]

Mylius gehörte, wie oben angedeutet, zur Gruppe der Wohltäter, die dafür sorgten, dass Frankfurt am Main zu einer der Städte in Deutschland mit der höchsten Zahl an Stiftungen und wohltätigen Institutionen wurde. Solch ein Engagement entsprach der alten reichsstädtischen Tradition.

Nicht zuletzt die Nachrufe nach seinem Tod (1854) machten nähere Angaben zu Mylius' Großzügigkeit zugunsten der Stadt. Aufschlussreich ist beispielsweise die Rede, die sein Freund Eduard Rüppell hielt.[21] [Abbildung 48] Mit Schenkungen, so Rüppell, hatte Mylius den neuen Sitz und die Erweiterung des „Versorgungshauses"[22] finanziert. Es handelte sich bei diesem „Haus" um eine 1817 gegründete Stiftung, die bedürftigen Kindern und alten Menschen Hilfe und Fürsorge zukommen ließ.[23] Seit 1838 spendete Mylius größere Summen für Kinderhorte und Kinderschulen. Auch die „Niederländische Gemeinde Augsburger Confession",[24] die im Jahr 1585

19 E. Mylius, „Allocuzione di ringraziamento", *Atti della Società d'Incoraggiamento delle Arti e de'Mestieri* (1844), S. 153.

20 [I. Vigoni sen.], *Beneficenza di E. Mylius*, ASVV A.EM.XVIII.4.

21 Vgl. *Didaskalia* 105, [S. 3]. Vgl. Usselmann, „...ernste Musik liebend..." (im Druck).

22 Heute „Versorgungshaus und Wiesenhüttenstift", vgl. die Website: www.wiesenhuettenstift.de.

23 Vgl. B. Wissenbach, *200 Jahre Versorgungshaus und Wiesenhüttenstift: das älteste Altenheim Frankfurts*, Frankfurt a. M. 2017, S. 24f.

24 Vgl. die Website: www.ngac.de.

von Glaubensflüchtlingen aus Antwerpen gegründet worden war und sich in Frankfurt wohltätig engagierte, erhielt eine beträchtliche Summe. Eine andere prestigeträchtige Institution, die von Mylius unterstützt wurde, war die „Senckenbergische Naturforschende Gesellschaft".[25] Hier hing Mylius' Hilfsbereitschaft möglicherweise mit seiner Freundschaft mit besagtem Eduard Rüppell zusammen. Rüppell, der 1794 in Frankfurt geboren wurde, war eigentlich für die Laufbahn in der Bank seines Vaters, Simon Rüppell, vorgesehen. Im Jahr 1816 musste er die Lehrzeit jedoch wegen einer Lungenerkrankung abbrechen und ging zur Kur nach Italien. Heinrich Mylius, der mit Rüppells Eltern befreundet war, bot dem jungen Mann in seinem Haus in der Via Clerici in Mailand Unterkunft. In den Jahren 1818 bis 1821 studierte der junge Rüppell Naturkunde an der Universität Pavia, nachdem Mylius ihm dort zu einem Studienplatz verholfen hatte. Zeitgleich studierte er Mathematik und Astronomie in Genua bei Franz Xaver von Zach.[26]

Seit seinen Studientagen arbeitete Rüppell eng mit der „Senckenbergischen Gesellschaft" zusammen, die im Jahr 1821 seine erste Reise nach Ägypten und Nubien (heute Grenzgebiet zwischen Ägypten und Sudan) und wenig später eine zweite naturwissenschaftliche Forschungsreise nach Abessinien förderte. 1841 wurde Rüppell Direktor der „Senckenbergischen Gesellschaft", für deren Museum er zahlreiche Ausstellungsstücke, darunter präparierte Säugetiere, Vögel, Fische, Insekten und Weichtiere erwarb.

Rüppell war mit Italien und der Familie Mylius eng verbunden. Er verbrachte viel Zeit in der Mylius-Villa in Loveno. Hier ordnete und systematisierte er die zahlreichen Objekte, die er von seinen Forschungsreisen mitbrachte.[27] In der Mylius-Villa verfasste er auch jene Beschreibung des Mylius'schen Familienanwesens, die bis heute unverzichtbar ist, enthält sie doch die wichtigsten Informationen zu den dort versammelten Kunstwerken und zu deren Bedeutung, wie Heinrich Mylius sie zusammengestellt und als Sinnganzes konzipiert hatte.[28]

Heinrich Mylius unterstützte die „Senckenbergische Gesellschaft", unter anderem durch einen Betrag in Höhe von 10.000 Gulden, so dass ein Museumkonservator eingestellt werden konnte. 7000 Gulden spendete er für die Bibliothek, 8000 Gulden für die Finanzierung von Stipendien für junge Naturwissenschaftler. Darüber hinaus gab er immer wieder Geld für die Anschaffung von Regalen und Büchern.[29]

---

25 Heute „Senckenberg Gesellschaft für Naturforschung", vgl. Website: www.senckenberg.de.

26 Von Zach war wohl das Vorbild für den Astronomen in Goethes *Wilhelm Meisters Wanderjahre*.

27 Vgl. G. Meda Riquier, „La ‚kleine Kiste' del Dr. Rüppell. Note sulla raccolta di strumenti scientifici di Villa Vigoni", *Villa Vigoni Comunicazioni / Mitteilungen* VI/1 (2002), S. 99. Für weitere Informationen zu Rüppell vgl. F. Berger, „Fernweh und Heimatliebe. Die Schenkungen des Forschungsreisenden Eduard Rüppell (1794-1884)", in: J. Gerchow (Hrsg.), *Frankfurter Sammler und Stifter* (Schriften des Historischen Museums Frankfurt 32), Frankfurt a. M. 2012, S. 155-167.

28 Vgl. E. Rüppell, *Erklärende Notizen zu einer Reihenfolge bildlicher Darstellungen der Villa Mylius zu Loveno am Comer See und der benachbarten Gegend*, Mailand 1852.

29 Vgl. *Didaskalia* 105, [S. 3].

In dem zitierten Dokument wird abschließend Mylius' Persönlichkeit geschildert, weshalb der Text hier (ins Deutsche übersetzt) wiedergegeben sei:

> „Aber [...] eine der Bedingungen seines bescheidenen Lebens ist, dass fast vollständig ignoriert wird, wie viel er für öffentliche und private Wohltätigkeiten gespendet hat. Und dennoch kann ich versichern, dass er, frei von jedem Luxus, im einfachen Lebensstil bei sich alles einsparte, was nicht unbedingt notwendig war, um es großzügig als Unterstützung an seine Mitmenschen zu verteilen. Mit einer feinen, tiefen Sensibilität und mit einem ausgeprägten Gespür für das Redliche und Gute, Einfache, Freundliche, Fleißige, lehnte er mühselige Aufträge für das Wohl der Armen und der Öffentlichkeit nie ab [...]. Seine lange Handelskarriere war von skrupulösester Ehrlichkeit gekennzeichnet sowie von seiner Bemühung um jene Aufgaben, bei denen privater Nutzen mit öffentlichem Vorteil verbunden werden konnte. [...] Es ist wirklich [...] anrührend von diesem respektierten Händler zu hören, wie er in kritischen Momenten für die Handelsinteressen zugunsten anderer Kaufleute eintrat und riet, Kredite trotz deren Unsicherheit zu halten, so dass sie mit der Zeit wieder gefestigt werden konnten. Er verlor seinen einzigen Sohn und widmete sein Leben von diesem Zeitpunkt an denjenigen, denen glückliche Fügungen fehlten, und dem Wohl seiner Mitmenschen: Diese Großzügigkeit, die auch vorher da war, stand seit seinem eigenen Verlust im Vordergrund. Außerdem ragten die Kraft und Geistesgegenwart sowie die natürliche Güte seines Herzens heraus, das sich voll Reinheit und Mitgefühl auch mutig zum Wohl seiner Freunde engagierte, zur Erfüllung der Bedürfnisse der Menschheit, zur Förderung der Schönen Künste und der Industrie. So zeigte er sich wohltätig gegenüber dem Land, dem er seine Existenz gewidmet hat, dessen natürliche Schönheit er schätzt und dem gegenüber er Wohlgefallen empfindet, ohne aber sein Geburtsland außer Acht zu lassen. Er sagte selbst, dass er mit seiner Wohltätigkeit die Sympathie, die Wärme und das Ansehen zurückgeben wolle, das ihm von allen Menschen in diesem Land [Italien] [Anm. d. Ü.] entgegengebracht wurde."[30]

Für Heinrich Mylius' beeindruckendes philanthropisches Engagement, das mit enormen finanziellen Zuwendungen einherging, lassen sich drei entscheidende Komponenten ausmachen: Da waren zum einen christliche Werte, von denen er tief überzeugt war. Hierzu zählte der Respekt vor dem Menschen, von dessen frühester Kindheit und Jugend an. Daraus resultierte wohl seine Bereitschaft, Institutionen zu fördern, die junge Mütter unterstützten und für die Erziehung von Kindern aller Gesellschaftsklassen sorgten. Es gehörte dazu das Streben nach einem Ziel, das über den Tod hinausweisen sollte. Und es gehörte ganz sicher eine Vorstellung von materiellem Besitz dazu, die diesen nicht als Ziel an sich betrachtete, sondern als Mittel zum (guten) Zweck. Diese Werte und Überzeugungen bildeten die Tragepfeiler von Heinrich Mylius' moralischer und spiritueller Grundhaltung.

Für Mylius' Biographie war zweitens, wie wir gesehen haben, der Verlust des einzigen Sohnes, der eigentlich dazu ausersehen war, das Unternehmen des Vaters fortzuführen, ein dramatischer und zugleich zukunftsweisender Einschnitt. Im bewussten Umgang mit der Trauer gewann Mylius die Kraft, eine neue Art von „Erbe" zu schaffen: ein Erbe der Wohltätigkeit. Darauf bauten sein karitatives Engagement, seine Sensibilität für das „Gemeinwohl" und seine tiefe Überzeugung vom Nutzen von Sozial- und Bildungseinrichtungen auf.

30 [I. Vigoni sen.], *Beneficenza di E. Mylius*, ASVV A.EM. XVIII.4.

Ein drittes charakteristisches Element war Mylius' ethisches Verständnis von Arbeit und von Bildung und Wissen als unverzichtbaren Komponenten von Wertschöpfung. Er war überzeugt, dass moderne Arbeitsethik und praxisrelevantes Wissen Garanten des Fortschritts der Gesellschaft und jedes einzelnen Menschen darstellten.

Zu diesen drei Elementen trat Mylius' gottesfürchtige Annahme der eigenen, ihm von der Vorsehung zugewiesenen Rolle. Er war überzeugt, sich den ihm gestellten Aufgaben nicht entziehen zu können, erst recht nicht, nachdem er die providentielle Fügung und Verfügung über sein Schicksal verstanden zu haben glaubte.

Dieses Bündel an Motiven, die kennzeichnend für Heinrich Mylius' Leben und Wirken waren, besaß Wurzeln im Denken der Aufklärung und im protestantischen Bekenntnis. Sie gestatteten Mylius einen zuversichtlichen Blick in die Zukunft. Elend und Ignoranz, Mühsal und Knechtschaft ließen sich überwinden, so lautete sein Credo. Wirtschaft und Recht konnten Fortschritte machen und gerechtere Lebensverhältnisse schaffen. Für Mylius waren Ökonomie und Recht im Blick auf Bevölkerungswachstum und Ressourcenverteilung dann effizient, wenn sie an humane Werte gebunden blieben. Dazu zählten in seinen Augen die Freiheit des Denkens und der kreativen Intelligenz, Bildung und Kommunikation, der Respekt vor dem freien Willen bei gleichzeitiger Anerkennung des machtvollen Einflusses von Ideen und Erwartungen auf das Verhalten des Individuums und des Kollektivs. Im Zentrum von Heinrich Mylius' Vision, wie künftigen Herausforderungen zu begegnen sei, stand aber zweifellos „Wissen", und dazu gehörte für ihn auch die Kenntnis der Strukturen einer komplexen Gesellschaft auf allen ihren institutionellen und rechtlichen Ebenen.

Was Mylius' politische Orientierung im engeren Sinne betrifft, besitzen wir kaum aussagekräftiges Quellenmaterial.[31] Wahrscheinlich stand er den Ideen seines Mitstreiters bei der SIAM, Carlo Cattaneo, nicht fern. Dieser plädierte für ökonomischen Liberalismus und für Föderalismus, was die Struktur des Staates betraf. Cattaneo war überzeugt, irgendwann werde es die „Vereinigten Staaten von Europa" geben.

Ein weiterer Gewährsmann *in politicis* war für Mylius der sächsische, liberal denkende Aufklärer Bernhard von Lindenau, den er am Weimarer Hof kennengelernt hatte. In Mylius' Korrespondenz mit von Lindenau, die bis zu den ersten Monaten des Jahres 1848 reicht, finden sich wichtige Anmerkungen zur politischen Entwicklung Italiens. Mylius kritisierte das Abdriften der nationalen Idee (die er an sich für berechtigt hielt) in Richtung Nationalismus (den er wegen dessen Tendenz zum Zentralismus und zur Ausgrenzung alles „Fremden" fürchtete). Für Mylius bedeutete das Aufkommen des Nationalismus das Ende jenes Europa, das vom Handel geprägt war und es ihm selbst gestattet hatte, sich wie selbstverständlich zwischen den Städten und Handelszentren des Kontinents zu bewegen.

31 Vgl. C. Liermann, „Alle radici dell'agire", in: Pavoni, „*...rispettabilissimo Goethe...*", S. 21-27.

In den Tagen der gegen Habsburg gerichteten Aufstände, in den 1820er Jahren, hatte Mylius die Auffassung vertreten, die zersplitterten politischen Kräfte müssten gebündelt und Kampfbereitschaft müsse bewiesen werden. Dieses hehre Ziel verkörperte programmatisch Schwedens König *Gustav Adolf*, Pelagio Palagis Gemälde, das Mylius in Auftrag gegeben hatte.[32] Aber am Ende seines Lebens stand ihm ein anderes Ideal vor Augen. Sein letzter Auftrag ging an Giovanni Servi, und er lautete, der Maler solle William Penn (1644-1718) darstellen, und zwar in jenem idealisierten welthistorischen Moment, als Penn den Vertrag mit den Indianern am Ufer des Delaware abschloss – einen Vertrag, der die Gleichheit der Rechte von Ureinwohnern und Siedlern besiegeln sollte.[33] [Abbildung 49] Das Gemälde sollte Penns Verdienste als Vordenker der Universalität der Menschenrechte würdigen. Wenn man im Auge behält, dass Mylius stets Sujets ausgewählt hatte, die Träger von starken Bedeutungen und Botschaften waren, so mag man in der Entscheidung für die Idealgestalt des William Penn auch ein Bekenntnis zum geeinten friedlichen Europa sehen, war doch Penn mit seinem *Essay towards the Present and the Future Peace of Europe* (1693) einer der ersten gewesen, die sich für die Gründung eines europäischen Parlaments einsetzten. Eine zu schaffende „European Confederacy" sollte, so Penn, die ständigen Kriege verhindern, die für Jahrhunderte den Kontinent verheert hatten.

Mylius hat die Fertigstellung des Gemäldes nicht mehr erlebt. Aber das Werk wurde im Jahr seines Todes 1854 auf der internationalen Ausstellung der Brera-Akademie in Mailand gezeigt, und Mylius wurde als Auftraggeber genannt. Er hätte sich wohl nicht vorstellen können, dass mehr als hundert Jahre und weitere Kriege bis dato unbekannten Ausmaßes ins Land gehen mussten, bevor sich seine Villa am Comer See als ein europäischer Ort des friedlichen, konstruktiven Dialogs würde erweisen können. [Abbildung 50]

32 Vgl. Kapitel 1.

33 Der aktuelle Ort des Gemäldes ist unbekannt.

Indice dei nomi / Namensverzeichnis[1]

Il nome di Enrico Mylius non è stato inserito nell'indice. / Der Name Heinrich Mylius ist im Namensverzeichnis nicht eigens aufgeführt.

A

B

1 Questo indice riguarda la prima parte del volume; la seconda è provvista di un indice delle persone e istituzioni in forma di tabella. / Dieses Namensverzeichnis bezieht sich auf den ersten Teil des Buchs, da der zweite Teil ein Verzeichnis der Personen und Institutionen in Tabellenform aufweist.

C

D

E

F

G

H

I

J

K

L

M

O

P

R

S

T

U

V

W

Z

Illustrazioni

Abbildungen

1. Joseph Karl Stieler (1781-1858), Enrico Mylius / Heinrich Mylius, 1818 ca., carboncino su carta / Kohlezeichnung auf Papier (Villa Vigoni, Loveno di Menaggio).

2. Georg Melchior Kraus (1737-1806), Veduta di Bellagio sul lago di Como dalla collina di Cadenabbia / Ansicht von Bellagio am Comer See von der Anhöhe bey Cadenabbia, 1797, Acquaforte a colori / Kolorierte Radierung.

3. Georg Melchior Kraus (1737-1806), Parco di Weimar con pittrice / Weimarer Park mit Malerin, 1803, acquarello / Aquarell (Villa Vigoni, Loveno di Menaggio).

4. Francesco Hayez (1791-1882), Federica Mylius nata Schnauss / Friederika Mylius, geborene Schnauß, 1828, olio su tavola / Öl auf Holz (Villa Vigoni, Loveno di Menaggio).

5. Monogrammista / Monogramm "C.B.", La chiesa dei Santi Pietro e Paolo a Weimar / Die Stadtkirche zu St. Peter und Paul in Weimar, 1840, Litografia / Lithographie in: Saxonia. Museum für sächsische Vaterlandskunde, Dresden, Eduard Pietzsch & Comp., 1840, tav. / Tafel 2.

6. Carlo Bruni (1785-post 1835), Carl August, granduca di Sassonia / Carl August, Großherzog von Sachsen, 1825, pastello su carta / Pastell auf Papier (Villa Vigoni, Loveno di Menaggio).

7. Carlo Bruni (1785-post 1835), Johann Wolfgang Goethe, 1819-20, pastello su carta / Pastell auf Papier (Villa Vigoni, Loveno di Menaggio).

8. Carlo Bruni (1785-post 1835), Gaetano Cattaneo, 1826, pastello su carta / Pastell auf Papier (Villa Vigoni, Loveno di Menaggio).

9. Leonardo da Vinci (1452-1519), L'Ultima Cena (Il Cenacolo) / Das Abendmahl, 1497, affresco / Fresko (Refettorio del Convento di Santa Maria delle Grazie, Milano / Refektorium des Klosters Santa Maria delle Grazie, Mailand).

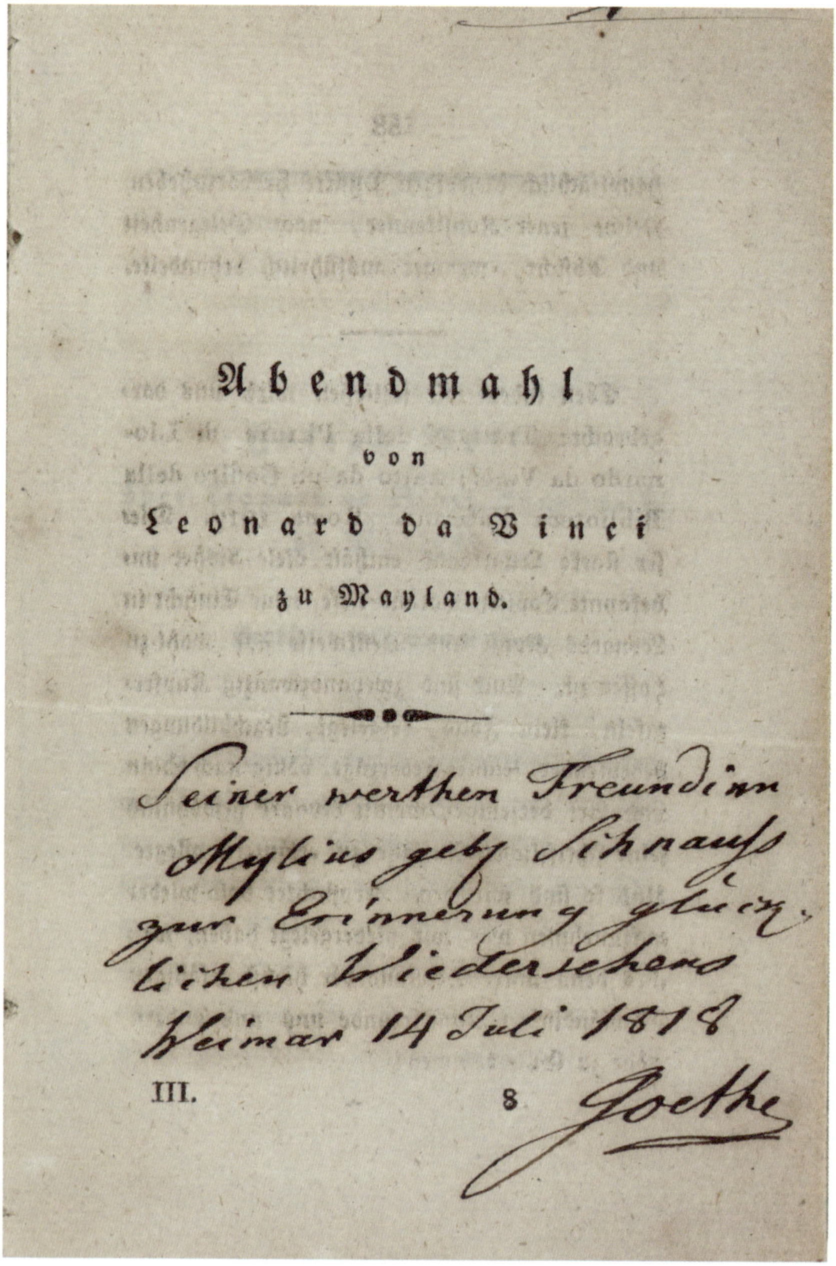

Abendmahl

von

Leonard da Vinci

zu Mayland.

Seiner werthen Freundinn
Mylius geb Schnauss
zur Erinnerung glück-
lichen Wiedersehens
Weimar 14 Juli 1818

III. 8 Goethe

10. Johann Wolfgang Goethe (1749-1832), Giuseppe Bossi intorno all'Ultima cena di Leonardo da Vinci a Milano / Joseph Bossi über Leonard da Vinci's Abendmahl zu Mailand in: *Über Kunst und Alterthum* I/3 (1817 [1818]), pp. / S. 113-188 (Villa Vigoni, Loveno di Menaggio).

11. Carlo Gerosa (1805-1878), Alessandro Manzoni, 1835 ca., pastello su carta / Pastell auf Papier
(Casa Manzoni - Centro Nazionale Studi Manzoniani, Milano).

12. Francesco Ratti (1819-1890) e / und Pietro Achille (1799-1872) da / nach Federico Moja (1802-1885), Galleria di Brera colla pubblica esposizione / Brera-Gallerie während der öffentlichen Ausstellung, 1844, acquaforte / Stich in: *Milano e il suo territorio*, Milano, Pirola 1844, p. / S. 239.

13. Pelagio Palagi (1775-1860), Gustavo Adolfo Re di Svezia, che prima di partire per la guerra di religione riceve dall'Assemblea degli Stati generali il giuramento di fedeltà alla propria figlia Cristina di anni 5 / Gustav Adolf von Schweden, dem die Stände in Anwesenheit seiner fünfjährigen Tochter Christina die Treue schwören, bevor er in den Krieg zieht, 1824 (Galleria d'Arte Moderna, Milano).

14. Giuseppe Beretta (1804-1855) da / nach Francesco Hayez (1791-1882), L'estremo giorno del Conte di Carmagnola / Graf Carmagnolas letzter Tag, 1838, incisione / Radierung.

15. Johann Gottlob Samuel Rösel (1768-1843), Veduta di Loveno con il monte Grona / Ansicht von Loveno mit dem Berg Grona, 1830 ca. (Villa Vigoni, Loveno di Menaggio).
In alto sulla destra è visibile la casa "signorile" della famiglia Pensa / Rechts oben ist das „herrschaftliche Haus" der Familie Pensa zu erkennen.

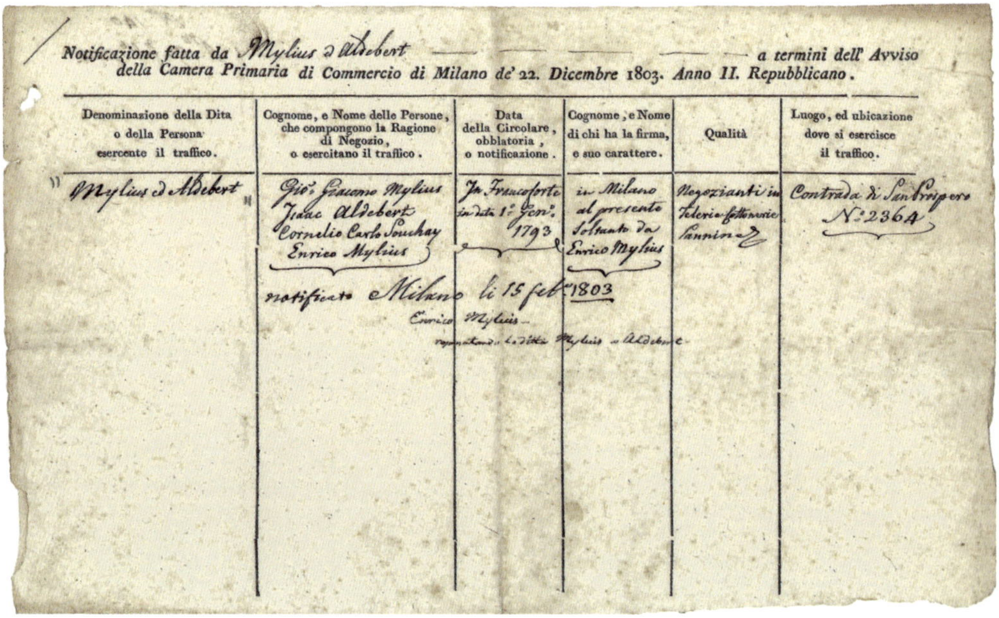

Notificazione fatta da Mylius & Aldebert *a termini dell' Avviso della Camera Primaria di Commercio di Milano de' 22. Dicembre 1803. Anno II. Repubblicano.*

Denominazione della Dita o della Persona esercente il traffico.	Cognome, e Nome delle Persone, che compongono la Ragione di Negozio, o esercitano il traffico.	Data della Circolare, obblatoria, o notificazione.	Cognome, e Nome di chi ha la firma, e suo carattere.	Qualità	Luogo, ed ubicazione dove si esercisce il traffico.
Mylius & Aldebert	Gio. Giacomo Mylius Isaac Aldebert Cornelio Carlo Souchay Enrico Mylius	In Francoforte in data 1° Genn.° 1793	in Milano al presente soltanto da Enrico Mylius	Negozianti in seterie, cottonerie, pannina	Contrada di San Prospero N.° 2364

notificato Milano li 15 feb.° 1803
Enrico Mylius
rappresentando la ditta Mylius & Aldebert

16. Notificazione della ditta "Mylius & Aldebert" / Eintrag der Firma „Mylius & Aldebert" in das Unternehmensregister, 1803 (Milano, Archivio Storico della Camera di Commercio).

17. Luigi Cherbuin (1810-1875), Teatro della scala / Die Mailänder Scala, 1844, acquatinta / Aquatinta in: *Milano e il suo territorio*, Milano, Pirola 1844, tav. / Tafel 7.

18. Luigi Cherbuin (1810-1875), Piazza del Duomo / Domplatz, 1844, acquatinta / Aquatinta in: *Milano e il suo territorio*, Milano, Pirola 1844, tav. / Tafel 1.

19. Pietro Gilardoni (1763-1839), Prospetto di casa Mylius in via Clerici a Milano / Vorderansicht des Hauses von Heinrich Mylius in der Via Clerici in Mailand, 1806 (Milano, Archivio Storico Civico).

20. Anonimo / Anonym, Friedrich Doerr, 1825-1850, litografia / Litographie (Villa Vigoni, Loveno di Menaggio).

21. Giovanni Migliara (1785-1837), La filanda a Boffalora / Mylius' Seidenspinnerei in Boffalora, 1828, olio su tela / Öl auf Leinwand (Villa Vigoni, Loveno di Menaggio).

22. Joseph Karl Stieler (1781-1858), Giulio Mylius / Julius Mylius, [1818?], miniatura / Miniatur (Villa Vigoni, Loveno di Menaggio).

23. Carlo Bruni ? (1785-post 1835), Giulio Mylius / Julius Mylius, miniatura su carta / Miniatur auf Papier, 1826 (Villa Vigoni, Loveno di Menaggio).

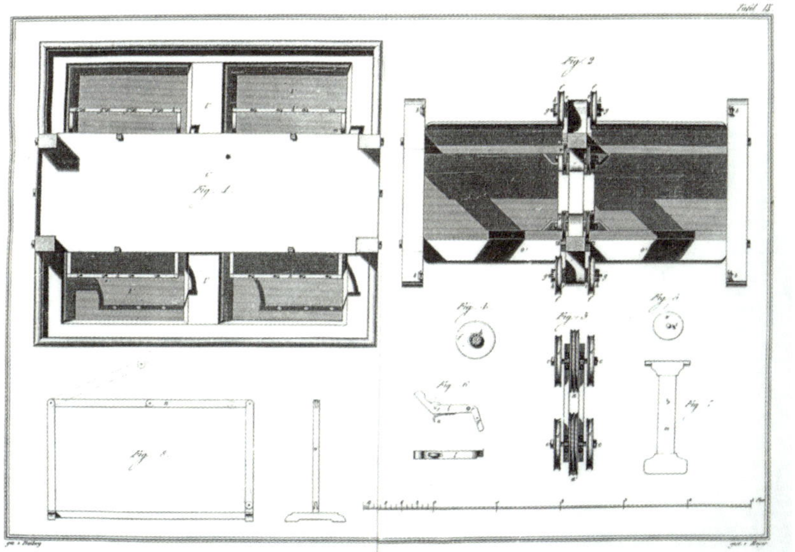

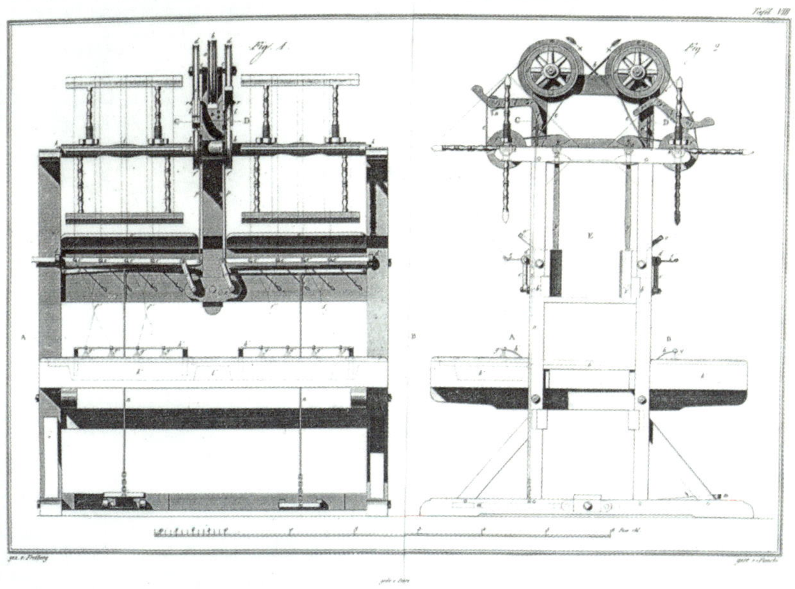

24a/b. D. Meyer da / nach Freiberg, L'aspo meccanico progettato da Giulio Mylius per la filanda di Boffalora / Aufriss- und Aufsichtsentwürfe von Seidenhaspelmaschinen der Mylius-Fabrik in Boffalora, entworfen von Julius Mylius, 1828, acquaforte / Stich in: Ernst Ludwig Schubarth (ed.), Verhandlungen des Vereins zur Beförderung des Gewerbefleißes in Preußen, vol. / Bd. 7, Berlin 1828, tavv. / Tafeln 8, 9.

25. Salomon Corrodi (1810-1892), Veduta di Loveno con il monte Grona / Ansicht von Loveno mit dem Berg Grona, 1839, acquerello e gouache su carta / Aquarell und Gouache auf Papier (Villa Vigoni, Loveno di Menaggio).

26. Luigi Riccardi (1808-1877), Veduta di villa Mylius-Vigoni dal parco / Ansicht der Villa Mylius-Vigoni vom Park her, 1835, acquerello / Aquarell (Villa Vigoni, Loveno di Menaggio).

27. Francesco Hayez (1791-1882), Luigia Vitali vedova Mylius / Luigia Vitali, verw. Mylius, 1832, olio su tavola / Öl auf Holz (Villa Vigoni, Loveno di Menaggio).

28. Anonimo / Anonym, Giulio Mylius / Julius Mylius, 1830-1835, olio su tela / Öl auf Leinwand (Villa Vigoni, Loveno di Menaggio).

29. Giovanni Migliara (1785-1837), Il Cimitero evangelico di Trieste con la tomba di Giulio Mylius / Der evangelische Friedhof in Triest mit Julius Mylius' Grab, 1835, olio su tela / Öl auf Leinwand (Villa Vigoni, Loveno di Menaggio).

30. Federico Moja (1802-1885), Il tempietto nel parco di Villa Mylius-Vigoni / Das „Tempelchen" im Park der Villa Mylius-Vigoni, 1842, olio su tavola / Öl auf Holz (Villa Vigoni, Loveno di Menaggio).

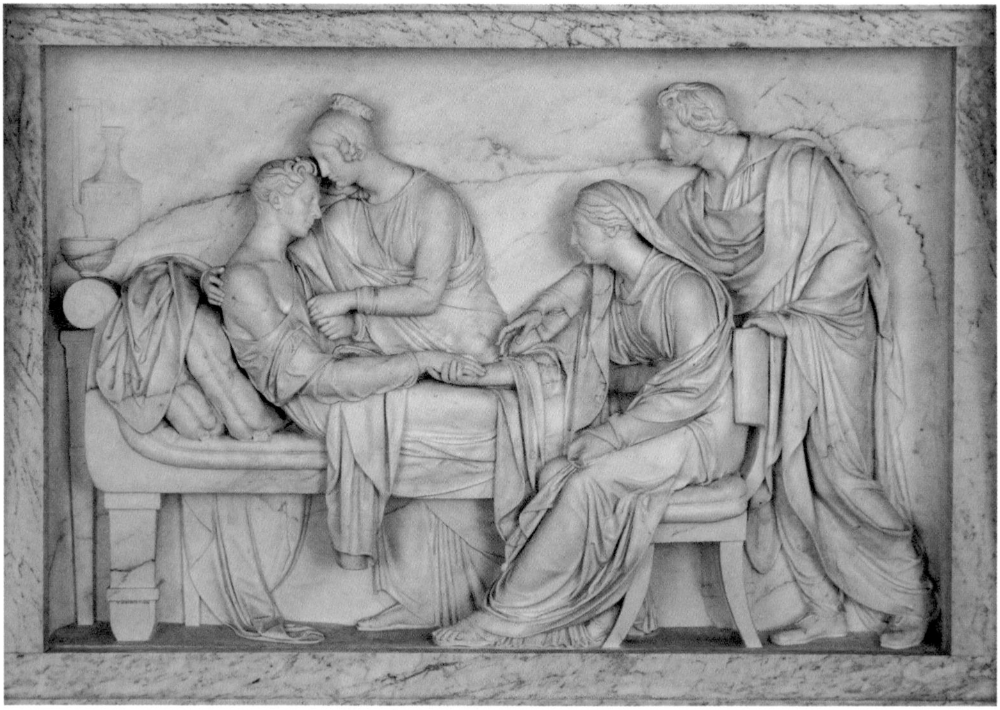

31. Pompeo Marchesi (1783-1858), La morte di Giulio Mylius / Julius Mylius' Tod, 1832, rilievo in marmo / Marmorrelief (Villa Vigoni, Loveno di Menaggio).

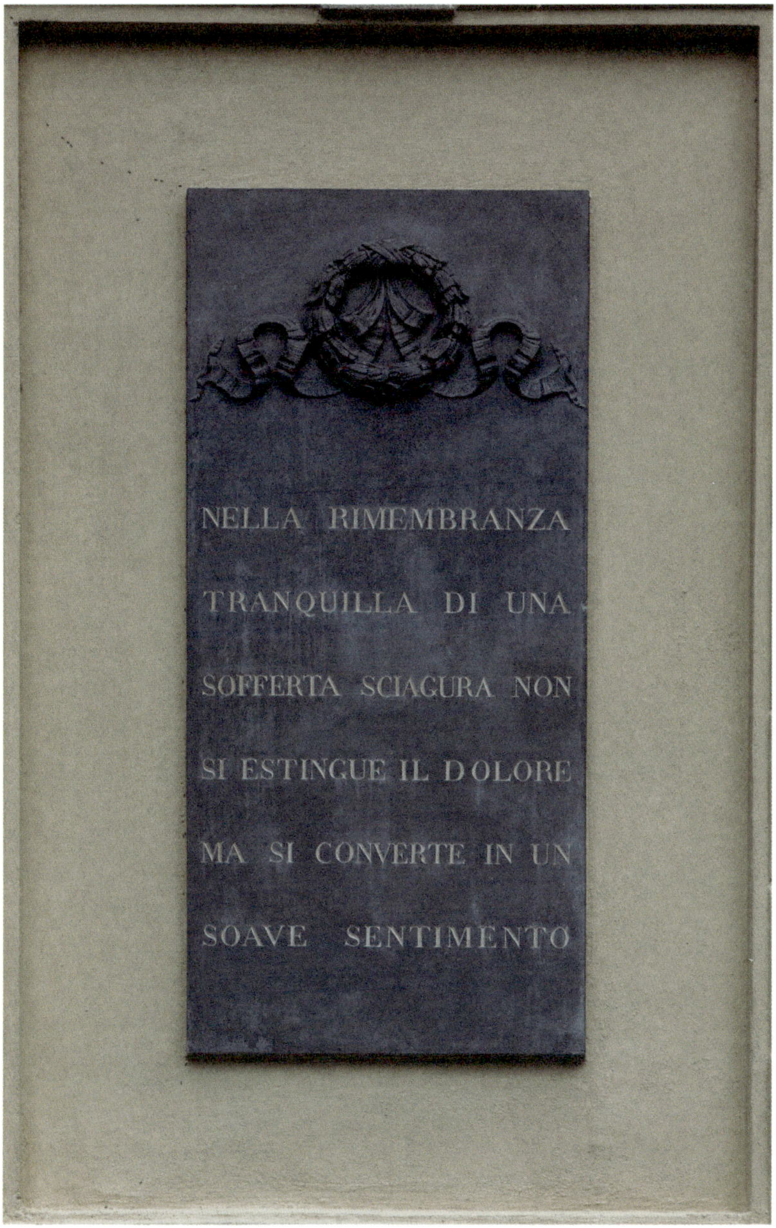

32. Lapide per il tempietto di Villa Mylius-Vigoni / Gedenktafel für das „Tempelchen" der Villa Mylius-Vigoni, 1832 (Villa Vigoni, Loveno di Menaggio).
Testo di Gaetano Cattaneo e Alessandro Manzoni / Text von Gaetano Cattaneo und Alessandro Manzoni.

33. Bertel Thorvaldsen (1770-1844), La Nemesi / Die Nemesis, 1835, rilievo in marmo / Marmorrelief (Villa Vigoni, Loveno di Menaggio).

34. Anonimo / Anonym, Eva tentata da serpente / Eva, die von der Schlange versucht wird, 1852 ca., acquaforte / Stich in: [Eduard Rüppell], Erklärende Notizen zu einer Reihenfolge bildlicher Darstellungen der Villa Mylius zu Loveno am Comer See und der benachbarten Gegend, Mailand 1852, tav. / Tafel 10 (Villa Vigoni, Loveno di Menaggio).

35. Pompeo Marchesi (1783-1858), Cristo fanciullo docente / Christus lehrt als Jüngling im Tempel, 1842, marmo / Marmor (Villa Vigoni, Loveno di Menaggio).

36. Democrito Gandolfi (1797-1874), La madre di Mosè che abbandona il figlio alle acque del Nilo / Die Mutter des Moses, die ihren Sohn im Nil aussetzt, 1845, marmo / Marmor (Villa Vigoni, Loveno di Menaggio).

37. Heinrich Maximilian Imhof (1795-1869), Ruth, 1848, marmo / Marmor (Villa Vigoni, Loveno di Menaggio).

38. Anonimo / Anonym, Davide il salmista / David als Psalmensänger, 1852 ca., acquaforte / Stich in: [Eduard Rüppell], Erklärende Notizen zu einer Reihenfolge bildlicher Darstellungen der Villa Mylius zu Loveno am Comer See und der benachbarten Gegend, Mailand 1852, tav. / Tafel 11 (Villa Vigoni, Loveno di Menaggio).

39. Pompeo Marchesi (1783-1858), Busto di Enrico Mylius / Büste des Heinrich Mylius, 1826, marmo / Marmor; Busto di Giulio Mylius / Büste des Julius Mylius, 1830, marmo / Marmor (Villa Vigoni, Loveno di Menaggio).

40. Friedrich Lose jr. (1809-1874), Il salone delle statue / Statuensaal, 1850 ca., litografia / Lithographie in: [Eduard Rüppell], Erklärende Notizen zu einer Reihenfolge bildlicher Darstellungen der Villa Mylius zu Loveno am Comer See und der benachbarten Gegend, Mailand 1852, tav. / Tafel 9 (Villa Vigoni, Loveno di Menaggio).

41. Anonimo / Anonym, Schiller, Goethe, Herder, 1852 ca., acquaforte / Stich in: [Eduard Rüppell], Erklärende Notizen zu einer Reihenfolge bildlicher Darstellungen der Villa Mylius zu Loveno am Comer See und der benachbarten Gegend, Mailand 1852, tav. / Tafel 12 (Villa Vigoni, Loveno di Menaggio).

42. Friedrich Lose jr. (1809-1874), Il nuovo cimitero di Loveno / Der neue Friedhof in Loveno, 1852 ca., litografia / Lithographie in: [Eduard Rüppell], Erklärende Notizen zu einer Reihenfolge bildlicher Darstellungen der Villa Mylius zu Loveno am Comer See und der benachbarten Gegend, Mailand 1852, tav. / Tafel 8 (Villa Vigoni, Loveno di Menaggio).

43. Friedrich Lose jr. (1809-1874) da / nach Alfonso Garovaglio (1820-1905), Il ponte di Loveno / Die Brücke in Loveno, 1853 ca., litografia / Lithographie in: [Eduard Rüppell], Erklärende Notizen zu einer Reihenfolge bildlicher Darstellungen der Villa Mylius zu Loveno am Comer See und der benachbarten Gegend, Mailand 1852, tav. / Tafel 13 (Villa Vigoni, Loveno di Menaggio).

44. Anonimo / Anonym, Ignazio Vigoni sr., 1845-50, fotografia colorata / Farbfotografie (Villa Vigoni, Loveno di Menaggio).

45. Agostino Caironi (1820-1907), Riconoscenza cittadina / Die Dankbarkeit der Bürger, 1859, olio su tela / Öl auf Leinwand (Villa Vigoni, Loveno di Menaggio).

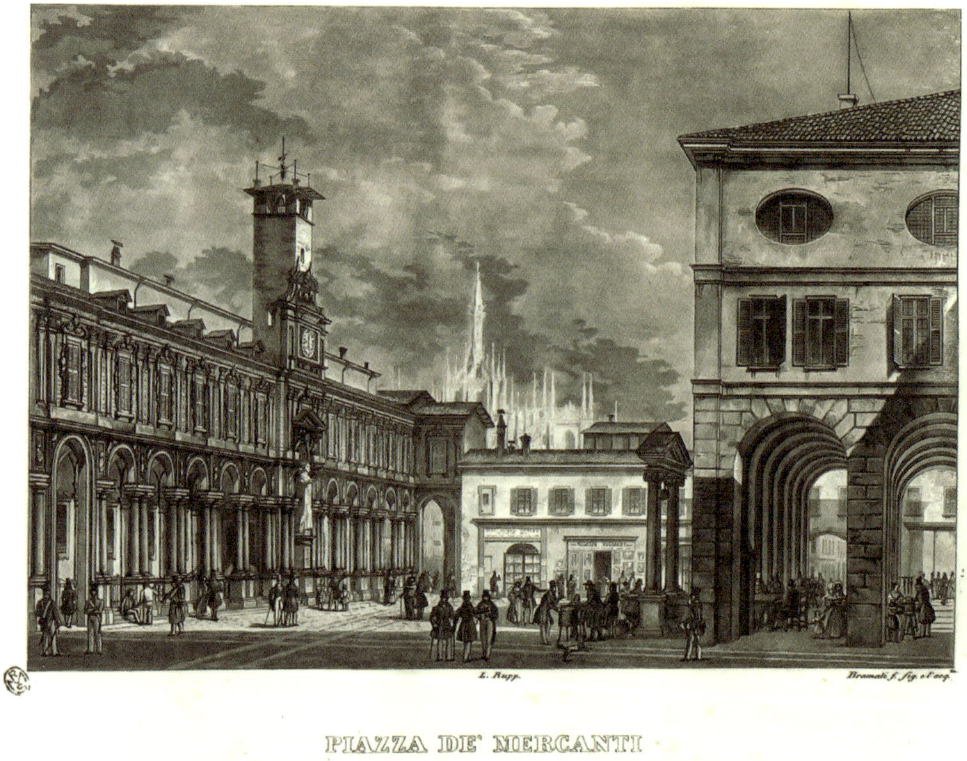

46. Ladislaus Rupp (1793-1854), fratelli / die Brüder Bramati, Piazza de'mercanti, 1833, acquaforte e acquatinta / Radierung und Aquatinta in: Raccolta di ventisei vedute di Milano dedicate a S. A. I. l'Arciduca Ranieri vicerè del Regno Lombardo Veneto, Milano 1833, tav. / Tafel 24.

47. Aurelio Alfieri (1800-1872), Monumento a Enrico Mylius e Antonio de Kramer / Monument für Heinrich Mylius und Antonio de Kramer, 1860, acquaforte / Stich (Società d'Incoraggiamento d'Arti e Mestieri - SIAM, Milano).

48. Carlo Bruni (1785-post 1835), Eduard Rüppell, 1821, pastello su carta / Pastell auf Papier (Villa Vigoni, Loveno di Menaggio).

49. Luigi Cherbuin (1810-1875) da / nach Giovanni Servi (1799/1800-1885), Guglielmo Penn sulle sponde del fiume Delawara / William Penn am Ufer des Delaware, litografia / Lithographie in: XVI Album, esposizione di belle arti in Milano e Venezia, Milano 1854, tav. / Tafel 7.

50. Philibert Perraud (1815-post 1855), Enrico Mylius / Heinrich Mylius, 1848 ca., dagherrotipo / Daguerreotypie (Villa Vigoni, Loveno di Menaggio).

II

Il lascito dei Mylius –
l'ultima volontà di Enrico Mylius e Federica Schnauss

Das Mylius-Vermächtnis –
der letzte Wille von Heinrich Mylius und Friederika Schnauß

Premessa

Dal racconto della poliedrica figura di Enrico Mylius e del suo universo cosmopolita, nasce la necessità di approfondirne la conoscenza attraverso lo studio del materiale autografo. La situazione ad oggi nota delle fonti, documenti autografi o autorizzati da Mylius, si dimostra ancora limitata.[1] Alla ricerca della 'voce' di Enrico Mylius, diventa perciò ancora più determinante una fonte finora né conosciuta da un ampio pubblico né sufficientemente studiata: si tratta delle sue ultime volontà.

Il lascito testamentario di Mylius non si limita a restituire un'ampia visione d'insieme dei molteplici contatti e delle reti familiari, di amici e professionali ma ne permette una dettagliata ricostruzione (cfr. indice delle persone). Anche se straordinariamente ampio, la sua architettura e la sua concezione rappresentano dal lato contenutistico e da quello strutturale un modello tipico di lascito di un mercante internazionale, benefattore e cittadino privato nel XIX secolo. Inoltre, i documenti rivelano i fondamenti etici del modo di pensare e di agire di Mylius e, nonostante il distaccato stile giuridico, lasciano emergere aspetti personali, quale il profondo rapporto con la moglie Federica Schnauss (cfr. doc. I.a, § 3: "alla mia dilettissima moglie [...] per l'ottima compagnia che mi ha sempre fatto, e per il costante affetto che mi ha sempre dimostrato per il corso di oltre cinquant'anni di matrimonio in cui mi rese felicissimo"), il legame particolarmente stretto con la città di Milano e i suoi cittadini (cfr. doc. I.a, § 35: "Con questi legati diretti al vantaggio ed al decoro della città di Milano intendo di dare ai suoi abitanti un ultimo attestato della più sincera mia riconoscenza per le non dubbie prove della loro stima ed affezione che mi hanno dato durante il lungo periodo di oltre cinquant'anni in cui vissi fra loro: lusingandomi benanche l'idea di poter sopravvivere nella memoria di una città a me si cara, e per sì giusti motivi da me già da lungo tempo considerata quale seconda mia patria."), ma anche momenti di intimità familiare come l'elaborazione del lutto tramite il linguaggio delle arti, in particolare quello della musica.[2] Alcune notizie tramandate nei documenti erano già note e coincidono con i risultati delle ricerche precedenti, ma la maggior parte di esse sono informazioni ancora del tutto ignote.

La ricerca delle tracce del testamento di Enrico Mylius inizia nell'Archivio Storico di Villa Vigoni (= ASVV); qui si conservano due documenti manoscritti: "Estratto delle disposizioni riguardanti i Sig.ri Conjugi Vigoni, contenute nell'atto di ultima volontà del 9 aprile 1851 del defunto Sig.r

1 Nell'archivio storico di Villa Vigoni (= ASVV) si sono conservati pochi documenti autografi di E. Mylius, poiché il suo archivio privato della corrispondenza tenuta a Milano risulta perduto. Una parte della corrispondenza di Mylius reperita in altri archivi e biblioteche, è stata pubblicata nell'appendice del catalogo di R. Pavoni (ed.), *"Rispettabilissimo Goethe... caro Hayez... adorato Thorvaldsen...". Gusto e cultura europea nelle raccolte d'arte di Enrico Mylius*, Venezia 1999.

2 Cfr. Doc. I.a, § 25, commentato in: V. Usselmann, ",...ernste Musik liebend...'. Heinrich Mylius und die Musik. Ein Einblick", in: *Heinrich Mylius (1769-1854) und die deutsch-italienischen Verbindungen im Zeitalter der Revolution* (Aurora – Schriften der Villa Vigoni 7), Stuttgart (in corso di stampa).

Cavaliere Enrico Mylius" e "Estratto dai Codicilli ed aggiunte al Testamento del defunto Signor Enrico Mylius riguardanti i Signori Conjugi Vigoni".[3] Si tratta di due trascrizioni dai diversi documenti testamentari di Enrico Mylius realizzate per Luigia Vitali e Ignazio Vigoni sen.

L'indagine continua presso l'Archivio di Stato di Milano nei cui fondi notarili si trovano, tra gli atti rogati da Giuseppe Alberti, notaio di Mylius, anche le versioni originali del suo testamento. Esaminando il fascicolo che copre il periodo dal 1 marzo al 30 aprile del 1851, il testamento si distingue immediatamente nella pila dei documenti – da un lato per la legatura straordinariamente accurata, eseguita con una cordicella gialla e nera, dall'altro per la presenza di un 'documento gemello': immediatamente adiacente al testamento di Enrico Mylius, subito riconoscibile per l'identico aspetto, si trova quello di sua moglie Federica, pubblicato lo stesso giorno (9 aprile 1851), nello stesso luogo ("[...] in Milano Centrale della Lombardia in una sala al primo piano superiore verso strada dell'abitazione del Sig. Consigliere Mylius nella di lui casa") alla presenza e con il coinvolgimento degli stessi testimoni. Per questo motivo – trattandosi di un'ulteriore conferma dell'affetto tra i due coniugi – anche il secondo documento viene qui pubblicato per rispettare il più possibile il pensiero originario della coppia di considerare i due scritti nel loro insieme.

All'inizio del testamento, in data 9 aprile 1851, Mylius dichiara che tutte le disposizioni da lui precedentemente stabilite decadono di ogni validità e sono da sostituire con il presente documento. Dopo questa stesura, tuttavia, nei tre anni successivi vengono apportate alcune aggiunte e codicilli; per completezza anche questi sono stati di seguito trascritti.

In linea di principio, occorre considerare come tutte le donazioni in denaro e altro, stabilite dai seguenti documenti rappresentino solo una parte dell'intera attività benefica della coppia Mylius e delle istituzioni e/o persone da loro considerate. Anzi, presumibilmente la maggior parte delle elargizioni furono effettuate in vita. Lo si può ricavare, ad esempio, da un ragguaglio dell'amico Eduard Rüppell, che elenca in modo dettagliato le generose donazioni economiche e materiali effettuate da Mylius prima della sua scomparsa, e questo, di conseguenza, spiega la relativa esiguità delle somme stabilite nel testamento.[4] Una circostanza che rivela il desiderio di una beneficenza da svolgersi con riservatezza, cosa, come riferito da alcune fonti, da interpretare quale segno di straordinaria modestia.

---

3 In: *Disposizioni del fu Illus.^{mo} Sig. Cav.^{e} Enrico* Mylius, ASVV A.EM.9.

4 E. Rüppell, "Die Senckenbergische naturforschende Gesellschaft und Heinrich Mylius sen.", *Frankfurter Volksbote* 26 (1854), p. 106-108; 28 (1854), p. 114-115; 29 (1854), p. 119-120.

Questo l'elenco dei singoli documenti testamentari:

Ia. *Deposito di Testamento del 9 Aprile 1851 (Enrico Mylius)*, Archivio di Stato Milano, Notarile di Milano, Atti dei Notai (Notarile Ultimi Versamenti), Alberti Giuseppe (1838-1870), cat. 726, n. 4258.

Ib. *Deposito di Testamento del 9 Aprile 1851 (Federica Schnauss)*, Archivio di Stato Milano, Notarile di Milano, Atti dei Notai (Notarile Ultimi Versamenti), Alberti Giuseppe (1838-1870), cat. 726, n. 4259.

II. *Deposito – Codicillo del 3 Luglio 1852 (Enrico Mylius)*, Archivio di Stato Milano, Notarile di Milano, Atti dei Notai (Notarile Ultimi Versamenti), Alberti Giuseppe (1838-1870), cat. 732, n. 4710.

III. *Codicillo del 28 Dicembre 1852 (Enrico Mylius)*, Archivio di Stato Milano, Notarile di Milano, Atti dei Notai (Notarile Ultimi Versamenti), Alberti Giuseppe (1838-1870), cat. 734, n. 4874.

IV. "Aggiunta del 24 Gennaio 1853", in: *Disposizioni del fu Illus.^{mo} Sig. Cav.^{e} Enrico* Mylius, ASVV A.EM.9.[5]

V. *Codicillo del 9 Maggio 1853 e Aggiunta del 22 Marzo 1854 (Enrico Mylius)*, Archivio di Stato Milano, Notarile di Milano, Atti dei Notai (Notarile Ultimi Versamenti), Alberti Giuseppe (1838-1870), cat. 736, n. 5010.

VI. *Codicillo del 14 Giugno 1853 (Enrico Mylius)*, Archivio di Stato Milano, Notarile di Milano, Atti dei Notai (Notarile Ultimi Versamenti), Alberti Giuseppe (1838-1870), cat. 737, n. 5042.

---

5 Il documento unisce trascrizioni di parti differenti degli altri documenti elencati; di seguito si riproduce quindi solo la parte in data 24/01/1853 e scritta in lingua tedesca, l'unica aggiunta non presente negli altri atti.

La struttura dei documenti segue sempre uno schema simile, che consiste in:

- frontespizio, compreso:
  - numero di pratica dell'atto notarile ("N.º [...] del Repertorio")
  - tipo di documento e/o oggetto (es. "Deposito di Testamento")
  - testatore (Mylius) ed estensore (notaio Alberti)
- testo:
  - luogo e data
  - premessa (quando presente)
  - testo suddiviso in articoli
  - formula/e di chiusura (quando presente)
  - autenticazione dei testimoni e del notaio
    ("Attestiamo noi sottoscritti [...]" / "Attesto quanto sopra qual testimonio [...]")
  - nota di avvenuta pubblicazione con luogo e data
    ("Si certifica, che il presente atto venne oggi pubblicato [...]")

Aspetti e criteri redazionali:

- edizione dei documenti in lingua originale
- firme e/o altre aggiunte di altra mano: in *corsivo*
- uniformazione di appellativi e titoli:
  - per tutte le varianti dell'abbreviazione di "Signore": "Sig."
  - per tutte le varianti dell'abbreviazione di "Signora": "Sig.ª"
  - per tutte le varianti dell'abbreviazione di "Dottore": "D.r"
- utilizzo di maiuscole e minuscole, interpunzioni ed evidenziazioni: come sull'originale
- parti di testo copiate dai documenti originali (cfr. nota 3 e 5): linea verticale in margine
- interruzioni e numerazione di pagina: [p. ...]
- elementi di testo non leggibili: [ill.]
- omesse:
  - firme di autenticazione dei testimoni in calce a ciascun foglio
  - segnature e numerazioni successivamente aggiunte

Vorwort

Bei der Ergründung der polyedrischen Figur des Heinrich Mylius sowie seines kosmopolitisch geprägten Universums ergibt sich die Notwendigkeit, die Erkenntnisse durch Erforschung autographer Materialien zu vertiefen. Die bisher bekannte Quellenlage an handschriftlichen, sowie von Mylius autorisierten Schriftstücken erweist sich als einigermaßen schmal.[1] Auf der Suche nach Heinrich Mylius' ‚Stimme' kommt daher einer Quelle, die bisher weder der Öffentlichkeit bekannt noch hinlänglich erforscht ist, eine umso größere Bedeutung zu: Es handelt sich um seinen letzten Willen.

Mylius' testamentarischer Nachlass ermöglicht einen weitreichenden Einblick in seine vielfältigen familiären, freundschaftlichen und beruflichen Kontakte und Netzwerke und gestattet deren genauere Rekonstruktion (vgl. Personenverzeichnis). Aufbau und Konzeption des Testaments entsprechen inhaltlich und strukturell einem (wenn auch sicherlich außergewöhnlich umfangreichen) typischen Vermächtnismodell eines international agierenden Kaufmanns, Wohltäters und privaten Bürgers des 19. Jahrhunderts. Darüber hinaus legen die Dokumente aber auch konkrete ethische Grundlagen von Mylius' Denken und Wirken offen und lassen trotz ihres sachlich-juristischen Stils persönliche Aspekte durchscheinen, so die innige Beziehung zu seiner Ehefrau Friederika Schnauß (vgl. Dok. I.a, § 3: „[...] meine[r] geliebte[n]/ Gattin [...] für die herausragende Gesellschaft, die sie mir immer geleistet, und die Zuneigung, die sie mir stets gezeigt hat, im Laufe unserer über fünfzigjährigen Ehe, während der sie mich äußerst glücklich machte" [ÜdA]), eine besonders enge Bindung an die Stadt Mailand und ihre Bürger (vgl. Dok. I.a, § 35: „Mit folgenden, zugunsten und zum Glanz der Stadt Mailand bestimmten Vermächtnissen möchte ich ihren Einwohnern ein letztes Zeugnis meiner tiefen Anerkennung geben, für die unzweifelhaften Nachweise ihrer Wertschätzung und Verbundenheit, die sie mir während des langen Zeitraums von über 50 Jahren, die ich unter ihnen verbracht habe, zukommen ließen: zudem schmeichelt mir die Vorstellung, im Gedächtnis dieser mir so liebgewonnen Stadt zu bleiben, welche ich schon seit langer Zeit aus treffenden Gründen als meine zweite Heimat betrachte." [ÜdA]), sowie intimste familiäre Momente wie den der Trauerverarbeitung durch die Sprache der Kunst, insbesondere der Musik.[2] Einige der dokumentierten Angaben waren bereits bekannt und decken sich mit Ergebnissen der bisherigen Forschung; größtenteils handelt es sich allerdings um bisher gänzlich unbekannte Informationen.

---

1 Im historischen Archiv der Villa Vigoni (= ASVV) sind kaum autographe Materialien des H. Mylius erhalten geblieben, da dessen privates, in Mailand geführtes (Korrespondenz-) Archiv verloren gegangen ist. Ein Teil der in weiteren Archiven und Bibliotheken überlieferten Korrespondenz Mylius' ist im Anhang des Katalogs von R. Pavoni (Hrsg.), *"Rispettabilissimo Goethe... caro Hayez... adorato Thorvaldsen...". Gusto e cultura europea nelle raccolte d'arte di Enrico Mylius*, Venedig 1999 veröffentlicht worden.

2 Vgl. Dok. I.a, § 25, ausführlich behandelt in: V. Usselmann, „‚...ernste Musik liebend...'. Heinrich Mylius und die Musik. Ein Einblick", in: *Heinrich Mylius (1769-1854) und die deutsch-italienischen Verbindungen im Zeitalter der Revolution* (Aurora – Schriften der Villa Vigoni 7), Stuttgart (im Druck).

Die Suche nach den Spuren des testamentarischen Vermächtnisses von Heinrich Mylius beginnt im Historischen Archiv der Villa Vigoni (= ASVV); hier werden folgende zwei handschriftliche Dokumente aufbewahrt: „Auszug der das Ehepaar Vigoni betreffenden Verfügungen, welche im Dokument des letzten Willens vom 9. April 1851 des verstorbenen Herrn Ritter Heinrich Mylius enthalten sind" und „Auszug aus den Nachträgen und Ergänzungen des Testaments des verstorbenen Herrn Heinrich Mylius, das Ehepaar Vigoni betreffend" [ÜdA].[3] Es handelt sich um zwei für Luigia Vitali und Ignazio Vigoni sen. angefertigte Abschriften verschiedener testamentarischer Dokumente von Heinrich Mylius.

Weiterhin führt die Suche in das Staatsarchiv Mailand, in dessen notariellen Beständen sich in den Akten von Mylius' Notar Giuseppe Alberti auch die Originalversionen des Mylius'schen Nachlasses befinden. Bei Durchsicht des entsprechenden Aktenpakets, das den Zeitraum vom 1. März bis zum 30. April 1851 abdeckt, sticht Mylius' Testament in dem Dokumentenstapel unmittelbar hervor – zum einen durch seine auffällig sorgsame Bindung mittels schwarz-gelber Kordel, zum anderen durch die Tatsache, dass es sich um ein ‚Zwillingsdokument' handelt: Unmittelbar an Heinrich Mylius' Testament schließt sich, sogleich erkennbar am identischen äußeren Erscheinungsbild, dasjenige seiner Ehefrau Friederika an, welches am selben Tag (9. April 1851), am selben Ort („[...] in Mailand, Hauptstadt der Lombardei, in einem zur Straße hin gelegenen Raum im ersten Stock des Hauses [...] Mylius" [ÜdA]) unter Anwesenheit und Einbeziehung der gleichen Zeugen (vgl. „testimoni") niedergeschrieben wurde. Aus diesem Grund wird jenes zweite Dokument – ein weiteres Zeugnis der besonderen Verbundenheit der Eheleute – hier ebenfalls veröffentlicht, um soweit als möglich dem ursprünglichen Gedanken des Ehepaars nachzukommen, diese beiden Schriftstücke vereint zu betrachten.

Zu Beginn seines Testaments, datiert auf den 9. April 1851, bekundet Mylius, dass alle zeitlich zuvor von ihm festgelegten Verfügungen ihre Gültigkeit verlieren und durch das vorliegende Dokument zu ersetzen sind. Nach dessen Niederschrift lässt er in den drei Folgejahren allerdings noch einige Nachträge und Ergänzungen anschließen, die hier der Vollständigkeit halber ebenfalls transkribiert wurden.

Grundsätzlich gilt zu beachten, dass alle in den folgenden Dokumenten testamentarisch festgelegten finanziellen und anderweitigen Zuwendungen nur einen Ausschnitt der gesamten Wohltätigkeit des Ehepaares Mylius sowie der bedachten Institutionen und/oder Personen darstellen. Ein Großteil der Schenkungen erfolgte wohl bereits zu Lebzeiten. Dies lässt sich beispielhaft aus einer Schilderung des Mylius-Freundes Eduard Rüppell ablesen, deren detailreiche Aufzählung erkennen lässt, dass Mylius große Spenden finanzieller und dinglicher Natur bereits vor seinem Ableben veranlasst

3 „Estratto delle disposizioni riguardanti i Sig.ri Conjugi Vigoni, contenute nell'atto di ultima volontà del 9 aprile 1851 del defunto Sig.r Cavaliere Enrico Mylius" und „Estratto dai Codicilli ed aggiunte al Testamento del defunto Signor Enrico Mylius riguardanti i Signori Conjugi Vigoni", in: *Disposizioni del fu Illus.^{mo} Sig. Cav.^{e} Enrico* Mylius, ASVV A.EM.9.

hatte und die testamentarisch verfügten Summen im Vergleich hierzu zum Teil relativ gering sind.[4] Hierin offenbart sich der Wunsch nach einer möglichst diskreten Caritas, welche, wie einige Quellen berichten, als Zeichen von Mylius' außerordentlicher Bescheidenheit interpretiert werden darf.

In der Zusammenschau ergibt sich folgende Übersicht an einzelnen testamentarischen Dokumenten:

Ia. *Deposito di Testamento del 9 Aprile 1851 (Enrico Mylius)*, Archivio di Stato Milano, Notarile di Milano, Atti dei Notai (Notarile Ultimi Versamenti), Alberti Giuseppe (1838-1870), cat. 726, n. 4258.

Ib. *Deposito di Testamento del 9 Aprile 1851 (Federica Schnauss)*, Archivio di Stato Milano, Notarile di Milano, Atti dei Notai (Notarile Ultimi Versamenti), Alberti Giuseppe (1838-1870), cat. 726, n. 4259.

II. *Deposito – Codicillo del 3 Luglio 1852 (Enrico Mylius)*, Archivio di Stato Milano, Notarile di Milano, Atti dei Notai (Notarile Ultimi Versamenti), Alberti Giuseppe (1838-1870), cat. 732, n. 4710.

III. *Codicillo del 28 Dicembre 1852 (Enrico Mylius)*, Archivio di Stato Milano, Notarile di Milano, Atti dei Notai (Notarile Ultimi Versamenti), Alberti Giuseppe (1838-1870), cat. 734, n. 4874.

IV. "Aggiunta del 24 Gennaio 1853", in: *Disposizioni del fu Illus.^{mo} Sig. Cav.^{e} Enrico* Mylius, ASVV A.EM.9[5].

V. *Codicillo del 9 Maggio 1853 e Aggiunta del 22 Marzo 1854 (Enrico Mylius)*, Archivio di Stato Milano, Notarile di Milano, Atti dei Notai (Notarile Ultimi Versamenti), Alberti Giuseppe (1838-1870), cat. 736, n. 5010.

VI. *Codicillo del 14 Giugno 1853 (Enrico Mylius)*, Archivio di Stato Milano, Notarile di Milano, Atti dei Notai (Notarile Ultimi Versamenti), Alberti Giuseppe (1838-1870), cat. 737, n. 5042.

---

4 E. Rüppell, „Die Senckenbergische naturforschende Gesellschaft und Heinrich Mylius sen.“, *Frankfurter Volksbote* 26 (1854), S. 106-108; 28 (1854), S. 114-115; 29 (1854), S. 119-120.

5 Das Schriftstück setzt sich aus Abschriften verschiedener Teile sämtlicher hier aufgelisteter Dokumente zusammen; im Folgenden wird daher nur jener auf Deutsch verfasste Passus vom 24.01.1854 veröffentlicht, der nicht bereits in den anderen Dokumenten Erwähnung findet.

Der Aufbau der Dokumente folgt dabei stets einem ähnlichen Schema, das sich aus folgenden Bestandteilen zusammensetzt:

- Deckblatt, inkl.:
  - notarielle Aktennummer („N.° [...] del Repertorio")
  - Dokumenttyp und/oder Betreff (z.B. „Deposito di Testamento")
  - Erblasser (Mylius) und Verfasser (Notar Alberti)
- Fließtext:
  - Nennung Ort und Datum
  - Vorwort (z.T.)
  - Testamentstext in Form von Paragrafen
  - Abschlussformel(n) (z.T.)
  - Beglaubigung durch Zeugen und Notar („Attestiamo noi sottoscritti [...]" / „Attesto quanto sopra qual testimonio [...]")
  - Textformel zur Testamentseröffnung inkl. Ort und Datum („Si certifica, che il presente atto venne oggi pubblicato [...]")

Editorische Aspekte und Kriterien:

- Veröffentlichung der Dokumente in Originalsprache
- Unterschriften und anderweitige handschriftliche Ergänzungen: *kursiv* gedruckt
- Vereinheitlichung von Anrede und Titel:
  - für sämtliche Varianten der Abkürzung von „Signore": „Sig."
  - für sämtliche Varianten der Abkürzung von „Signora": „Sig.ª"
  - für sämtliche Varianten der Abkürzung von „Dottore": „D.ʳ"
- Groß- und Kleinschreibung, Zeichensetzung sowie Hervorhebungen: aus Originaltext übernommen
- aus Originaldokumenten kopierte Textstellen (vgl. FN 3 und 5): seitliche Markierungslinie
- Seitenumbruch und -angabe: [p. ...]
- nicht lesbare Textstellen: [ill.]
- nicht wiedergegeben:
  - Unterschriften der Zeugen zur Beglaubigung jeweils am Papierbogenende
  - nachträglich hinzugefügte Signaturen und Nummerierungen

Documenti / Dokumente

I.a Testamento 09/04/1851

[p.1]
N. 4258 | 9. Aprile 1851

Deposito
di
Testamento.

Il Sig. Consigliere Cavaliere
Enrico Mylius.

Alberti Gius. q. Franc°
Cassa 2

1884 23 agosto L.6. nr. 801
Estratto del testamento
fuori estratto dell'all^{to} A. 31/7938707

[p.2]
fuori estratto dell'all.^{to} A. 14/2. 1898 N 169
" " " " *4/9 914* [ill.] *902 R. Civ.*

N.° 4258 del Repertorio
Regno Lombardo-Veneto
L'anno mille ottocento cinquantuno = 1851 = il giorno di Mercoledì nove = 9 = del mese di aprile
Regnando S.M. l'Imperatore e Re Francesco Giuseppe Primo.
Il Signor Consigliere Enrico Mylius Cavaliere di terza classe dell'ordine Imperiale austriaco della Corona Ferrea e dell'ordine del Falcon bianco del Ducato di Sassonia Weimar, Presidente della Società d'Incoraggiamento d'arti e mestieri etc del fu Sig. Giovanni Cristoforo nativo di Francoforte sul Meno, ed ora abitante in Milano nella Contrada dei Clerici al civico N.° 1768 qui personalmente comparso avanti a me Dr Giuseppe Alberti Notaro residente in questa città ed agli infrascritti testimoni.
Mi ha consegnato ond'abbia a conservare e custodire ne' miei atti notarili, dando copia a lui solo durante la sua vita.
L'originale suo Testamento scritto sopra cinque fogli di carta senza bollo da lui firmato in fine ad ogni foglio alla contemporanea presenza degli infradetti testimoni, e di me Notaro egual-

mente sottoscritto, avendo previamente fatto la dichiarazione che qui conferma, che in quell'atto si contiene realmente la sua ultima volontà, e di derogare perciò a qualunque precedente disposizione testamentaria.
E richiesto io Notaro conoscente del prefato Sig. Testatore, egualmente conosciuto dai Testimoni, com' Essi dichiarano ho steso e fui rogato del presente Istromento di deposito da rimanere in originale ne' miei atti, al quale ho unito il detto Testamento con cordicella gialla e nera che venne fermata all'estremità con cera lacca nera sulla quale fu impresso il sigillo del sullodato Sig. Consigliere Mylius portante le iniziali H. M.
Segue il tenore del Testamento: / Pongasi/
Fatto, letto e pubblicato in Milano Centrale della Lombardia in una sala al primo piano superiore verso strada dell'abitazione del Sig. Consigliere Mylius nella di lui casa
[p.3]
situata come sopra, presenti li Signori Giuseppe Piatti del vivente Alessandro, Pietro Marzoni del vivente Costantino, e Cirillo Motta del vivente Paolo tutti domiciliati in Milano il primo sul Corso di San Celso al civico N.° 4334 B, il secondo sul Terraggio de' Fabbri al civico N.° 3544, ed terzo sul Corso di Porta Vercellina al civico N.° 2596, testimoni noti ed idonei qui in appresso sottoscritti dopo la Parte con me Notaro firmato per ultimo

Enrico Mylius testatore
Giuseppe Piatti testimonio
Pietro Marzoni testimonio
Cirillo Motta testimonio
Io D.r Giuseppe Alberti Notaro residente in Milano

Si verifica, ch'il presente atto venne oggi pubblicato d'uff.°, essendo intervenuti alla pubblicazione il Not.o D.r Giuseppe Alberti ed il Sig. Giorgio Zorn
Milano dall' I. R. Tib.e Prov.le Sez.e Civile
27 aprile 1854
[ill.]
Quintavalle [ill.]

[p.4]
Allegato A. al. N.° 4258 del Repert.°

Milano, il giorno nove = 9 = aprile milleottocento cinquantuno = 1851 = verso le ore due e mezzo pomeridiane
Per alcune cambiate circostanze, e per avere già mandato ad effetto con atti fra vivi alcune disposizioni del mio testamento 25. Settembre 1849 esistente in originale negli atti del Sig. D.r Alberti al N°. 3681 del suo Repertorio mi sono determinato di rinnovarlo una seconda volta per intiero, rivocando così tanto il detto mio ultimo testamento, quanto qualunque altra precedente mia disposizione di ultima volontà, sebbene si trovasse munita di qualche clausola derogatoria generale o speciale che espressamente rivocherei se me ne ricordassi, volendo che in ogni peg-

giore ipotesi debbasi ritenere come aggiunta a questo mio testamento che solo intendo abbia a produrre effetti legali.
Ciò premesso. io Enrico Mylius del fu Giovanni Cristoforo di fede cristiana nato a Francoforte sul Meno di cui ho sempre conservato e conservo tuttora la cittadinanza, sebbene dimori da moltissimi anni in Milano, raccomandando previamente l'anima mia alla divina misericordia colla più matura riflessione dispongo col presente Atto in via di ultima volontà quanto segue:

1. La lira a cui intendo di riferirmi in questo Testamento dichiaro essere l'austriaca; cosicché tutte le somme da me disposte a titolo di legato si dovranno pagare in effettiva valuta al corso delle tariffe attualmente vigenti, escluso qualunque surrogato al denaro contante, come sogliono essermi pagate le mie attività, proibendo ai miei eredi di prevalersi della facoltà che fosse loro accordata dalla Legge di eseguire i pagamenti in un modo diverso dal qui indicato.
2. Tutti i legati vitalizi che non eccedono le lire mille = 1000 = all'anno, e quelli pure di una sola volta che non oltrapassino questa somma si dovranno soddisfare dai miei Eredi senza spesa

[p.5]

di sorta a carico del rispettivo legatario, cosicché i miei Eredi dovranno pagare tutte le tasse di successione ed i bolli di quitanza relativi ai legati compresi in detta misura, senza farvi la minima detrazione.

3. Essendo mio dovere di provvedere avanti a tutto alla mia dilettissima moglie Federica Schnauss nativa di Eisenach nel Gran Ducato di Sassonia per l'ottima compagnia che mi ha sempre fatto, e pel costante affetto che mi ha sempre dimostrato pel corso di oltre cinquant'anni di matrimonio in cui mi rese felicissimo, perciò in aggiunta a quanto già le devo in forza di regolari obbligazioni civili faccio a suo favore le seguenti disposizioni:
   A. Alla scadenza di tre mesi dalla mia morte le verrà pagato il capitale di lire cinquantamila = £ 50,000 = che le lascio in legato col diritto di liberamente disporne, esprimendole soltanto il desiderio che essa abbia ad erogarlo a favore de' suoi parenti di Sassonia.
   B. Lascio inoltre alla medesima l'usufrutto generale generalissimo di tutto indistintamente il mio patrimonio nitido di qualunque natura ovunque situato: dichiarando però che per semplificazione di rapporti, e per evitare a mia moglie le cure e gli incomodi della sua gestione il detto legato di usufrutto verrà a consistere:
   Nel godimento senza pesi di sorta degli appartamenti abitati da noi e dai conjugi Vigoni nella mia casa in Milano, compresi tutti i locali di servizio e pel comodo di carrozza.
   Nel godimento egualmente senza pesi della mia casa civile ed annesso Giardino coi relativi rustici in Sesto San Giovanni.
   Nel vero usufrutto in natura della mia Villa in Loveno sul Lago di Como e di tutti i fondi che sono da me posseduti nel Distretto di Menaggio.
   Nell'uso di tutti gli oggetti mobili e di mobiliare, suppellettili, capi d'arte, ed effetti d'ogni sorta di mia ragione che si troveranno esistere in

[p.6]

dette case, ad eccezione soltanto del denaro contante e delle carte di credito pubbliche e private di qualsiasi natura.

E nell' annualità di lire trentamila = 30,000 = effettive che i miei eredi dovranno corrisponderle senza di alcuna detrazione pei pesi di cui vado a caricare la mia Eredità in tre eguali rate quadrimestrali invia anticipata riferendo il primo pagamento al giorno della mia morte.

C. Riguardo poi al mobiliare ed altri effetti mobili che esisteranno nella mia casa in Milano ed in quella di Sesto San Giovanni è mia precisa volontà che mia moglie abbia la piena e libera facoltà di fare cambiamenti a suo arbitrio, di distrarre e perfino donare qualunque degli oggetti anche d'arte che si trovassero in dette case senza la minima limitazione, e senza di alcuna sua responsabilità; dovendo siffatte cose mobili passare dopo la morte di mia moglie a chi spetteranno in quella quantità, qualità e valore in cui si troveranno a quell'epoca, esclusa in qualsiasi caso qualunque ragione o pretesa di reintegro verso la sua eredità per veri o supposti danni o mancanze.

4. Istituisco e nomino Eredi in parti eguali i miei nipoti Enrico, e Giorgio Melchiorre Mylius (il primo denominato anche Menett) figli di mio fratello Giovanni Giacomo nativi di Francoforte ed ora dimoranti in Milano, coll'obbligo adempire tutti i legati da me ordinati in questo Testamento, o che potessi disporre in seguito anche col mezzo di semplici lettere o memorie da me dirette o consegnate all'infrascritto mio Esecutore testamentario, punto non dubitando ch'Essi si presteranno a mandare ad effetto in tutti i modi la mia volontà siccome conosco appieno la loro probità e delicatezza, delle quali coi più affettuosi sentimenti i detti miei nipoti al pari d'ogni altro mio parente hanno costantemente dato a me ed a mia moglie le più squisite prove in

[p.7]

tutto il corso della mia vita.

5. Lego a mio nipote Giona Mylius fratello de' miei Eredi abitante a Francoforte la somma di lire trecento cinquantamila = 350,000 = per una sola volta, ed al mio nipote Carlo altro loro fratello pure dimorante in quella città la somma di lire trecentomila = 300,000 = facendo questa differenza avuto riguardo alle diverse somme che ho loro sovvenuto e che intendo di disporre in vita od altrimenti a loro favore in modo che non abbiano all'epoca della mia morte a far parte della mia Eredità.

6. A mia nipote Susanna Caterina Dorotea Mylius sorella dei suddetti maritata a Manchester con Martino Schunck lascio la somma di lire duecentomila = 200,000 = per una volta tanto.

7. Nel caso disgraziato e per me sommamente deplorabile in cui si verificasse la premorienza a me Testatore de' miei nipoti Eredi istituiti, o dei legatari miei nipoti Carlo e Susanna, o di altro di essi, che Dio non voglia, rimarranno sostituiti di pieno diritto nella rispettiva quota di Eredità o nel rispettivo legato debitamente riferendo a loro rispettivi figli maschi e femmine per capi o per stirpi se-

condo l'ordine della successione intestata stabilita dal Codice Civile austriaco. Qualora poi mi premorisse il nipote Giona che non ha figli (avvenimento egualmente per me deplorabile e che prego Dio di non permetterlo) voglio che siano rispettate ed eseguite quelle disposizioni ch'Egli, reso da me consapevole di quanto gli ho lasciato nel mio testamento od in altri atti di mia volontà, avesse creduto di fare in contemplazione ed a riguardo del probabile conseguimento de' suoi legati. Che se mio nipote Giona non avesse fatto alcuna disposizione in proposito in forma autentica voglio che tutto quanto Egli sarebbe venuto ad ottenere in forza de' miei atti d'ultima volontà abbia a devolversi in parti eguali ai suoi fratelli e sorella Enrico, Giorgio, Susanna

[p.8]

maritata Schunck, e Carlo, ed in loro mancanza ai rispettivi discendenti come sopra.

8. Lego la somma di lire ottocentomila = £ 800,000 = ai nobili conjugi Ignazio Vigoni e Luigia Vitali, moglie in prime nozze del defunto mio figlio Giulio, da dividersi fra di essi in parti eguali: dichiarando di non avere crediti di sorta verso di essi, e che nel caso di premorienza dell'uno, o dell'altro a me Testatore, rimarranno sostituiti nella rispettiva metà del legato i figli nati dal loro matrimonio che esisteranno all'epoca della mia morte in parti eguali.

9. I legati da me disposti a favore dei miei nipoti Giona, Carlo e Susanna Mylius, e dei conjugi Vigoni nei §§ 5. 6. e 8. dovranno essere soddisfatti dai miei Eredi entro il periodo di tre anni da che sarà seguito il mio decesso; accordando loro la facoltà di pagarli anche in rate che non siano inferiori alle lire cinquantamila = £ 50,000 = per cadauna con un congruo preavviso che non sia minore di un mese per ogni rata.

10. Sulle somme rispettivamente dovute a ciascun legatario gli verranno corrisposti dai miei Eredi gli interessi nell'annua misura del quattro per cento = 4% = in due eguali rate semestrali soltanto però sei mesi dopo la mia morte, intendendo che il primo semestre debba andare a beneficio dei miei Eredi stessi, all'oggetto che in questo periodo possano provvedere ai primi bisogni della liquidazione del mio patrimonio.

11. Alla suddetta mia nuora Donna Luigia Vitali, rimaritata Vigoni lego la mia Villa di Loveno, Distretto di Menaggio sul Lago di Como, con tutti i fondi che possiedo in quel Comune e Distretto, e con tutti indistintamente gli effetti d'ogni natura che vi si troveranno, compresi

[p.9]

gli oggetti d'arte, ed esclusi unicamente e tassativamente il denaro contante e le carte di credito, intendendo di conservare in lei viva con questo legato la sempre cara e dolorosa memoria dell'infelice mio figlio Giulio di lei primo marito.

Quindi alla morte della mia usufruttuaria la detta mia nuora prenderà possesso della suddetta Villa ed annessi beni, e farà propri anche tutti i frutti pendenti, ed in generale tutto quanto si troverà esistere in quella località.

Anche in questo legato sostituisco i figli della legataria nel caso in cui essa mi premorisse.

12. Lego inoltre alla stessa mia nuora ed in sua mancanza ai suoi figli in parti eguali tutti gli effetti mobili suppellettili, argenti, oggetti d'arte e preziosi d'ogni specie, carrozze e cavalli, che si troveranno esistere nella mia casa in Milano, meno il denaro contante e le carte di credito come sopra, e ad eccezione altresì di quegli oggetti che fossero altrimenti disposti da me Testatore o distratti da mia moglie durante il suo usufrutto, giusta la facoltà che le ho conferito nel § 3. di questo Testamento.

13. E finalmente intendo debba continuare a favore della famiglia Vigoni indeterminatamente fino a tanto che piacerà a mia moglie durante il suo usufrutto l'uso gratuito dell'appartamento di cui la detta famiglia gode attualmente nella mia Casa in Milano senza di alcun peso: dichiarando che qualora questo godimento venisse protratto fino alla morte dell'usufruttuaria, dovrà cessare col giorno di San Michele immediatamente successivo alla sua verificazione. Se però all'epoca della morte di mia moglie, o della morte mia, se mia moglie mi avesse fatalmente preceduto, mancassero meno di tre mesi al giorno di S. Michele i conjugi Vigoni potranno godere il loro appartamento per un anno ancora col pagamento di quel modico fitto che sarà arbitrato dal mio Esecutore testamentario.

14. Nel caso in cui i miei Eredi volessero passare alla vendita da' miei beni di Sesto S. Gio; o che la mia Nuora volesse alienare lo stabile di Loveno

[p.10]

io li consiglio ad accordarsi reciprocamente la preferenza nel contratto a prezzo di equità; essendo mio desiderio di conservare possibilmente i detti stabili alla mia famiglia.

15. I seguenti legati di una sola volta dovranno essere soddisfatti entro l'anno dalla mia morte senza decorrenza d'interessi nel frattempo, cioè:

16. Volendo primieramente contemplare i parenti di mia moglie qui in appresso nominati lego loro le seguenti rispettive somme:

a) Lire dodicimila e cinquecento = £ 12500 = al Sig. Giulio Schnauss attualmente ad Jena del fu D.r Carlo già Consigliere a Weimar fratello di mia moglie, coll'obbligo di corrispondere a sua madre vita di lei durante gli interessi che sarà per ricavare dall'impiego di questo capitale.

b) Lire dodicimila cinquecento = £ 12500 = al Professore di Chimica Sig. C. A. Bartels attualmente ad Jena vedovo della Signora Luigia Hoffmann nipote di mia moglie, sostituendo nel caso di sua premorienza a me Testatore i figli e figlie di lui per capi in parti eguali.

c) Lire tremila = £ 3000 = alla Sig.a Cristiana Dörr vedova Witthauer attualmente dimorante ad Eisenach, o presso parenti abitanti in altra città di quei contorni.

d) Lire quattromila = £ 4000 = al Sig. Ermanno Dörr attualmente ad Amburgo, od ai suoi figli in sua mancanza in parti eguali.

e) Lire duemila = £ 2000 = al Sig. Roberto Dörr attualmente al servizio militare del Re d'Olanda

f) Lire duemila = £ 2000 = a Giulio Teodoro Dörr attualmente dimorante per affari di commercio alla Nuova Orleans.

g) Lire tremila = £ 3000 = alla Signora Paolina Dörr maritata Winzer a Schnupfenthal, ed in sua mancanza ai suoi figli come sopra.

h) Lire tremila = £ 3000 = alla Signora Francesca Dörr maritata Hesling a Waltershausen, ed in sua

[p.11]

mancanza ai suoi figli come sopra.

Tutti i quali Signori Dörr sono abiatici della fu Cristiana Schnauss già vedova Dörr sorella consanguinea di mia moglie mancata ai vivi in Eisenach.

Gli altri parenti di mia moglie, cioè Teodoro Dörr, la vedova e la figlia del fu Günther Schnauss trovansi contemplati con una pensione vitalizia nell'art.° 26.

17. Nel caso poi in cui uno o più dei legatari menzionati nel precedente articolo mi premorissero in istato nubile o senza figli voglio che il legato devoluto al premorto passi ai rispettivi sostituiti secondo le seguenti disposizioni, cioè:

Nel legato di austriache £ 12,500 devoluto al Sig. Giulio Schnauss come alla lettera a sostituisco il Sig. Professore Bartels ed in sua mancanza i suoi figli e figlie coll'ordine della successione intestata come alla lettera b.

Ed i legati che ho fatto a favore della Vedova Witthauer, de' fratelli Roberto e Giulio Teodoro Dörr e della loro sorella Paolina maritata Winzer di cui alle lettere c e f g passeranno in parti eguali ad Ermanno Dörr, ed a Francesca Dörr maritata Hesling, ed in loro mancanza ai rispettivi figli per stirpi.

18. Lascio lire diciottomila = £ 18,000 = fra tutti ai Commessi ed Impiegati della Ditta Enrico Mylius e Compagni in Milano, lire duemila = £ 2000 = fra tutti ai facchini ed inservienti della medesima, e lire seimila = £ 6000 = cumulativamente ai Commessi di quella Ditta in Genova, ed a quelli dell'agenzia recentemente stabilita a Roma, le quali somme rispettive dovranno essere distribuite a cura e beneplacito de' miei Eredi avuto riguardo tanto ai servigi prestati, quanto al tempo in cui si troveranno addetti alla Ditta nella rispettiva qualità, con qualche preferenza a quei Commessi tuttora esistenti nella Ditta

[p.12]

che già vi si trovavano prima dell'anno 1839 in cui io ne sono sortito, senza però escludere dalla compartecipazione quegli individui che si trovano o venissero in seguito da me contemplati con un lascito speciale a loro favore.

Con questo legato intendo di lasciare ai suoi compartecipanti un'ultima memoria del fondatore della Ditta alla quale appartengono.

19. Lego al Sig. Giorgio Zorn mio Esecutore Testamentario come abbasso lire ventimila = £ 20,000 = quale ricordo dell'antica amicizia che mi legava al defunto Sig. Dörr suo suocero.

20. Lego al Sig. Ernesto Brambilla figlio del fu Pietro Vincenzo in attestato della mia stima lire cinquemila = £ 5000 =.

21. Lascio la somma di lire dodicimila = £ 12,000 = da dividersi in parti eguali fra i quattro

figli delli furono Gaetano Pensa e Caterina Maroni [,] Andrea, Marietta maritata Brambilla, Giuseppina maritata Seyler, e Francesca maritata Ranci, e per quest'ultima già defunta ai suoi figli come abbasso, pregandoli di ritenere questo legato come una prova del mio affetto, e di quanto mi fosse cara l'ottima relazione che ho sempre conservato coi loro Genitori.

22. Lascio per una sola volta lire diecimila = £ 10,000 = al D.r Edoardo Rüppell Professore di storia naturale, lire cinquemila = £ 5,000 = al Sig. Pietro Seyler, lire tremila = £ 3,000 = per ciascuno al Professore di Pittura Giovanni Servi, ed al D.r Antonio Lesperon miei carissimi amici, e lire mille = £ 1000 = per ciascuna alle sorelle Elisa e Augusta Lose, quest'ultima maritata Pozzi attualmente dimoranti a Lugano, anche allo scopo che volendo possano acquistare qualche oggetto di loro aggradimento per mia memoria.

23. Nel caso di premorienza a me Testatore di altro dei legatari contemplati nei precedenti articoli 19. 20. 21. e 22. dichiarò di sostituire nel rispettivo legato

[p.13]

i rispettivi figli legittimi eventualmente superstiti.

24. Lascio per una sola volta da pagarsi subito dopo la mia morte
Ai Poveri della Parrocchia di San Tomaso in Terramara di Milano lire mille = £ 1000 =.
Ai Poveri della Parrocchia di Sesto San Giovanni lire cinquecento = £ 500 =.
Ai Poveri della Parrocchia di Loveno lire trecento = £ 300 =.
Ai Poveri della Parrocchia di Nobiallo frazione di Loveno lire duecento = £ 200 =.
Ed ai Poveri della Parrocchia di Boffalora lire trecento = £ 300 =.
Le quali somme saranno distribuite per cura dei rispettivi Parrochi e Coadjutori con preferenza agli infermi ed alle famiglie orfane di padre.

25. Desidero ardentemente che il mio cadavere, e quello della mia dilettissima moglie, a cui auguro ancora lunga vita dopo di me, siano deposti nella cella sepolcrale che ho fatto appositamente costruire nello scorso anno nel cimitero di Loveno, e prego i miei Eredi ed anche i Conjugi Vigoni di fare il possibile, perché questo mio voto sia adempito.
Inoltre desidero che in ciascuno dei giorni anniversari della morte di mio figlio Giulio (26. aprile), di me, e di mia moglie sia data verso sera una Benedizione nella Chiesa Parrocchiale di Loveno in perpetuo, chiudendo la sacra funzione coll'Inno da requie "La pace dei Santi" che venne appreso dalle giovani di Loveno nell'occasione in cui fu benedetto il nuovo Cimitero, e che voglio sia cantato da un coro di almeno 15 donne, le quali dovranno tenersi in esercizio fra l'anno per conservarne la memoria.
Per ciascuna delle dette tre funzioni assegno lire

[p.14]

dodici = £ 12 = per l'elemosina al Parroco, consumo della cera ed onorario al Sagrista, lire diciotto = £ 18 = al coro delle Cantanti, e lire venti = £ 20 = ai Poveri della Parrocchia, e così lire cinquanta = £ 50 = per volta. Più voglio che in ciascun anno sia assegnata una dote di lire cinquanta = £ 50 = ad una giovine della detta Parrocchia, che sia bisognosa e di onesti costumi, ed abbia pronta occasione di matrimonio.

La distribuzione dell'assegno alle donne del coro, dell'elemosina ai poveri, che potrà seguire ripartitamente fra l'anno, e la destinazione della dotanda si faranno da mia Nuora D.[a] Luigia Vigoni, e dopo di essa dal possessore per tempo della mia casa di villeggiatura in Loveno, sentito il parere del Rev.[do] Parroco locale.

Pel soddisfacimento di queste annualità ammontanti in complesso a lire duecento = ₤ 200 = voglio che siano consegnate alla Sullodata mia nuora otto obbligazioni della città di Milano del valor nominale di lire cinquecento = ₤ 500 = ciascuna fruttanti il cinquepercento = 5% = e che esse abbiano a costituire la dotazione del mio legato, da vincolarsi, ove sia possibile a suo favore, salva la libera percezione delle rendite al Patrono incaricato della loro erogazione, senza che si abbia ad esigere in nessun tempo una maggiore assicurazione. Se però la città di Milano volesse ammortizzare le dette Cedole, sarà in facoltà del proprietario della mia casa in Loveno o di trattenere presso di se il capitale, obbligando la villa coll'annesso Giardino mediante ipoteca al pagamento della detta annualità perpetua di lire duecento = ₤ 200 = o d'impiegarlo cautamente in altro modo coll'approvazione dell'Autorità Tutoria, facendo il possibile onde l'annualità stessa non abbia a mancare.

Con queste disposizioni spero di vivere lungamente nella memoria dei buoni Lovenesi, ai quali mi professo affezionatissimo.

26. Lascio le seguenti annualità da pagarsi dai miei

[p.15]

Eredi vita naturale durante del rispettivo assegnatario anticipatamente di trimestre in trimestre a contare dagli infraccennati giorni:

a) Lire cinquecento sessantotto e cent.[i] settantacinque = ₤ 568.75 = ritenute corrispondenti a Talleri centotrenta = 130 = di Prussia alla vedova del defunto Günther Schnauss figlio del fu Assessore Schnauss fratello consanguineo di mia moglie.
b) Lire trecento sei e cent.[i] venticinque = ₤ 306.25 = equivalenti a Talleri prussiani settanta = 70 = alla Sig.[a] Carolina Schnauss figlia di secondo letto del suddetto defunto Günther.

   Le notizie relative all'esistenza e luogo di dimora delle anzidette madre e figlia Schnauss si potranno avere dal Sig. Emilio Oettelt Consigliere di Governo a Weimar o dalle famiglie del Sig. Giulio Schnauss o dal Professore Bartels a Jena.
c) Lire settecento cinquanta = ₤ 750 = al Sig. Teodoro Dörr nativo di Eisenach attualmente dimorante a Manchester.
d) Lire mille e duecento = ₤ 1200 = al Professore Giovanni Servi, oltre il legato di cui nell'articolo 22.[o]
e) Lire mille = ₤ 1000 = alla Signora Giuseppina Lesperon vedova Spedalieri indi Hartmann.
f) Lire duemila settecento sessanta = ₤ 2760 = alla Signora Giulia Isoard vedova Steinhauser domiciliata attualmente in Livorno, e rimanendo a lei superstite la figlia Emma in istato nubile lire mille e duecento = ₤ 1200 = a quest'ultima fino al suo collocamento in matrimonio.

g) Lire cinquecento = ₤ 500 = alla Sig.[a] Haussknecht vedova del Sig. Federico Buttinhaus.
h) Lire quattrocento = ₤ 400 = a Giuseppina Viliani già Cameriera di mia moglie.
i) Lire duecento = ₤ 200 = a Maria Levrini maritata Miarioli altra cessata Cameriera.
k) Lire cento venti = ₤ 120 = a Fedelina vedova

[p.16]

del domestico Domenico De Martini.

l) Lire seicento = ₤ 600 = per ciascuno sempreché si trovino al mio servizio all'epoca della mia morte al cuoco Giovanni Mangiagalli, ai domestici Luigi Galimberti, e Luigi Mazzola, alla cameriera Giuditta Porta, ed al Cocchiere Angelo Dossi, e lire trecento = ₤ 300 = alla Portinaia della mia casa in Milano Giuseppa Casati vedova Pessina.

Dichiaro che l'annualità lasciata al Sig. Teodoro Dörr è quella stessa che vado a mettere in corso col primo Agosto prossimo venturo a suo favore, e che le annualità come sopra assegnate alle Signore madre e figlia Schnauss, Haussknecht vedova Buttinhaus, Lesperon, Isoard, Viliani, e De Martini sono quelle stesse che fin d'ora loro corrispondo spontaneamente e che soglio pagare quanto alle tre prime al principio d'ogni anno in una sola volta, e rispetto alle altre in due rate eguali nel 1.° Gennaio e 1.° Luglio di ciascun anno di modo che il rispettivo legato rimarrà surrogato all'assegno volontario, e sarà messo in corso di pagamento a loro rispettivo favore con quel giorno in cui a partire dalle anzidette epoche rispettive andrà a compirsi dopo la mia morte il periodo a cui sarà riferibile l'ultimo pagamento da me eseguito.

Nell'annualità lasciata al <u>domestico Galimberti</u> rimarrà compresa quella di lire trecento cinquanta = ₤ 350 = che soglio largirgli da molti anni in contemplazione dell'assistenza che fu da lui prestata all'infelice mio figlio. Ma qualora il Galimberti non fosse più al mio servizio all'epoca del mio decesso, per cui non potesse più conseguire la pensione principale, intendo che in questo caso debba essere continuato a suo favore il pagamento delle suddette lire trecento cinquanta = ₤ 350 = annua vita sua naturale durante.

Tutte le pensioni indicate alle lettere <u>d.</u> <u>i.</u> <u>l.</u> decorreranno a favore del rispettivo legatario dal giorno della mia morte in avanti.

27. Lascio in facoltà de' miei Eredi di liberarsi dall'onere di

[p.17]

soddisfare le dette annualità vitalizie col versare alla Compagnia d'assicurazione esistente in Milano il corrispondente capitale, nel qual caso i legatari non potranno ricusarsi di riconoscerla in loro debitrice in luogo de' miei Eredi, i quali rimarranno liberati di pieno diritto dalle corrispondenti obbligazioni.

28. Lego per una sola volta da pagarsi subito dopo la mia morte:

a) Ad ogni capo di <u>famiglia de' miei Massari e Pigionanti*</u> lire cento = ₤ 100 = oltre il condono dell'eventuale loro debito per fitti arretrati sotto il giorno di S. Martino anteriore alla mia morte, escluso l'eventuale debito delle scorte.
b) Al Giardiniere di Sesto Camillo Calderini, ed al Giardiniere di Loveno Francesco Cuneo lire cinquecento = ₤ 500 = per ciascuno.

c) A Maddalena Cesati, o come infatti, zia del Calderini con cui convive lire duecento = £ 200 =.

d) Ed al Garzone di Scuderia in Milano qualunque potesse essere simili lire duecento = £ 200 =.

29. Al sunnominato mio nipote Carlo Mylius verranno corrisposte annualmente nel 1.° Gennaio d'ogni anno lire novecento trentacinque = £ 935 = per continuare nel pagamento di alcune pensioni vitalizie a lui note che suole soddisfare per mio incarico. Questa somma andrà diminuendo di mano in mano che si verificherà la morte dei vitaliziarj secondo l'avviso che verrà dato dallo stesso mio nipote a' miei Eredi.

30. Le seguenti disposizioni di beneficenza dovranno essere adempite al termine di un anno dalla mia morte senza decorrenza d'interessi nel frattempo, cioè:

31. Voglio che per cura ed a dettame de' miei Eredi e del nobile Sig. Ignazio Vigoni sia impiegata la somma di lire cento mila = £ 100,000 = nell'acquisto di beni stabili o diretti dominj, od a mutuo con legale ipoteca in nome

*che si troverà nominato in una Nota privata annessa al mio Registro

[p.18]

della Cassa d'Incoraggiamento d'Arti e Mestieri eretta in Milano, all'oggetto che le relative rendite siano annualmente e specialmente destinate nel mantenere la Scuola di Chimica Generale-pratico-industriale che le venne aggregata, attenendosi alle norme generali stabilite nell'articolo di sua fondazione del 10. Luglio 1843 a rogito del Notaro di Milano D.r Luigi Negri; ma però sotto di quelle modificazioni che le circostanze potessero consigliare come necessarie od opportune al migliore prosperamento della detta Scuola, e relativo Laboratorio a giudizio del Consiglio Direttore dei Fondi della suddetta Cassa d'Incoraggiamento.

In quanto all'erogazione delle rendite del succennato capitale a favore della Scuola e Laboratorio di Chimica di sopra indicata, come anche in merito alle possibili modificazioni ed all'ulteriore sua direzione, dichiaro che i prelodati fratelli Mylius e Don Ignazio Vigoni sono i depositari delle mie idee e della mia fiducia, talché saranno sempre ben interpretate e realmente adempite le mie intenzioni ogniqualvolta sarà sentito in questa materia il loro voto consultivo.

32. Accadendo che per qualunque eventualità, forza maggiore, o fatto di Governo venisse non sospeso, ma reso ulteriormente impossibile l'esercizio della Scuola di Chimica generale-pratico-industriale, e del suo Laboratorio in questa città, o che venisse separata dall'attuale Società d'Incoraggiamento d'Arti e Mestieri per essere concentrata in qualche altra Istituzione anche Regia o Comunale, intendo e voglio che tanto l'annua rendita di Fiorini mille trecento trentatre e carantani venti = f. 1333.20 = (austriache £ 4000.] sul Monte del Regno Lombardo-Veneto che le ho assegnato in dotazione nell'Istromento 10 Luglio 1843 a rogito Negri, quanto la somma di lire centomila = £ 100,000 = come sopra legata, o quel qualunque ente che la rappresenti, debbano essere reversibili ai miei Eredi immediati e mediati fin d'ove possa essere ~~ciò~~ permesso dal

[p.19]

vigente Codice Civile, a tenore benanche della riserva in proposito fattane nell'articolo 4.° di detto Istromento, e nel caso che ciò non possa più verificarsi per effetto delle leggi civili presenti e future, intendo che tutte le dette attività siano devolute ed abbiano a passare in proprietà all'Orfanotrofio Maschile di Milano coll'obbligo d'introdurre nello Stabilimento una Scuola tecnica, ed i relativi mestieri adatti ai bisogni ed alla condizione degli orfani in quell'estensione e secondo quel sistema che saranno combinati d'accordo fra la Rappresentanza dello Stabilimento e la Rappresentanza Municipale della città di Milano in relazione alla possibilità dei mezzi, ed alle speciali circostanze dei tempi.

Ma per questo eventuale diritto di sostituzione non potranno i miei Eredi e loro successori, né la Rappresentanza dell'Orfanotrofio Maschile pretendere qualsiasi assicurazione preventiva, né ingerirsi menomamente nell'amministrazione del capitale legato, salvi i diritti che ho di sopra conferiti ai fratelli Mylius, miei primi Eredi ed al Sig. Vigoni di provvedere al suo primo investimento.

33. Lascio alla Causa Pia degli Asili d'Infanzia in Milano la somma di lire cinquantamila = ₤ 50,000 = la quale viene da me destinata per lire trentamila = ₤ 30,000 = a favore degli Asili d'Infanzia propriamente detti, e per le altre lire ventimila = ₤ 20,000 = a beneficio del Conservatorio della Puerizia esistente come parte integrante presso la detta Causa Pia.
L'impiego di questa somma dovrà essere fatto dal Sig. Don Ignazio Vigoni in quelmodo ch'Egli crederà il più cauto ed il più consentaneo

[p.20]

alle circostanze della Causa Pia secondo il suo criterio, ma senza alcuna sua responsabilità dichiarando poi che la detta somma formerà parte del capitale fondiario intangibile della stessa Causa Pia, dovendo le sole rendite depurate essere erogate annualmente a beneficio della medesima col suenunciato riparto.

Lascio inoltre lire mille = ₤ 1000 = complessivamente alle maestre dei detti Asili e del Conservatorio della Puerizia da distribuirsi fra di esse in quella misura e con quei riguardi equitativi che crederà di avere la Direzione degli Asili stessi.

34. Lascio per una sola volta Lire trecento = ₤ 300 = agli Inservienti della suddetta cassa d'Incoraggiamento d'Arti e Mestieri; Lire ~~dieci~~mille = ₤ 1000 = al Pio Istituto Teatrale di Milano in aumento del suo fondo capitale, e Lire diecimila = ₤ 10,000 = all'Istituto dei Ciechi di questa stessa città da impiegarsi egualmente a fondo capitale a cura del sullodato Sig. Vigoni, permettendo che dall'illuminato e zelante Direttore di quell'Istituto sia applicata alle rendite quella destinazione speciale che crederà più conveniente al prosperamento ed allo scopo della Causa Pia.

35. Con questi legati diretti al vantaggio ed al decoro della città di Milano intendo di dare ai suoi abitanti un ultimo attestato della più sincera mia riconoscenza per le non dubbie prove della loro stima ed affezione che mi hanno dato durante il lungo periodo di oltre cinquant'anni in cui vissi fra loro: lusingandomi benanche l'idea di poter sopravvivere

nella memoria di una città a me si cara, e per si giusti motivi da me già da lungo tempo considerata quale seconda mia patria.

36. A beneficio della città di Francoforte sul Meno mia patria faccio le seguenti disposizioni da adempiersi egualmente a termini del §30 di questo testamento, cioè

a) Lego lire trentamila = ₤ 30,000 = all'Istituto

[p.21]

di Beneficenza denominato Versorgungs-Haus (Casa di provvedimento.)

b) Lego lire diecimila = ₤ 10,000 = a favore degli Asili d'Infanzia da dividersi fra i due esistenti in Francoforte ed il terzo in Sachsenhausen in ragione di una terza parte per ciascuno.

c) Lego lire seimila = ₤ 6,000 = all'Istituto di Senkenberg a favore in ispecialità di quel ramo di Scienza che ha per oggetto lo studio della storia naturale a tenore delle disposizioni che darà all'uopo il Sig. D.r Edoardo Rüppell, col quale ho già prese all'uopo le opportune intelligenze.

d) Lego a mio nipote Giona Mylius le cinque azioni dell'Istituto de'Sordo-muti di Francoforte ciascuna del valor nominale di seicento = 600 = fiorini locali che trovansi a me intestato sotto i Ni. 70. 71. 72. 73. e 74., e ciò all'oggetto ch'Egli ne disponga od a beneficio di quell'Istituto, od a vantaggio di qualche altro Stabilimento di Filantropia o di beneficenza di Francoforte a suo giudizio a norma delle circostanze e specialmente a tenore delle intenzioni che io gli avessi manifestato in proposito a voce od in iscritto.

37. Lego al Rettungsanstalt (Istituto di Salvamento) di Coira le tre azioni di quell'Istituto al presentatore da me possedute sotto i Numeri 75. 76. e 77. dell'importo complessivo di lire seicento = ₤ 600 = austriache, o come infatti etc.

38. Lego alla Signora Nina De Filippi nata Drago la somma di lire duemila = ₤ 2000 = per gli Asili d'Infanzia nella città di Genova in cui è dimorante; per la che in mancanza della prelodata Signora ne dovrà essere fatto il pagamento direttamente alla Rappresentanza di quella Causa Pia.

39. Nomino in mio Esecutore testamentario il Signor Giorgio Zorn coll'incarico di notificare i legati, sorvegliarne l'adempimento, ed eseguire tutte quelle altre mie disposizioni che gli affidassi

[p.22]

specialmente con lettere o memorie che mi sono riservato di fare nel § 4. di questo Testamento. **/o**

40. Proibisco a tutti i Legatarj, e loro Rappresentanti di domandare l'assicurazione del rispettivo legato, non eccettuati neppure i legati di beneficenza; essendo mia precisa volontà che tutti indistintamente i Legatarj abbiano a riporre un'illimitata fiducia nella conosciuta probità e delicatezza dei miei Eredi.

Una contravvenzione qualunque a questo articolo importerà senz'altro l'immediata caducità del legato in pregiudizio del contravventore, o della Causa Pia che fosse da lui rappresentata.

41. Riguardo poi ai legati da me disposti a favore di persone o Cause di beneficenza esistenti all'Estero dichiaro che per l'aggiudicazione della mia Eredità dovrà bastare la dichiarazione dell'Esecutore testamentario di esserne notiziato; dovendo poi essere ad esclusiva sua cura di notificarli a chi di ragione, di rinvenire i legatari assenti o d'ignota dimora, e di procurare insomma l'adempimento del legato in tutti i modi possibili di pieno accordo coi miei Eredi. E quando mai fosse necessario desidero che il Tribunale conferisca al Sig. Zorn la qualità di Curatore di tutti i legatarj assenti, comprese le Cause Pie fondate all'estero, onde Egli ne abbia la piena rappresentanza per gli effetti della sollecita aggiudicazione della mia Eredità.

Tale è il mio Testamento che per maggiore speditezza ho fatto stendere da altrui mano, e che previa lettura da me fattane confermo e sottoscrivo in ogni foglio alla presenza dei sottoindicati testimoni, e Notaio D.r Giuseppe Alberti, ne' di cui Atti intendo di depositarlo per maggiore solennità, e per la migliore sua conservazione.

/o Con questa nomina intendo soltanto di sollevare possibilmente i miei Eredi da molte delle cure inseparabili dall'adempimento delle mie disposizioni, essendo persuasissimo che ciò non

[p.23]

ostante Essi vi avrebbero dato egualmente esecuzione colla più scrupolosa esattezza.

Si approva la riduzione ad austriache lire cento venti = ₤ 120 = del legato disposto a favore di Fedelina de Martini alla lettera k dell'articolo 26, e la riduzione a lire mille = ₤ 1000 = del legato a favore del Pio Istituto Teatrale indicato per errore in lire diecimila nell'art.° 34.

Enrico Mylius, testatore

Attestiamo noi sottoscritti d'avere sentito il Sig. Consigliere Cavaliere Enrico Mylius da noi conosciuto a dichiarare che questo è il suo Testamento pienamente conforme alla sua ultima volontà, e di averlo veduto a firmarlo di suo pugno in questo e negli altri quattro fogli alla contemporanea nostra presenza; e per fede

Giuseppe Piatti testimonio testamentario affermo quanto sopra
Pietro Marzoni testimonio testamentario affermo quanto sopra
Cirillo Motta testimonio testamentario affermo quanto sopra
Io D.r Giuseppe Alberti Notaro attesto quanto sopra qual testimone di ultima volontà

I.b Testamento 09/04/1851

[p.1]
N.° 4259

Aprile 1851

Deposito di
Testamento.

La Sig.ª Federica Schnauss
maritata Mylius.

Alberti Gius. q. Franc°
Cassa 2

[p.2]
N.° 4259 del Repertorio
Regno Lombardo – Veneto
L'anno mille ottocento cinquantuno = 1851 = il giorno di Mercoledì nove = 9 = del mese d'aprile
Regnando S. M. l'Impetratore e Re Francesco Giuseppe I.
La Signora Federica Schnauss del fu Consigliere Cristiano Federico nata in Eisenach nel Gran Ducato di Sassonia Weimar maritata col Sig. Consigliere Enrico Mylius abitante in Milano nella Contrada de' Clerici al civ.° N.° 1768 qui personalmente comparsa avanti a me Dottore Giuseppe Alberti Notaro residente in questa città ed agli infrascritti testimonj
Mi ha consegnato ond'abbia a conservare e custodire ne' miei atti notarili, dando copia a lei sola durante la sua vita
L'originale suo Testamento scritto sopra due fogli di carta senza bollo da lei firmato in ciascun foglio alla contemporanea presenza degli infradetti testimonj e di me Notaro egualmente sottoscritto, avendo previamente fatto la dichiarazione che qui conferma che in quell'atto si contiene realmente la sua ultima volontà, e di derogare perciò a qualunque precedente diposizione testamentaria.
E richiesto io Notaro conoscente della prefata Signora Testatrice egualmente conosciuta dai testimonj, come Essi dichiarano, ho steso e fui rogato del presente Istromento di deposito da rimanere in originale ne' miei Atti, al quale ho unito il detto Testamento con cordicella gialla e nera sulla quale fu impresso il sigillo della sullodata Signora Schnauss portante ~~le iniziali~~ lo stemma gentilizio della famiglia Mylius.
Segue il tenore del Testamento: (Pongasi)
Fatto, letto e pubblicato in Milano Centrale della Lombardia in una sala al primo piano superiore verso strada dell'abitazione della Signora Myius nella di lei Casa situata, come sopra, presenti i Sig.i Giuseppe Piatti del vivente Alessandro, Pietro Marzoni del
[p.3]

vivente Costantino, e Cirillo Motta del vivente Paolo, domiciliati tutti in questa città, il primo sul Corso di San Celso al civico N.° 4334B, il secondo sul Teraggio de'Fabbri al civico N.° 3544, e l'altro sul Corso di Porta Vercellina al civico N.° 2368 testimonj noti ed idonei qui in appresso sottoscritti dopo la Testatrice con me Notaro firmato per ultimo

Friedericka Mylius gebohrene Schnauß Erblaßerin
Giuseppe Piatti Testimonio
Pietro Marzoni Testimonio
Cirillo Motta Testimonio
Io D.r Giuseppe Alberti Notaro residente in Milano

[p.4]
Allegato A al N.° 4259 del Repertorio

Milano, il nove = 9 = Aprile milleottocento cinquantuno = 1851 =
Col presente Testamento io Federica Schnauss del fu Consigliere Cristiano Federico nata in Eisenach nel Granducato di Sassonia Weimar maritata al Consigliere Enrico Mylius col quale convivo da moltissimi anni in Milano, di fede cristiana, raccomandando avanti a tutto l'anima mia alla divina misericordia, dispongo delle mie cose temporali come segue:

1. Nomino mia erede universale l'amatissima mia nuora Donna Luigia Vitali moglie in prime nozze dell'infelice mio figlio Giulio Mylius ora rimaritata col nobile Signor Ignazio Vigoni, volendo con questa istituzione darle un'ultima prova del mio affetto e della mia fiducia sebbene la sostanza che sarà disponibile a suo favore vada a ridursi ad una somma di poco momento.
2. Voglio che la mia erede abbia a pagare a titolo di legato al carissimo mio Giulio suo figlio primogenito la somma di austriache lire cinquantamila = £ 50,000 = ed ai non meno cari suoi figli Enrichetta e Giuseppe la somma di austriache lire diecimila = £ 10,000 = per ciascuno, i quali pagamenti saranno da essa eseguiti soltanto allor quando i legatari avranno rispettivamente raggiunta l'età maggiore legittima o dichiarata, e riguardo alla Enrichetta anche prima di tale epoca nel caso di suo collocamento in matrimonio, esclusa qualsiasi decorrenza d'interessi a loro favore nel frattempo: dichiarando poi che nel caso di morte, che Dio non voglia, di alcuni dei predetti fratelli e sorella Vigoni a me cari come figli il rispettivo legato rimarrà in diponibilità della loro madre, ne' si riterrà verificata alcuna trasmissione de' relativi diritti negli Eredi del defunto.
   Mia nuora non sarà obbligata di prestare alcuna cauzione dei legati lasciati ai suoi figli, ed anzi proibisco ai loro Rappresentanti di esigerla, sotto comminatoria della nullità dei legati stessi.
3. Lego lire cinquantamila = £ 50,000 = al D.r in Filosofia

[p.5]

   Giulio Schnauss dimorante a Jena figlio del defunto mio fratello D.r Carlo.
4. Lego in parti eguali ai cinque figli del Sig. Clemente Augusto Bartels Farmacista a Jena genero della defunta Carolina Schnauss già maritata Hoffmann il credito di quattromila

= £ 4000 = talleri di Prussia che professo verso il loro padre in forza dell'Istromento 2 Ottobre 1834 rogato a Jena, disponendo ch'Egli abbia a pagar loro la rispettiva quota all'atto dell'età maggiore ed anche prima nel caso di matrimonio, ed a loro corrispondere nel frattempo il convenuto interesse a contare dal giorno della mia morte, siccome non voglio far debito al detto loro padre degli interessi arretrati.
Quelli poi fra i suoi figli pei quali si fosse già verificata l'esigibilità del legato all'epoca del mio decesso avranno diritto di domandarne il pagamento al loro padre a richiesta col preavviso di tre mesi.
I fratelli e sorelle Bartels pertanto rimarranno surrogati per effetto soltanto di questo Testamento in tutti i miei diritti e ragioni personali e reali verso il loro padre derivante dal succitato Istromento ed atti relativi, ma non potranno avere regresso verso la mia eredità per titolo di manutenzione del credito e della sua esigibilità, escludendo espressamente qualunque responsabilità della mia Erede in proposito.
Agli stessi fratelli e sorelle Bartels lego la somma di austriache lire trentaseimila = £ 36,000 = divisibile fra di essi in parti eguali, salvo l'usufrutto a favore del loro padre vita sua naturale durante.

5. Lego austriache lire ventiseimila = £ 26,000 = a Leopoldo Schnauss dimorante a Vienna abiatico del fu assessore Schnauss mio fratello consanguineo: raccomandando al suo cuore di assistere la sua madre e sua sorella Carolina nel caso in cui non potessero provvedere sufficientemente ai loro bisogni colla pensione che viene loro gratuitamente corrisposta da mio marito.

6. Lascio per una sola volta le seguenti somme:
Austriache lire tremila = £ 3000 = a Teodoro Dörr na-

[p.6]

tivo di Eisenach attualmente dimorante a Manchester.
Austriache lire duemila = £ 2000 = a Cristiana Dörr sua sorella vedova Witthauer
Austriache lire seimila = £ 6000 = ad Edoardo Emperius ~~già marito~~ / di una Dörr abitante nelle vicinanze di Eisenach. [p.8: /figlio]
Austriache lire duemila quattrocento = £ 2400 = a Paolina Dörr maritata Winzer abitante a Schnupfenthal.
Austriache lire mille e seicento = £ 1600 = a Roberto Dörr attualmente in Olanda.
Austriache lire duemila = £ 2000 = ad Ermanno Dörr abitante in Amburgo.
Austriache lire mille = £ 1000 = alla Signora Giele maritata col Consigliere forestale Schnauss ad Eisenach.
Austriache lire mille = £ 1000 = alla Sig.[a] Elisa Lose.
Ed austriache lire ottomila = £ 8000 = da dividersi in parti eguali fra i quattro figli deli furono Gaetano Pensa e Caterina Maroni [,] Andrea, Marietta maritata Brambilla, Giuseppina maritata Seyler, e Francesca maritata Ranci, e per quest'ultima già defunta ai suoi figli, come ricordo dell'antica affettuosa amicizia che mi legava ai loro genitori.

Nel caso di premorienza di taluno dei sunnominati legatari a me Testatrice rimarranno sostituiti di pieno diritto nel legato i rispettivi figli eventualmente superstiti coll'ordine della successione intestata stabilito dal Codice Civile Austriaco.

7. Lascio i seguenti legati di beneficenza:

Austriache lire cinquemila = ₤ 5,000 = agli Asili di Carità per l'infanzia di Milano

Austriache lire duemila = ₤ 2,000 = alla Fondazione Schnauss-Mylius eretta in Eisenach presso l'Istituto Centrale denominato Freundverein.[1]

Austriache lire mille = ₤ 1000 = ai poveri della Parrocchia di S. Tomaso in Milano.

Austriache lire cinquecento = ₤ 500 = ai poveri della

[p.7]

Parrocchia di Sesto San Giovanni

Austriache lire duecento cinquanta = ₤ 250 = ai poveri della Parrocchia del Comune di Boffalora.

E simili lire duecento cinquanta = ₤ 250 = ai poveri della Parrocchia di Loveno Distretto di Menaggio.

Le quali elemosine saranno distribuite per cura dei rispettivi Parrochi e Coadiutori con preferenza agli infermi ed alle famiglie orfane di padre.

8. Lego una sola volta alle infrascritte persone di servizio sempreché non fossero state licenziate da mio marito prima della mia morte le seguenti rispettive somme:

Austriache lire trecento = ₤ 300 = a Camillo Calderini Giardiniere in Sesto San Giovanni.

Austriache lire duecento = ₤ 200 = a Maddalena Cesati o come infatti zia del Calderini.

Austriache lire cinquecento = ₤ 500 = a Francesco Cuneo Fattore e Giardiniere in Loveno.

Austriache lire seicento = ₤ 600 = al domestico Luigi Galimberti.

Austriache lire cinquecento = ₤ 500 = al domestico Luigi Mazzola.

Austriache lire mille = ₤ 1000 = al Cuoco Giovanni Fumagalli.

Austriache lire cinquecento = ₤ 500 = alla Cameriera Giuditta Porta.

Austriache lire cinquecento = ₤ 500 = al Cocchiere Angelo Dossi.

Austriache lire trecento = ₤ 300 = alla Portinaia Giuseppa Casati vedova Pessina.

Ed austriache lire cento = ₤ 100 = allo stalliere.

9. Lego inoltre austriache lire cinquecento = ₤ 500 = per una volta tanto a Luigia Fumagalli figlia della nutrice del non mai dimenticato mio figlio Giulio.

10. I legati da me disposti a favore delle Cause di beneficenza, delle persone di servizio, e della Fumagalli dovranno essere pagati entro tre mesi dalla mia morte: tutti gli altri legati (meno quelli dovuti ai figli dell'Erede) si pagheranno alla scadenza di un anno dalla mia morte

[p.8]

senza decorrenza d'interessi nel frattempo.

Tutti poi siffatti legati si dovranno soddisfare in effettivo denaro sonante al corso delle

1 Si intende l'Istituto Centrale di Eisenach del "Patriotisches Institut der Frauenvereine" (Istituto patriotico delle Associazioni Femminili) fondato nel 1817 (NdC). / Gemeint ist das Eisenacher Zentralinstitut des 1817 gegründeten „Patriotischen Instituts der Frauenvereine" (Anm. d. Hrsg.).

vigenti tariffe monetarie, escluso qualunque surrogato presente o futuro anche autorizzato da qualsiasi legge che disponesse altrimenti con deroga ai patti speciali.

11. In Esecutore testamentario nomino il dilettissimo mio marito Enrico Mylius, essendo certissima che si compiacerà di assumere tutte le cure e gli incomodi annessi a quest'incombenza qual ultima prova del costante suo affetto che mi ha sempre dimostrato durante il lungo periodo del nostro matrimonio. Che se mai Egli mi precedesse nel sepolcro, ciò che mi sarebbe di immenso dolore, io gli sostituisco nello stesso incarico il Sig. Giorgio Mylius che spero si compiacerà di accettarlo a riguardo della nostra amicizia. Tale è il mio Testamento che per maggiore speditezza ho fatto scrivere da altrui mano, e che previa lettura da ma fattane confermo e sottoscrivo in ogni foglio alla presenza dei sottoindicati testimoni, e Notaio D.r Giuseppe Alberti, ne' di cui Atti intendo di depositarlo per maggiore solennità, e per la migliore sua conservazione.

12. Dichiaro che rispetto a quei legati che furono da me disposti a favore di persone o cause di beneficenza esistenti all'estero dovrà bastare per l'aggiudicazione della mia Eredità la dichiarazione dell'Esecutore testamentario di esserne notiziato; dovendo poi essere ad esclusiva sua cura di notificarla chi di ragione, di rinvenire i legatari assenti o d'ignota dimora, e di procurare insomma l'adempimento del legato in tutti i modi possibili di pieno accordo colla mia Erede. E quando mai fosse necessario desidero che il Tribunale conferisca al mio Esecutore testamentario la qualità di Curatore di tutti i legatari assenti, comprese le Cause pie fondate all'estero, ond'Egli ne abbia la piena

[p.9]

rappresentanza per gli effetti della sollecita aggiudicazione della mia Eredità.

Friedericka Mylius gebohrene Schnauss Erblasserin

I sottoscritti attestano di avere veduta la Signora Federica Mylius nata Schnauss da essi conosciuta a firmarsi alla presente carta, previa la dichiarazione che in essa si contiene il suo testamento conforme alla sua ultima volontà, e di averla veduta a firmarsi anche nell'altro qui unito foglio, il tutto alla contemporanea loro presenza. E per fede

Giuseppe Piatti testimonio d'ultima volontà affermo quanto sopra
Pietro Marzoni testimonio d'ultima volontà affermo quanto sopra
Cirillo Motta testimonio d'ultima volontà affermo quanto sopra
D.r Giuseppe Alberti Notaro e testimonio di ultima volontà affermo quanto sopra

Pubblicato alla presenza del Sig. Notaro D.r Giuseppe Alberti questo giorno 29. dicembre 1851
[ill.]

Carmagnola [ill.]

[biglietto aggiunto / beigefügter Zettel]
[p.1]
Si certifica da me Notaro qualmente nel Testamento 9. Aprile 1851 della fu Sig.[a] Federica Mylius nata Schnauss del fu Consigliere Cristiano Federico che esiste in originale ne miei atti al N. 4259 del Rep. e fu pubblicato dall'I. R. Tribunale Civile di Prima Istanza di Milano il giorno 29 dicembre p.p. Si comprendono fra l'altre le disposizioni del tenor seguente
1.
4.
11.
[p.2]
Friedericka Mylius gebohrene Schnauss Erblasserin

Londonio [ill.]
[ill.]

II. Codicillo 03/07/1852

[p.1]
N.º 4710 — 3 Luglio 1852

Deposito - Codicillo. — Il Sig. Cavaliere Enrico Mylius.

Alberti Gius. q. Fran°
Cassa 2

[p.2]
N.º 4710 del Repertorio
Regno Lombardo – Veneto
Milano, il giorno tre = 3 = Luglio mille ottocento cinquantadue = 1852 =
In aggiunta al mio Testamento del 9 Aprile 1851 in atti dell'infrascritto Notaro al N.º 4258 del suo Repertorio io sottoscritto Consigliere Enrico Mylius dichiaro che qualora venisse a risultare che posteriormente al detto giorno io avessi donato per atto tra vivi ed effettivamente consegnato per questo titolo alle persone, Istituti, o Cause di beneficenza da me contemplate nel suddetto mio Testamento od in altre mie disposizioni di ultima volontà qualche somma eguale o minore all'importo loro lasciato, la somma da me donata e pagata con o senza riserva d'usufrutto a mio favore dovrà cedere in totale o parziale soddisfacimento del rispettivo legato da me disposto a favore del legatario, il quale perciò rimarrà di pieno diritto estinto o ridotto senza che faccia d'uopo dell'espressa sua revoca: dovendo la donazione considerarsi senz'altro surrogata fino alla debita concorrenza alla disposizione testamentaria.
A quest'effetto intendo che abbiano a fare piena prova contro i legatarj anche le semplici Quitanze da essi rilasciatemi in cui mi dichiarassero di avere da me ricevuto una tal determinata somma a titolo di donazione irrevocabile, sebbene non vi si trovi fatto alcun riferimento ai miei atti di ultima volontà.
In fede mi sono firmato al presente Codicillo alla presenza dei sottoindicati testimonj, Notaio che dovrà conservarlo nei proprj atti come parte integrante del mio Testamento.
Enrico Mylius

I sottoscritti attestano di aver sentito il Sig. Consigliere Enrico Mylius da essi conosciuto a dichiarare che in questa carta si contiene un atto di sua
[p.3]
ultima volontà, e di averlo veduto a firmarla alla contemporanea loro presenza. In fede
Giuseppe Piatti testimonio d'ultima volontà affermo quanto sopra

Pietro Marzoni testimonio d'ultima volontà affermo quanto sopra
Cirillo Motta testimonio d'ultima volontà affermo quanto sopra

Attesto quanto sopra qual Testimone di ultima volontà ed inoltre certifico che il Sig. Cav. Enrico Mylius si è firmato alla presenza di me Notaro da lui conosciuto e dei testimoni Giuseppe Piatti, Pietro Marzoni e Cirillo Motta noti ed idonei a questo Codicillo che ho contemporaneamente ricevuto in deposito nei miei atti e registrato in Repertorio nel giorno, mese ed anno anzi detti. In fede
Io D.r Giuseppe Alberti Notaro residente
in Milano

Si certifica, che il presente atto venne oggi pubblicato d'ufficio, essendo intervenuti alla pubblicazione il Not.o D.r Alberti Gius.e ed il Sig. Giorgio Zorn

Milano dall' I. R. Trib. Prov.le Sez.e Civile
27. Aprile 1854
[ill.]
Quintavalle [ill.]

III. Codicillo 28/12/1852

[p.1]
N.° 4874 — 28 Dicembre 1852

Codicillo. — Il Sig. Consigliere Cava.e Enrico Mylius.

Alberti Gius. q. Fran°
Cassa 2

[p.2]
N.° 4874 del Rep.°
Milano, 28. Dicembre 18cinquantadue.

Conformemente all'intenzione che ho espresso nel Codicillo 30 Ottobre pross.° passato io Consigliere Enrico Mylius dichiaro di aver creato nel mio Registro particolare un fondo di riserva di austriache lire Trecento mila = £ 300,000 = che dovrà considerarsi un'attività stralciata dal mio patrimonio, e costituire per così dire una passività del medesimo pel soddisfacimento di quegli oneri che vi impongo o potessi imporvi in seguito.
Con questo fondo i miei Eredi pagheranno tutte le tasse di finanza riguardanti la successione della defunta mia ottima moglie a pieno esonero dell'Erede, e dei Legatarj della medesima, voltaché non fossero già state da me pagate, o che non militasse qualche titolo d'esenzione.
Inoltre nell'ipotesi che io fossi ritenuto Suddito Austriaco, per cui la mia Eredità dovesse essere sottoposta alle relative tasse i miei Eredi pagheranno col suddetto fondo di riserva tutte le tasse, a cui dovessero soggiacere i legati di somme capitali e di rendite vitalizi in modo che le persone contemplate nelle mie disposizioni rimangano esenti da qualunque contributo, facendo un'eccezione soltanto pei legati dei beni stabili e degli effetti mobili in natura, riguardo ai quali le tasse incumberanno al rispettivo legatario.
Al detto fondo di riserva carico pure fino alla concorrenza di austriache lire trentamila = £ 30,000 = le spese necessarie per la nuova strada carrozzabile che faccio costruire dall'abitato di S. Carlo sopra Menaggio alla mia villa in Loveno superiore, che fu assunta in appalto dal Sig. Clemente Caminada con apposita scrittura esistente presso il Sig. D.r Alberti, comprendendo in tali spese anche il prezzo dei terreni da occuparsi, e degli onorari all'Ingegnere fortunato Caprani autore del progetto che deve pure sorvegliarne e dirigerne l'esecuzione.
[p.3]
Della residua somma mi riservo di disporre in seguito:
ben inteso che la parte che rimanesse indisposta apparterrà di pieno diritto ai miei Eredi.
Anche il presente Codicillo viene da me rimesso in originale al Sig. D.r Alberti onde lo conservi

ne' suoi atti e ne dia copia dopo la giudiziale sua pubblicazione.

Enrico Mylius

Attestiamo noi sottoscritti che il Sig. Consigliere Enrico Mylius da noi conosciuto, sentito il tenore di questa carta statagli letta dal Sig. D.r Giuseppe Alberti alla nostra contemporanea presenza, che già ne conoscevamo il contenuto, ha dichiarato che in essa si contiene veramente la sua ultima volontà, indi l'ha firmata.

Giuseppe Piatti testimonio di ultima volontà affermo quanto sopra
Pietro Marzoni testimonio di ultima volontà affermo quanto sopra
Cirillo Motta testimonio di ultima volontà affermo quanto sopra

Attesto quanto sopra qual testimonio di ultima volontà, ed inoltre certifico che il Sig. Consigliere Enrico Mylius si è firmato alla presenza di me Notaro di lui conosciuto, e dei testimoni Giuseppe Piatti, Pietro Marzoni, e Cirillo Motta noti ed idonei a questo Codicillo che ho contemporaneamente ricevuto in deposito nei miei atti, e aggiunto in Repertorio il giorno, mese ed anno suddetti. In fede

Io D.r Giuseppe Alberti Notaro residente
in Milano

Si certifica, che il presente atto venne oggi pubblicato in giudizio,
[p.4]
essendo intervenuti alla pubblicazione il Notajo D.r Gius. Alberti, ed il Sig. Giorgio Zorn

Milano dall' I. R. Tib.e Prov.le Sez.e Civile
27. Aprile 1854
[ill.]
Quintavalle [ill.]

IV. Aggiunta 24/01/1853

Aggiunta del 24 Gennaio 1853
[p.1]
Da von den laut N. 12 meines Testaments vom 9 April 1851 als in sämtlichem Mobiliar einbegriffen, zu Gunsten meiner geliebten Schwiegertochter Frau Louise Vigoni und ihrer Kinder legierten in meiner Wohnung zu Mailand befindlichen Büchersammlungen, ein großer Theil aus deutschen Autoren oder Werken in deutscher Sprache besteht, die in der Vigonischen Familie höchstwahrscheinlich nur wenig zu Nutz und Frommen gereichen; dahin gegen solchen Zwecken in einigen Zweigen Mylius'scher Abstammung vollkommen entsprechen dürfte, so will und verordne ich, daß meinen Neffen oder Großneffen in diesem Sinn die freie Auswahl überlaßen bleibe, überzeugt daß zu derselben auch Vigoni's freundlich und mit aufrichtiger Theilnahme die Hand bieten werden.
Auch möchte ich wohl gerne, daß aus der von mir zu hinterlaßenden kleinen
[p.2]
Bibliothek einige Bücher, und zwar solche, von denen bekannt, daß ich mir solche in meinem höheren Lebensalter zur Belehrung und religiösen Erbauung habe dienen laßen, denen mit meinen Gesinnungen und Ansichten näher vertrauten Freunden, welche solche Genüße zuweilen mit mir theilten, als Zeichen willkommener Erinnerung von mir überlaßen würden und bin überzeugt, daß die zukünftigen Eigenthümer als Erben meiner kleinen Bibliothek die Ausführung dieses meines Wunsches dem Testaments Executor gerne verstatten und selbst darinn behülflich seyn werden.
Dem Wunsche meines Neffen, Herrn Heinrich Mylius Mennet zufolge bestimme ich demselben die in meinem Schlafzimmer befindlichen zwei Portraits in Oel gemalt, meiner ehrwürdigen Eltern, Vater und Mutter. Die von mir gewünschte Zueignung und Vertheilung unter den Geschwistern nachstehender Portraits, sämtlich in Oel gemalt, nemlich desjenigen meiner Schwester Aldebert, desjenigen unsers ehrwürdigen Onkels Krauss, und der zwei der verewigten Herren Jonas Darfeldt und Isaac Aldebert, überlaße ich dem eigenen Willen oder Wunsch meiner Neffen und Nichte, die auch hierbei gewiß in dem Sinne vereint sind, diese Portraits sich oft zu Erneuerung dankbaren Andenkens an die verewigten ersten Begründer des Wohlstandes unserer Familie dienen zu laßen.

V. Codicillo 09/05/1853 e Aggiunta 22/03/1854

[p.1]
N.° 5010 9 Maggio 1853
e 22 Marzo 1854

Codicillo
ed
Aggiunta.

Il Sig. Consigliere Enrico Mylius.

Alberti Gius. q. Fran.°
Cassa 2

[p.2]
N.° 5010 del Rep.°

Milano, il giorno nove = 9 = Maggio mille ottocento cinquantatre = 1853 =
Alle precedenti mie disposizioni di ultima volontà già sottoscritto Consigliere Enrico Mylius aggiungo le seguenti

1. Lego per una sola volta austriache Lire duemila = 2000 = alla Fondazione Schnauss-Mylius eretta in Eisenach presso l'Istituto Centrale denominato Freundverein[2], e simili Lire duemila = 2000 = alla Sig.ª Sofia Dörr cugina del Signor Zorn e questi legati li dispongo anche come un tributo d'affetto alla sempre cara memoria dell'ottima defunta mia moglie.
2 Lego per una volta tanto al Pio Istituto dei bambini lattanti ed al Pio Istituto Tipografico di questa città la somma di austriache Lire duemila = 2000 = per ciascuno, e la somma di simili Lire mille = 1000 = al Pio Istituto dei Cappellarj, pure di questa città; volendo però che tali somme abbiano ad essere impiegate in aumento del apposito fondo capitale
3 Lascio al Sig. D.ʳ Giulio Schnauss già contemplato nell'art.° 16 del mio Testamento 9 Aprile 1851 l'annualità vitalizia di austriache Lire ottocento = 800 = che gli vorrei corrisposti anticipatamente in rate trimestrali a contare dal giorno della mia morte
4. Tutti i promessi legati dovranno ritenersi a carico in genere della mia eredità e dovranno soddisfarsi dai miei eredi nel modo che ho stabilito nell' art.° 8 del mio testamento senza di alcuna diminuzione neppure a titolo di tasse siccome devono tutte cadere a carico del fondo di riserva giuste le relative disposizioni contenute nel mio Codicillo 28. Dicembre 1852.
| 5. Dichiaro poi di caricare al detto fondo di riserva la somma di

[p.3]

2 Vedi nota 1 (NdC). / Vgl. FN 1 (Anm. d. Hrsg.).

austriache Lire trenta mila = ₤ 30000 = o quella che infatti sarà necessaria pel gruppo in marmo di Carrara rappresentante Igea Dea della Salute che ho commesso allo scultore Argenti, e pel suo collocamento in apposita località che ho già destinato nella mia villa di Loveno, comprese tutte le occorrenti opere accessorie; per cui le somme che fossero tutt'ora dovute all'epoca della mia morte per questo oggetto, dovranno soddisfarsi dai miei Eredi al pari di qualunque altro debito della mia eredità.

E previa confermo di questo Codicillo che mie è stato letto dal Sig. D.r Alberti alla presenza dei sottoindicati testimoni lo sottoscrivo, consegnandolo in originale allo stesso Notaio onde lo conservi nei suoi Atti qual parte integrante delle mie disposizioni testamentarie.

Enrico Mylius

Attestiamo noi sottoscritti che il Sig. Consigliere Enrico Mylius da noi conosciuto, sentito il tenore di questa carta statogli letta dal Sig. D.r Giuseppe Alberti alla nostra contemporanea presenza, che già ne conoscevamo il contenuto, ha dichiarato che in essa si contiene veramente la sua ultima volontà, indi l'a firmata

Giuseppe Piatti testimonio d'ultima volontà affermo quanto sopra
Pietro Marzoni testimonio d'ultima volontà affermo quanto sopra
Cirillo Motta testimonio d'ultima volontà affermo quanto sopra

Attesto quanto sopra qual testimonio di ultima volontà, ed inoltre certifico che il Sig. Consigliere Enrico Mylius si è firmato
[p.4]
alla presenza di me Notaro di lui conosciuto, e dei testimoni Giuseppe Piatti, Pietro Marzoni, e Cirillo Motta noti ed idonei a questo Codicillo che ho contemporaneamente ricevuto in deposito nei miei atti, e, aggiunto in Repertorio il giorno, mese ed anno suddetti. In fede

Io D.r Giuseppe Alberti Notaro residente in
Milano del fu Consigliere d'Appello Francesco

Milano il giorno ventidue = 22 = Marzo milleottocentocinquantaquattro = 1854 =

Io sottoscritto Consigliere Enrico Mylius dichiaro essere mia precisa volontà che tutte quelle opere che all'epoca della mia morte fossero in corso di esecuzione dietro mio ordine od in carico verbale o scritto, sia che consistano in opere di fabbrica, sia che consistano in oggetti d'arte, od altro qualunque siasi lavoro, dovranno farsi ultimare per cura dei miei eredi precisamente a norma delle mie commissioni coll'obbligo di soddisfarne il relativo prezzo a chi e come di ragione servendosi del fondo di riserva che ho creato col mio Codicillo 28 Dicembre 1852 senza di alcun concorso od aggravio delle persone alle quali le avessi destinate, od a vantaggio delle quali dovessero cedere come legatarie de' miei beni stabili a cui rimarranno aggregate; cosicché i miei Eredi non potranno ritenere a loro beneficio il residuo fondo di riserva se non dopo che avranno soddisfatto a tutti gli impegni
[p.5]

già da me assunti o che potessi ancora assumere pei detti titoli, sia che l'opera debba restare nel patrimonio loro devoluto, sia che debba profittare ad altre persone od a corpi morali. In fede

Enrico Mylius

Attestiamo noi sottoscritti che il Sig. Consigliere Enrico Mylius da noi conosciuto, sentito il tenore di questa disposizione statogli letta dal Sig. Dr Giuseppe Alberti alla nostra contemporanea presenza, che già ne conoscevamo il contenuto, ha dichiarato che essa è pienamente conforme alla sua ultima volontà, indi l'a firmata

Giuseppe Piatti testimonio di ultima volontà affermo quanto sopra
Pietro Marzoni testimonio di ultima volontà affermo quanto sopra
Cirillo Motta testimonio di ultima volontà affermo quanto sopra

Attesto quanto sopra qual testimonio di ultima volontà, ed inoltre certifico la verità delle promesse firme state fatte alla mia presenza dal Sig. Cav.[e] Enrico Mylius e dai testimoni Giuseppe Piatti, Pietro Marzoni, e Cirillo Motta noti ed idonei il giorno, mese ed anno suddetti. In fede

Io Dr Giuseppe Alberti Notaro residente in Milano

Si certifica, che i due atti presente furono oggi pubblicato d'ufficio, essendo intervenuti alla pubblicazione il Not.o D.[r] Gius.[e] Alberti, ed il Sig. Giorgio Zorn

Milano dall' I. R. Tib.[e] Prov.le Sez.[e] Civile
27. Aprile 1854
[ill.]
Quintavalle [ill.]

VI. Codicillo 14/06/1853

[p.1]
N.° 5042 14 Giugno 1853

Codicillo. Il Sig. Cons.e Cav.e Enrico Mylius.

Alberti Gius. q. Fran°
Cassa 2

[p.2].
N.° 5042 del Rep.°

Sesto San Giovanni, il giorno quattordici = 14 = Giugno mille ottocento cinquantatre = 1853 =

Avendo io con Atto di questo stesso giorno fatto mandato alla Ditta Enrico Mylius e Comagni e per essa ai suoi comproprietarj miei nipoti Enrico e Giorgio fratelli Mylius di pagare al Sig. Isacco Aldebert domiciliato in Londra la somma di Lire seimila = ₤ 6000 = Sterline pari ad austriache ₤ 177,000 a capitale perduto, per cui va ad essere diminuito di altrettanta somma il mio patrimonio, ed essendo mia precisa volontà giusta quanto venne inteso e stabilito di comune accordo dei predetti miei nipoti, e degli altri loro fratelli Carlo e Giona, nonche della loro sorella Susanna tutti i figli di mio fratello Giovanni Giacomo che la detta somma debba andare in diminuzione di quanto verranno essi a conseguire in forza delle mie disposizioni testamentarie, perciò dichiaro che dovranno contribuire alla suaccennata passività i SS.i Enrico e Giorgio per lire mille cinquecento = ₤ 1500 = Sterline ossiano austriache lire quarantaquattromila duecento cinquanta = ₤ 44,250 = per ciascuno, ed i SS.i Carlo, Giona e Susanna per lire millle = ₤ 1000 = Sterline ossiano austriache lire ventinovemila cinquecento = ₤ 29,500 = per ciascuno; di maniera che deve ritenersi come viene fin d'ora da me ridotta la rispettiva compartecipazione de' sunnominati miei Nipoti nella mia Eredità di una somma corrispondente alla rispettiva quota di contributo / anche mediante l'effettiva deroga proporzionale che viene da me fatta alle relative mie disposizioni di ultima volontà che in tutto il resto dovranno pienamente sussistere.
Il presente Codicillo che previa lettura fattamene dal Notaio D.r Alberti confermo e sottoscrivo avanti ai sottoindicati testimonj gli viene da me consegnato
[p.3]
in originale onde lo conserva unito ai precedenti miei atti di ultima volontà.

/ con più gli interessi nell'annua ragione del quattro per cento = 4 % = che furono decorsi dal giorno primo dal mese corrente fino a quella della mia morte

Approvo la postilla.

Enrico Mylius

I sottoscritti attestano di aver sentito il Sig. Consigliere Enrico Mylius da essi conosciuto a dichiarare che in questa carta lettagli dal Dr Alberti di cui essi già conoscevano il contenuto si contiene un suo Codicillo e di averlo veduto firmare nella contemporanea loro presenza.

Ignazio Vigoni testimonio di ultima volontà affermo quanto sopra

Luigi Vigoni testimonio di ultima volontà affermo quanto sopra

Giovanni Servi testimonio di ultima volontà affermo quanto sopra

Attesto quanto sopra qual testimonio di ultima volontà, ed inoltre certifico che il Sig. Consigliere Enrico Mylius si è firmato alla presenza di me Notaro di lui conosciuto, e dei testimoni i Nobili Ignazio e Luigi fratelli Vigoni, e Professor Giovanni Servi a questo Codicillo che ho contemporaneamente ricevuto in deposito nei miei atti, e, aggiunto in Repertorio il giorno, mese ed anno suddetti. In fede

Io Dr Giuseppe Alberti Notaro residente in Milano

[p.4]

Si certifica, che il presente atto venne oggi pubblicato d'ufficio, essendo intervenuti alla pubblicazione il Not.^o Dr Gius.^e Alberti, ed il Sig. Giorgio Zorn

Milano dall' I. R. Tib.^e Prov.le Sez.^e Civile

27. Aprile 1854

[ill.]

Quintavalle [ill.]

Indice delle persone e istituzioni

Verzeichnis der Personen und Institutionen

Indicazioni

- elenco alfabetico delle persone e istituzioni citate nelle disposizioni testamentarie di Enrico Mylius e Federica Schnauss

- dicitura e informazioni su luoghi, nomi, ruoli: come citati nelle fonti originali

- † = persona già deceduta al momento della stesura dei documenti

- rapporto di parentela (rispetto a Enrico Mylius [EM], Federica Schnauss [FS], Ignazio e Luigia Vigoni [I+LV]): aggiunta della curatrice ("abiatico": indica, come nei documenti originali, il rapporto di parentela tra nonni e figli dei figli; "nipote" invece si limita al rapporto di parentela tra zii e figli di fratelli)

- nomi: riportati come sui documenti originali (nomi tedeschi in traduzione italiana); eccezione: documento in lingua tedesca "Aggiunta 24/01/1853" (qui nomi italiani riportati in traduzione tedesca)

Erläuterungen

- alphabetische Auflistung sämtlicher in den testamentarischen Verfügungen von Heinrich Mylius und Friederika Schnauß angegebenen Personen und Institutionen

- Schreibweise und Informationen zu Orten, Namen, Berufen: wie in den Originaldokumenten angegeben

- † = zum Zeitpunkt der Testamentsniederschrift bereits verstorbene Person

- Verwandtschaftsbeziehung (zu Heinrich Mylius [EM], Friederika Schnauß [FS], Ignazio und Luigia Vigoni [I+LV]): Ergänzung der Herausgeberin

- Namen: dem Laut der Originaldokumente folgend (d.h. Angabe deutscher Namen in ihrer italienischen Version); Ausnahme: auf Deutsch verfasstes Dokument „Aggiunta 24/01/1853“ (hier Angabe italienischer Namen in der deutschen Übersetzung)

- firme = Unterschriften

abbreviazioni	*Abkürzungen*
p.	pagina (Seite)
ved.	vedova/o (verwitwet)
con.	coniugata/o (verheiratet)

nomi	*Namen*
Carlo	Karl
Carolina	Caroline
Cristiana	Christiane/a
Cristoforo	Christoph
Edoardo	Eduard
Emilio	Emil
Enrico	Heinrich
Ermanno	Hermann
Federica	Friederika
Federico	Friedrich
Francesca	Franziska
Giacomo	Jakob
Giona	Jonas
Giorgio	Georg
Giovanni	Johannes
Giulio	Julius
Luigia	Louise
Melchiorre	Melchior
Paolina	Pauline
Roberto	Robert
Teodoro	Theodor

rapporto di parentela	*Verwandtschaftsbeziehung*
abiatico/i	Enkelkind/er
cognata/o	Schwägerin / Schwager
figlia/o/ i	Tochter / Sohn / Kinder
genero, nuora	Schwiegersohn /-tochter
madre	Mutter
marito	Ehemann
moglie	Ehefrau
nipote	Nichte / Neffe
padre	Vater
pronipote	Großnichte /-neffe
suocera/o	Schwiegermutter /-vater
vedova/o	Witwe/r
zia/o	Tante / Onkel

nome Name	rapporto di parentela Verwandtschafts-beziehung	ruolo e luogo Funktion und Ort	I.a Testamen 09/04/5 n. 4258
Alberti, Giuseppe Dr.		notaio	X
Aldebert, Isaac † con. Mylius, Katharina E. †	cognato, EM		
Aldebert, Isaac [2]		Londra	
Argenti, [N.N.]		scultore	
Bartels, Clemente Augusto ved. Hoffmann, Luigia †		Prof. di chimica, Farmacista, Jena	§16b,17
Bartels, [Clemens August] [+ 5 figli]			
Brambilla, Ernesto			§20
Calderini, Camillo		giardiniere, Sesto San Giovanni	§28b
Caminada, Clemente			
Caprani, [N.N.]		ingegnere	
Casati, Giuseppa ved. Pessina †		portinaia, Milano	§26l
Cesati, Maddalena			§28c
Cuneo, Francesco		giardiniere, Loveno	§28b
Darfeldt, Jonas † con. Mylius, Katharina E. †	cognato, EM		
De Filippi, Nina		Genova	§38
de Martini, Fedelina			§26k, /o
Dörr, Cristiana ved. Witthauer †	nipote, FS	Eisenach	§16c,17
Dörr, Ermanno	pronipote, FS	Amburgo	§16d,17
Dörr, Francesca con. Hesling	pronipote, FS	Waltershausen	§16h,17
Dörr, Giulio Teodoro	pronipote, FS	Nuova Orleans	§16f,17
Dörr, Paolina con. Winzer	pronipote, FS	Schn[e]pfenthal	§16g,17
Dörr, Roberto	pronipote, FS	Olanda	§16e,17
Dörr, Sofia			
Dörr, Teodoro	nipote, FS	Manchester	§16, 26
Dörr, [N.N.] †			§19
Dossi, Angelo		Cocchiere	§26l

I.b tamento)/04/51 . 4259	II Codicillo 03/07/52 n. 4710	III Codicillo 28/12/52 n. 4874	IV Aggiunta 24/01/53	V Codicillo 09/05/53 n. 5010	VI Codicillo 14/06/53 n. 5042
X	X	X		X	
			X		
					X
				X	
§4					
§4					
§8					
		X			
		X			
§8					
§8					
§8					
			X		
§6					
§6					
§6					
§6					
				X	
§6					
§8					

nome Name	rapporto di parentela Verwandtschafts-beziehung	ruolo e luogo Funktion und Ort	I.a Testamen 09/04/5 n. 4258
Emperius, Edoardo	[?], FS	Eisenach	
Fumagalli, Giovanni		cuoco	
Fumagalli, Luigia			
Galimberti, Luigi		domestico	§26l, 26
Giele, [N.N.]		Eisenach	
Hausskknecht, [N.N.] ved. Buttinhaus, Federico †			§26g
Hoffmann, Luigia † con. Bartels, [Clemens August]	nipote, FS	Jena	§16
Isoard, Emma			§26f
Isoard, Giulia ved. Steinhauser †		Livorno	§26f
[Krauss, Dorothea † con. Mylius, Giovanni Cristoforo †]	madre, EM		
Krauss, [Georg Melchior] †	zio, EM		
Lesperon, Antonio Dr.		amico	§22
Lesperon, Giuseppina ved. Spedalieri I †, Hartmann II †			§26e
Levrini, Maria con. Miarioli		già cameriera	§26i
Lose, Augusta con. Pozzi		Lugano	§22
Lose, Elisa			§22
Mangiagalli, Giovanni		cuoco	§26l
Maroni, Caterina † con. Pensa, Gaetano †		amica	§21
Marzoni, Pietro		testimonio	p.3, +firn
Mazzola, Luigi		domestico	§26l
Motta, Cirillo		testimonio	p.3, +firn
Mylius, Carlo	nipote, EM		§5,7,9,2
Mylius, Enrico		testatore (EM), esecutore testamentario (FS)	p.3,23 (fir
Mylius (Menett), Enrico	nipote, EM		§4,7,31,
Mylius, Giona	nipote, EM		§5,7,9,3
Mylius, Giorgio Melchiorre	nipote, EM		§4,7,31,

I.b tamento /04/51 . 4259	II Codicillo 03/07/52 n. 4710	III Codicillo 28/12/52 n. 4874	IV Aggiunta 24/01/53	V Codicillo 09/05/53 n. 5010	VI Codicillo 14/06/53 n. 5042
§6					
§8					
§9					
§8					
§6					
			X		
§6					
§6					
.2,3,9	X	X		X	
§8					
p.3,9	X	X		X	
			X		X
4, §11,12					
			X		X
			X		X
§11			X		X

nome Name	rapporto di parentela Verwandtschafts-beziehung	ruolo e luogo Funktion und Ort	I.a Testamen 09/04/5 n. 4258
Mylius, Giovanni Cristoforo †	padre, EM		p.2, 4
Mylius, Giovanni Giacomo †	fratello, EM		§4
Mylius, Giulio † con. Vitali, Luigia	figlio, EM, FS		§8,11,25
Mylius, Katharina Elisabeth † con. Darfelt I †, Aldebert II †	sorella, EM		
Mylius, Susanna Caterina Dorotea con. Schunck, Martin	nipote, EM	Manchester	§6,7,9
Negri, Luigi		notaio (Scuola di Chimica [...]), Milano	§31,32
Oettelt, Emilio		Consiglio di Governo a Weimar	§26b
Pensa, Andrea			§21
Pensa, Francesca † [+ figli] con. Ranci			§21
Pensa, Gaetano †		amico	§21
Pensa, Giuseppina con. Seyler			§21
Pensa, Marietta con. Brambilla			§21
Piatti, Giuseppe		testimone	p.3, +firm
Porta, Giuditta		cameriera	§26l
Rüppell, Edoardo		Prof. di storia naturale	§22,36
Schnauss, Carlo †	fratello, FS	consigliere, Weimar	§16a
Schnauss, Carolina	pronipote, FS		§26b
Schnauss, Carolina † con. Hoffmann, [Carl August] †	sorella, FS		
Schnauss, Cristiana † ved. Dörr, [Johann W. H.] †	sorella, FS	Eisenach	§16
Schnauss, Cristiano Federico †	padre, FS	consigliere, Weimar	
Schnauss, Federica	moglie, EM		§3,4,12,13,1
Schnauss, [Friederica J. A.] ved. Schnauss, Carlo †	cognata, FS		§16

I.b stamento 9/04/51 1. 4259	II Codicillo 03/07/52 n. 4710	III Codicillo 28/12/52 n. 4874	IV Aggiunta 24/01/53	V Codicillo 09/05/53 n. 5010	VI Codicillo 14/06/53 n. 5042
			X		
§1					
			X		
					X
§6					
§6					
§6					
§6					
§6					
p.2,3,9	X	X		X	
§8					
§3					
§5					
§4					
p.2					
p.3,9		X		§1	

nome Name	rapporto di parentela Verwandtschafts-beziehung	ruolo e luogo Funktion und Ort	I.a Testamen 09/04/5 n. 4258
Schnauss, Giulio	nipote, FS	D.r in Filosofia, Jena	§16a,17
Schnauss, [N.N.], ved. Schnauss, Günther †			§26a
Schnauss, Günther †	nipote, FS		§16,26
Schnauss, Leopoldo	pronipote, FS	Vienna	
Schunck, Martin con. Mylius, Susanna C. D.		Manchester	§6,7
Servi, Giovanni		amico, Prof. di pittura, testimonio	§22,26d
Seyler, Pietro			§22
Vigoni, Enrichetta	figlia, I+LV		
Vigoni, Giulio	figlio, I+LV		
Vigoni, Giuseppe	figlio, I+LV		
Vigoni, Ignazio con. Vitali/Vigoni, Luigia		+ testimonio	§8,9,13,25,31, 34
Vigoni, Luigi	fratello, IV	testimonio	
Viliani, Giuseppina		già cameriera di Federica Schnauss	§26h
Vitali/Vigoni, Luigia ved. Mylius, Giulio †; con. Vigoni	nuora EM, FS		§8,9,11,13,14,
Zorn, Giorgio		esecutore testamentario (EM)	p.3, §4,13,19,
commessi, impiegati, facchini, inservienti		Ditta Enrico Mylius e Compagni Milano, Genova, Roma	§18
i buoni Lovenesi		Loveno	§25
Garzone di Scuderia / stalliere		Milano	§28d
ogni capo famiglia dei Massari e Pigionanti		[Milano, Sesto, Loveno]	§28a
città di Milano [...e i] *suoi abitanti*			§35
Città di Francoforte mia patria			§36

I.b stamento 9/04/51 n. 4259	II Codicillo 03/07/52 n. 4710	III Codicillo 28/12/52 n. 4874	IV Aggiunta 24/01/53	V Codicillo 09/05/53 n. 5010	VI Codicillo 14/06/53 n. 5042
§3				§3	
§5					
§5					
					X
§2					
§2					
§2					
§1					X
					X
§1,2			X		
			X		
§8					

istituzioni Institutionen	I.a Testamento 09/04/51 n. 4258	I.b Testamen 09/04/5 n. 425
Asili d'Infanzia, Francoforte e Sachsenhausen	§36	
Asili d'Infanzia nella città di Genova	§38	
Asili di Carità per l'Infanzia, Milano	§33	§7
Cassa d'Incoraggiamento d'Arti e Mestieri, Milano	§31,34	
Compagnia d'assicurazione, Milano	§27	
Conservatorio della Puerizia, Milano	§33	
Ditta Enrico Mylius e Compagni, Milano		
Frauenverein, Istituto Centrale, Eisenach		§7
Istituto de'Sordo-muti, Francoforte	§36	
Istituto dei Ciechi, Milano	§34	
Istituto di Sen[c]kenberg, Francoforte	§36	
Orfanotrofio Maschile, Milano	§32	
Parrocchia di Boffalora	§24	§7
Parrocchia di Loveno	§24,25	§7
Parrocchia di Nobiallo, frazione di Loveno	§24	
Parrocchia di San Tomaso, Milano	§24	§7
Parrocchia di Sesto San Giovanni	§24	§7
persone, Istituti, o Cause di beneficenza		
Pio Istituto dei bambini lattanti, Milano		
Pio Istituto dei Cappellari, Milano		
Pio Istituto Teatrale, Milano	§34, /o	
Pio Istituto Tipografico, Milano		
Rettungsanstalt, Coira	§37	
Scuola di Chimica Generale-pratico-industriale, Milano	§31	
Società d'Incoraggiamento d'Arti e Mestieri, Milano	§32	
Versorgungs-Haus, Francoforte	§36	

II Codicillo 03/07/52 n. 4710	III Codicillo 28/12/52 n. 4874	IV Aggiunta 24/01/53	V Codicillo 09/05/53 n. 5010	VI Codicillo 14/06/53 n. 5042
				X
			§1	
X				
			§2	
			§2	
			§2	